中国财经素养教育系列丛书

大学财经素养教育（职教版）

张男星　方　旭　主　编
任君庆　黄　友　副主编

U0823468

中国财经出版传媒集团
中国财政经济出版社

图书在版编目（CIP）数据

大学财经素养教育：职教版 / 张男星，方旭主编．
-- 北京：中国财政经济出版社，2019.11
（中国财经素养教育系列丛书）
ISBN 978-7-5095-9364-6

Ⅰ．①大… Ⅱ．①张… ②方… Ⅲ．①财政经济－素质教育－高等职业教育－教材 Ⅳ．① G711

中国版本图书馆 CIP 数据核字（2019）第 234578 号

责任编辑：李昊民　　　　责任印制：张　健
策划编辑：李昊民　　　　文稿统筹：张怡然

中国财政经济出版社 出版
URL：http：//www.cfeph.cn
E-mail：cfeph @cfemg.cn
（版权所有　翻印必究）
社址：北京市海淀区阜成路甲 28 号　邮政编码：100142
营销中心电话：010-88190988
北京鑫海金澳胶印有限公司印刷　　各地新华书店经销
787×1092 毫米　16 开　18.5 印张　350 000 字
2019 年 11 月第 1 版　2020 年 2 月北京第 3 次印刷
定价：42.00 元
ISBN 978-7-5095-9364-6
（图书出现印装问题，本社负责调换）
本社质量投诉电话：010-88190744
打击盗版举报热线：010-88191661　QQ：2242791300

丛书总编

张男星　王振中

丛书编委会

丁忠明　王振中　王春春　王晓露　方　旭　方红星　孔东民
卢　志　卢晓中　叶齐炼　宁旭初　边慧敏　朱　曦　任君庆
庄西真　庄曼丽　刘莉莉　刘次林　刘红宇　刘立频　刘雅林
许世红　许晓晖　阮双琛　孙　诚　孙维胜　李兴洲　李昊民
李桂君　吴刚平　应望江　汪　霞　张树军　张男星　张宏伟
张运红　邵泽斌　罗清红　岳昌君　周晓静　周　巍　郑　葳
徐亚平　秦　红　柴清林　郭月梅　黄　友　彭　博　蒋建华
曾宁波　楚晓琳　解慧明　赫学颖　戴斌荣　谭文丽　谭俊英

本书编委会

王巨斌　王　升　王志凡　王　津　方风波　方　莉　尹元华　邓政州
孔凡士　刘训贤　刘盘根　刘路永　闫桂萍　江道银　杨华枝　李秋斌
何万能　何汉武　汪贤武　沈豫琼　陈义三　林洽生　周　勇　聂　强
莫少林　徐　红　高焕清　郭天平　黄　友　龚　谦　康　勇　梁克东
曾青生　谢　婧

本书编写组

于　冰　元　媛　王　一　王延召　王红敏　王　媛　叶彩虹　刘苗苗
刘徐轶琛　刘　霞　孙卫东　孙国忠　吴　伶　吴灵辉　吴姗娜　吴　洁
吴素敏　吴　霖　宋　卫　张　娴　张梦飒　李代俊　李　婧　杨则文
陆明祥　陆春芬　陈　晶　孟庆子　罗华香　金　晛　金渝琳　贺旭红
赵柏森　徐　悦　徐淑华　耿　斌　高　洁　崔　奇　竟玉梅　黄　娟
黄菊英　黄　煜　曾　娜　舒　蕾　彭铭强　颜　青

本书参与学校

安徽工商职业学院
重庆电子工程职业学院
常州信息职业技术学院
福州职业技术学院
广州番禺职业技术学院
河南经贸职业学院
湖南财经工业职业技术学院
济南职业学院
荆州职业技术学院
辽宁生态工程职业学院
四川财经职业学院
陕西铁路工程职业技术学院
石家庄职业技术学院
云南财经职业学院
郑州铁路职业技术学院
安顺职业技术学院
重庆工业职业技术学院
长江职业学院
广西经贸职业技术学院
广东工贸职业技术学院
河南轻工职业学院
合肥通用职业技术学院
金华职业技术学院
九江职业技术学院
闽西职业技术学院
陕西工业职业技术学院
山东商业职业技术学院
咸宁职业技术学院
郑州财税金融职业学院

序

2016年，中国教育科学研究院与众多高校、科研机构和企业联合成立了“中国财经素养教育协同创新中心”（以下简称“中心”）。中心以提升个体财经素养、维护国家经济健康有序发展为根本目的，协同众多力量，秉持“学生为本、国家为重”的理念，努力推动各级各类学校以及社会化的财经素养教育。

“如何开展财经素养教育？”这是我们经常听到的来自学校一线的问题。为此，我们组织编写了《中国财经素养教育系列丛书》，以有效帮助学校开展财经素养教育。这是国内首套系统的财经素养教育系列学生用书，包括幼儿园、小学、初中、高中（普通高中、中等职业）、大学（高职、本科），覆盖5个学段，两种类别。该套丛书是财经素养教育理论研究及实践探索结合的成果。

第一，编写意义——财经素养教育必要性

一方面，财经素养教育是国民综合素质提升的需求，也是国家经济稳定发展的需求。财经素养教育是培养学生正确认知、处理与管理财经事务的活动，既可以提升国民面对经济生活的基本品质，又可以提高国民经济活动的安全程度。每个国民的财经素养程度必然影响一个国家经济发展的有效性与创新性；每个国民个体经济生活的安全也必然关系到一个国家整体经济发展的安全与稳定。财经素养教育既是关涉国民个体发展的活动，也是关涉国家整体安全发展的问题；既要基于个体的需求，也要基于国家的需求。也正因为如此，财经素养教育已与国家战略发展密切相关。作为一个重要的教育活动，财经素养教育成为贯彻落实党的教育方针、落实立德树人根本任务、培养德智体美劳全面发展的社会主义建设者和接班人的内容和手段。

另一方面，现实生活中缺乏财经素养的现状大量存在，迫切需要加强财经素养教育。中华人民共和国成立70年来，特别是改革开放40多年来，我国经济快速发展，国民收入水平大幅提高，人们的生活也发生了翻天覆地的变化。但随之而来的问题也越来越多，如“月光族”、“啃老族”、“负债族”、电信诈骗、网络诈骗、

信用卡盗刷等现象，以及大学校园里的“现金贷”“套路贷”“校园贷”“学生网贷”“裸贷”等问题。其中，许多国民，特别是在校学生的经济学常识匮乏、消费观和金钱观扭曲、基本理财技能不足、经济法规意识淡薄等，都是重要影响因素。这些涉及国民财经素养的问题如不能从教育的角度得到解决，必将成为日益严重的社会问题，甚至有可能危及国家金融安全乃至政治稳定。

我们曾对中小学校学生、家长、教师等不同人群共15925人进行财经素养教育认知调查，发现被调查者普遍对财经素养教育的重要性高度认同，尤其关注财经素养教育的实施方式。事实上，与家庭相比，学校开展财经素养教育更助于教育公平和提升财经素养教育质量。所以，学校系统应该成为全面开展财经素养教育的主阵地。而如何推进学校有效开展财经素养教育，就需要类似教材这样的学生用书，作为开展财经素养教育的基本内容和教学依据。

第二，编写指导思想——财经素养教育目标

我们倡导的财经素养教育，以劳动教育为起点和手段，以德育为目标和方向，是劳动教育、生活教育、思想教育、心理教育及情感教育的集合。在这里，财经素养教育不只是单一或专门化的财商教育、金融教育、消费者教育、财经教育，而是培养个体应对经济生活所必备的财经知识、理财技能、财富观念与人生信念等基础修养总和的活动。

编写指导思想是我们构建的财经素养教育“三九五体系”目标。该系列目标要通过财经素养教育培养学生“财经世界三观念”——“正确的劳动观、合理的金钱观、正义的财富观”；引导学生理解“财经生活九关系”——“付出劳动与获得收入、诚实劳动与个体尊严、劳动能力与尊重他人、赚取收入与遵守规则、信用原则与市场秩序、收入差距与风险管理、个体努力与社会支持、个人财富与国家发展、财富拥有与人生幸福”；帮助学生成为“经济社会五合格”的人——“自食其力的劳动者、成熟理性的消费者、诚信规范的理财者、保有财富的管理者、财富人生的创造者”；把学生培养成为具有尊重劳动、公平交易、财富管理、义利统一、家国责任等财经素养基本品质的社会化个体，能够正确认识与理解个体的财经活动，理解个体与国家经济发展之间的关系。

第三，编写依据——财经素养教育标准

编写依据是中心组织研制并于2018年1月发布的《中国财经素养教育标准框架》。这是我国首个财经素养教育标准，覆盖幼儿园、小学、初中、高中、大学5个学段。

依托中心咨询委员会、学术委员会的专家力量，中心组建了包括科研院所、高等学校、国家部委、行业企业、中小学校等不同机构专业人士在内的标准研制组，采取“边研究、边咨询、边修改”的合作联动方式，通过开展文献整理、国际比较、通信咨询、问卷调查、座谈研讨等多种方法展开理论与实证研究。

标准研制历经6次专家函询，涉及专家近80人约100多人次，汇集财经、教育等众多领域的知名学者和企业人士。就中国财经素养教育标准的相关研制问题，研制组分别在北京、四川、江苏、广东等地开展多次面向全国的政治教研员、一线教师、教育管理者、家长以及教育研究者的座谈调研，而且通过全国中学生财经素养大赛平台向来自全国31个省（直辖市、自治区）的1万多名高中生开展问卷调查。同时，研制组在两次财经素养教育论坛上公开发布了《中国财经素养教育标准》（讨论稿），并广泛征求意见，在理论拓展和实践探索中不断修正和完善各学段的财经素养教育标准。

研制组依此建构了“五维三标”的标准框架，包括“收入与消费、储蓄与投资、风险与保险、制度与环境、财富与人生”5个维度的内容，以及“认知、技能和态度”3个方面的目标。其中突出了5个特点：更重视财经价值观的引导，更突出个体与社会、国家的经济关联，更彰显传统文化中的优秀经济思想，更凸显劳动创造财富的态度，更强调对制度、规则的遵守。

这是距离美国财经素养教育标准出台20年之后，中国第一份系统的、学段完整的财经素养教育标准，被学者评价为“中国特色，世界视野”“填补了我国的空白”“中国教育学界的一件大事”，具有里程碑意义。

第四，编写内容——财经素养教育主题

依据标准的5个维度，我们设计出5个学段连贯统一的15个主题结构。15个主题范围对应到不同学段和类别时，其内容的侧重点会呈现“递进式”的变化，顺序结构也会有所调整，或交叉或扩展或删减。15个主题结构覆盖劳动及职业、收入及分配、消费及选择、货币及制度、市场及规则、经济发展及财政收支、投资及风险管理、金融机构及监管、社会保障、商业保险、对外贸易及开放、贸易争端及解决、资源及发展、财富积累及传承、财富创造及社会责任，这些内容关照到个体、国家以及两者的关系。

第五，编写原则——财经素养教育特征

丛书编写原则继续遵循标准研制所秉持的原则。第一，坚持经济生活与学生发

展规律的统一。财经素养教育要针对学生的财经生活现实以及学生身心发展的特点和认知规律，充分整合社会经济生活特点、学生阶段性发展特点开展活动。不同学段在呈现知识内容、选择案例故事时，要遵循分学段财经素养教育的特征。从“阐述的切入点”到“关联领域的延展”“内容体现的特点”都尽量体现不同学段学生的认知水平、理解能力、兴趣喜好等。第二，坚持传统与现代价值取向的融合。财经素养教育要将社会主义的共同富裕理想、创业创新精神等价值，与符合世界发展趋势的经济核算理念、法治原则以及中国传统文化的见利思义、以义取利、利济天下价值原则整合起来，引领我国公民财经活动的价值取向。第三，坚持个体与社会、国家经济活动的联动。财经素养教育要从个体与社会、国家经济活动密切关联的视角，既重视个体对自己经济活动的认识，也要让个体知晓国家、社会、企业等其他主体的经济行为，更要让个体理解自己的经济活动与国家发展之间的关系。

第六，编写组织方式——以学校为单位

采取“顶层设计+学校团队”的编写组织方式。各学段主题及主体内容的顶层设计，由总编、主编、副主编及有关专家共同构成的团队实施；具体内容的撰写，由编写学校组织校内外成员的编写团队实施，主编负责全书的撰写统筹。为了把握并保证撰写质量，一些学段的编写还启用了文稿修改组。

这种“分学段、团队式”的课题研究方式的编写组织，是为了激发、提升参与学校开展财经素养教育的信心和质量，打造一批财经素养教育的创新学校，培养一批财经素养教育的优秀教师，聚集形成中国财经素养教育坚实的基础力量，发挥带动更多学校参与和有效实施财经素养教育的引领作用。

第七，该套丛书的亮点

1. 一体化与差异化结合

该套丛书实现了幼儿园、小学、初中、高中、大学财经素养教育学生用书的系统性、连贯性与完整性，即一体化。各学段活动用书在编写指导思想、标准依据、主题结构、知识要素、阐述形式等方面都具有一致性，同时，具体内容呈现的深浅程度又逐层递进、逻辑衔接，呈现形式也有所区别，形成纵横连贯、学段类别互异的学生用书。

在一体化的基础上，为更好地适应不同学段和类型学生的认知基础、理解能力、阅读偏好，也充分体现学段之间的差异化。幼儿园段用书分为8册，小学段用

书分为1~6年级共6册，初中段分上、下2册，高中段分为普通高中和中等职业2册、大学段分为普通高职和普通本科2册。这样就形成幼儿园1套8册、小学1套6册、初中1套2册、高中1套2册、大学1套2册，共5套20册的系列教材。

2. 生活化与知识化结合

该套丛书力求生活化与知识化的结合，既吸收学科教材的逻辑性和教学性，也适度体现社会读本的布局灵活性和表现方式的生动性。基本定位是，通过阐述和演绎具有财经知识以及价值观的故事，引导学生获得相应的财经素养。呈现的内容是基础经济学知识，呈现形式生活化、故事化并兼具趣味性。例如，书中呈现了许多案例，用意就是通过这些生活化的案例，让学生去感知式地理解知识，以及理解知识的运用。

3. 确定化与思考化结合

该套丛书传递、传达正确的观点与思想，宣扬具有正能量的行动与情感。鉴于财经素养教育的培养性质，教材里呈现的知识、观点、思想都是经济学知识里的基础性经典内容和结论。同时设计了不同样式的思考板块以及拓展园、知识窗，用以引导学生掌握知识、拓展阅读、深化思考、适当践行。尤其关注经济学知识在实际生活运用中出现的疑惑甚至矛盾现象，推动学生用知识去思考现实，用现实来反刍知识，学以致用。

应该说，我国财经素养教育是具有一定实践基础的。如一些中小学不仅开展了丰富多彩的财经素养教育活动，还编写了自己的财经素养教材。但是，在全国层面，基于国家标准，理论研究者和实践一线教师合作共同编写财经素养教育的教材，还属于首次尝试。共有来自东、中、西部省（市）的100余所学校/机构、200余人，参与到此次系列丛书编写工作中。

我们努力想在这套财经素养教育教材中，充分体现与凸显我们对财经素养教育的理解与追求，努力想将特点鲜明、可读有趣好理解的学生用书呈现给读者。然而，短时间内完成这一覆盖所有学段的财经素养教育学生用书编写工作，实非易事。仓促成书，缺点、错误难免，敬请广大读者指正，我们将在后续修订版及教师用书中予以纠正和完善。

该套系列教材由中心及重庆课堂内外教育科技有限公司联合策划，来自不同学校和机构的专家出任各学段书稿的主编。感谢财政部的大力支持，并给予“中国财经素养教育分学段主题研究”课题支持。感谢各学段参与学校及执笔者和团队成员，感谢各学段的主编、副主编，感谢中心所有支持我们的专家，感谢中国教育科学研究院的领导及同事，感谢中国财政经济出版社的领导及编辑，感谢他们的辛苦付出及全力支持！同时，还要向该套系列丛书中所引用文献、图片的原作者表达感谢！

在此向关心、支持、帮助我们的所有同志一并致谢！

张男星 中国教育科学研究院

王振中 中 国 社 会 科 学 院

2019年12月

编写说明

目前大学校园里的“现金贷”“套路贷”“校园贷”，毕业即出现的“啃老族”“月光族”等问题的广泛存在，已经牵涉到如何处理大学与社会的关系，如何看待大学教育与国家法治的关系，以及如何理解大学生的学习与生活的关系。这些现象及其所带来的问题思考，既反映出大学生里确实存在不少这样的群体：经济学知识匮乏、经济法规意识淡薄、消费观和金钱观不正甚至扭曲、常识化理财规范和技能缺失等，更反映出一种在高职学校实施财经素养教育的重要性及迫切性。

本教材根据丛书总编及专家团队的顶层设计，依据《中国财经素养教育标准框架（大学）》（2018版）编写。全书设计15个主题，涵盖职业发展、收入分配、市场经济、消费与贷款、财政与民生、国际储备与货币、金融产品与监管、投资与风险、社会保障与商业保险、财经法律、国际贸易、创业与财务管理、资源配置、人力资本、财富与个人价值等。本教材的主要特点如下：

一是体例设计独特新颖、富有鲜明特色。每个主题开始有精炼的内容概括、鲜活的案例导入，正文穿插了大量的“小案例”“知识窗”“现象与思考”“拓展园”等知识拓展小环节，结尾附带有研讨式的体验与思考题目。

二是语言表达通俗严谨 、内容活泼精巧，针对主要知识点、技能点、通俗财经常识、经济学主要原理等内容，进行小标题解读导入，开门见山入题，深入浅出阐述，既有对生活中比如财政、金融、投资、贸易、保险、资源稀缺等经济学热点原理的深度分析，也有对大学生经常接触到的一些生活案例如校园贷、花呗、求职、消费等的现实解读。

三是各主题时代气息浓厚，从职业发展到创新创业，从个人理财到风险管理、从财富传承到财富温度和高度，从“蛋糕分配”到“国家账本”，从经济开放到“买全球、卖全球”，融合经济学、金融学、管理学等学科的基本常识、基本技能，融合生活实际情景、具体任务，激发学生探索与体验、问询与思考，培养学生优秀的财经人格特质，最终实现价值观的塑造。

大学财经素养教育是通识教育类课程。本教材以课题参与形式组织编写，重点面向非财经类专业学生，可作为财经类学生选修课和非财经类学生必修课选择之用。本教材由张男星教授、方旭教授担任主编，任君庆教授、黄友教授担任副主编，王振中教授最后定稿。

本教材在编写的过程中借鉴了目前已出版的国内外相关的优秀教材、专著和资料，引用了一些有关的内容和研究成果，在此我们一并表示感谢。由于编者水平有限，加上时间仓促，书中难免有不足甚至错误，敬请批评指正。

本书编写组

2019年12月

目 录

主题九　基本生存与生活品质的保证
——社会保障与商业保险

主题十　现代人需要的财经法律智慧
——常用的财经类法律法规

主题十一　中国走向世界，世界走进中国
——国际贸易与发展趋势

主题十二　不能把什么都设计好了才行动
——创业与财务管理

主题一

好工作为啥不是你的菜

——职业发展与机会成本

职业事关每个人的生活：保障生活来源，实现个人价值。职业选择需要衡量自己有何特长，有何优势，判断自己适合做什么；职业规划是根据既有职业和已有的条件判断该怎么做；职业发展则指通过从事具体职业，取得何种效果，将来能实现什么样的人生价值。更重要的是，作为职场的一员，如何造就良好的职业操守？成为职场精英，又如何做到无可替代？

案例导入

猪肉行业也出状元

数年前，北京大学毕业生陆步轩当屠夫的新闻曾一度传遍大江南北，并引发了人们关于此行为是否浪费人才的大讨论。数年之后，另一位北大才子陈生也悄悄进入养猪行业，并在不到两年的时间在广州开设了近100家猪肉连锁店，被人称为广州“猪肉大王”。这回人们的关注点不再是北大生该不该卖猪，而是探究大学生职业生涯成功之谜。

在20世纪80年代陈生凭借自己的努力拼搏，从农村考进北京大学，毕业后成为一名公务员。2007年，他毅然辞职，操刀卖起猪肉，在众人的质疑目光中，他用十年时间证明了自己的职业选择，他卖过菜，卖过白酒，卖过房子，卖过饮料，如今，他的“壹号土猪”猪肉档已在全国开了千余家门店，年销售额超过12个亿。

陆步轩、陈生等成功人士的经历表明，大学生不需要纠结于学什么，应该更加注重培养兴趣，提高能力，学会独立思考，选择适合自己的行业和职业。

资料来源：“北大毕业卖猪肉心得：独辟蹊径不凑热闹”，大公网，http://news.takungpao.com/society/topnews/2017-06/3459869.html。

第一节　谁动了你的奶酪——劳动力市场竞争

就业压力大不大？劳动力市场供需失衡，结构性矛盾突出：城市和农村，一线和新一线城市，不同行业和不同层次的人才和劳动力流动频繁，目的地都一致指向能实现自己价值的地方。人工智能时代，什么才是你在劳动力市场上的核心竞争力？

一、劳动力供给——你不喜欢的996

有的人干着不愿意干的工作，有的人干着食之无味弃之可惜的工作，有的人干着压力很大但又无法摆脱的工作，有的人坚守着无奈的“996工作制”等，总之，很多人无法自由地支配自己的劳动力。这其中的根本原因就在于：劳动力供给受到很多因素制约。

劳动力是人所特有的一种能力，它是人类从事一切生产活动、实践活动的脑力和体力的总和。影响劳动力供给的因素有很多，其中，工资率是最重要的一个因素，用公式表达：S=f（W，H），其中，S为劳动力供给数量（人数），W为工资率（元/小时），H为时间（小时）。

劳动力供给与工资率之间的关系如图1–1所示，劳动供给量随着工资上升呈现出先增加后逐渐减少的特征，即在工资水平较低的情况下（低于W_1），劳动供给量随着工资上升而增加，但在工资水平较高的情况下（超过W_1），因劳动者不必提供更多劳动即能维持较高的生活水平，因此，劳动供给量反而随着工资上升而减少。这就是为什么生活困难的人宁愿加班也不休息而生活富足的人宁愿休息也不想加班的原因。

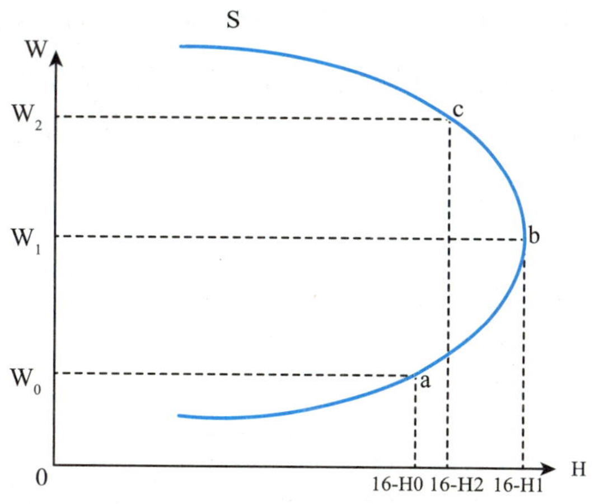

图1–1　劳动力供给曲线

知识窗

替代效应与收入效应

工资率提高将促使劳动者增加劳动而减少闲暇，因为如果选择闲暇就意味着放弃较高的劳动所得，这种效应叫作劳动的替代效应。另一方面，工资率提高，使得劳动者收入水平提高，劳动者不必提供更多的劳动就可提高生活水平，因此，随着工资率的不断提高，闲暇对于劳动的替代效应会不断提高，这种效应称为闲暇的收入效应。

如果替代效应大于收入效应，劳动者会提供越来越多的劳动；反之，如果收入效应大于替代效应，劳动者会减少提供劳动而选择更多的闲暇。

二、劳动力需求——机会只给有准备的人

劳动力需求可以分为企业需求、行业需求和社会需求。影响劳动力需求的因素包括微观和宏观两个方面。微观方面包括企业的生产规模、经济效益、技术水平、管理水平等；宏观方面包括国家经济发展规模、发展状况、经济结构、科技水平、社会制度等。如作为世界第二大经济体，我国生产规模大、发展势头好，随着经济的持续发展，产业结构调整正在加速，国家对于各行各业所需要人才的数量也处于快速调整中，特别是对于新兴产业的劳动力需求增速很快，但对技能型、工匠型、特殊型人才的供给却非常短缺。

劳动力需求是一种派生需求，因为劳动力是一种最重要的生产要素。假设影响劳动力需求的其他因素都固定不变，那么工资率影响下的劳动力需求函数就可以用下式表达：D=f（W，E），其中，D为劳动力数量（人数），W为工资率（元/小时），E为雇用人数（人）。劳动需求与工资率之间的关系如图1-2所示，劳动需求量随着工资率下降而呈现出不断增加的特征，即工资水平越低，企业的劳动力成本越低，企业劳动力需求量越大。这就

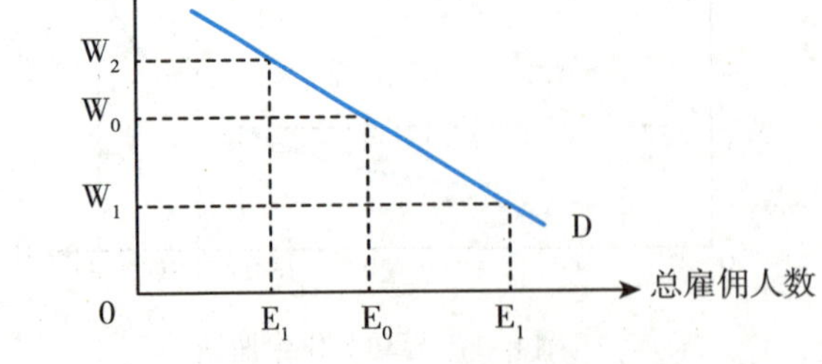

图1-2 劳动力需求曲线

是改革开放后，大量跨国公司涌向中国的原因，跨国公司看重的就是中国廉价而丰富的劳动力供给。但近年来，随着中国工资率的不断上升，需要特别关注“用工荒”问题。

三、劳动力市场均衡——唯有能力能养你一辈子

小案例

为什么会失业？

寒冷的北风呼啸着，一个穿着单衣的小女孩蜷缩在屋子的角落里。

“妈妈，天气这么冷，你为什么不生起火炉呢？”小女孩在瑟瑟发抖。

妈妈叹了口气，说：“因为我们家里没有煤。”

“为什么不买煤呢？”

“你爸爸失业了，我们没有钱买煤。”

“妈妈，爸爸为什么失业呢？”

“因为煤太多了。”

这是发生在20世纪30年代初的一个美国煤矿工人家的场景。当时正发生着席卷全球的资本主义经济大危机。一方面，大量产品因为生产成本高和市场疲软，资本家选择囤货、待价而沽，商品市场呈现出供大于求的虚假景象；另一方面，企业停止生产，企业劳动力需求减少，大量工人失业。而失业又导致工人家庭收入减少从而更加买不起商品，整个社会陷入了不可自拔的经济萧条泥坑。

从这个案例可以看出：第一，劳动力需求作为一种派生需求，是依赖商品市场的，当商品卖不出去的时候，商品生产停止，因此，生产商品的生产要素——劳动力也就不需要了。第二，劳动力市场的平稳发展将促进商品市场的健康发展。只有劳动力市场平稳发展，劳动力才会获得应有的收入，而收入正是支付购买商品的来源。如果劳动力没有被雇佣，劳动力也就没有了收入，这样商品市场的购买力必然下降。第三，劳动力市场的平稳发展取决于劳动力需求和劳动力供给两方面的力量对比，即是否达到劳动力市场均衡。

一般情况下，劳动力供给随着工资率的上升而增加，劳动力需求则随着工资率的上升而减少。如图1–3所示，劳动力供给曲线（S）与劳动力需求曲线（D）必然有一个相交点，在此相交点，劳动力供给量等于劳动力需求量，此时的工资率称

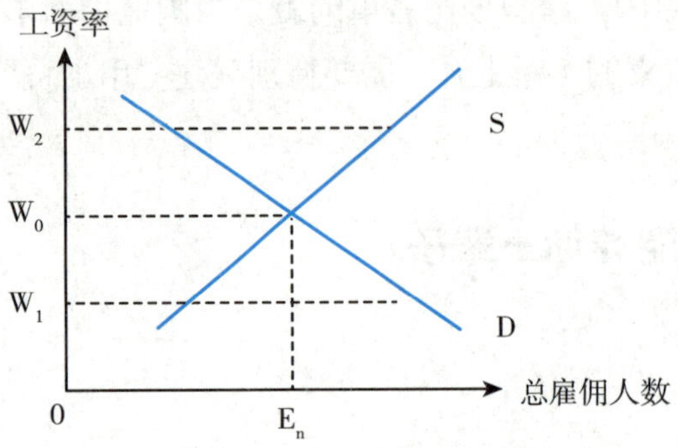

图1-3　劳动力市场均衡

为均衡工资率（W_0），此时的就业量称为均衡就业量（E_0）。

在任何高于W_0的工资率下（如政府要求最低工资不得低于W_2），都会存在过度的劳动力供给，致使一部分劳动力处于失业状态。如果在自由竞争的劳动力市场上，这种工资率是不会持久的，因为失业工人的存在将会对工资率产生一种向下挤压的力量。当然，工资率也不会长久地低于W_0，如处于W_1状态，劳动力需求超过劳动力供给，存在劳动力短缺，企业为得到足够的劳动力，将不得不提高工资率，直到W_0。可以断定，在特定的劳动力供给曲线、劳动力需求曲线和竞争性的劳动力市场下，将有且仅有一个单一的工资率，这个工资率就是经济中的均衡工资率。

拓展园

劳动力市场类型及选择

劳动力市场分为不同类型市场，包括全国市场和地区市场、一级市场和二级市场、外部市场和内部市场、歧视性分割市场、体制性或者制度性分割市场等。地区劳动力市场和内部劳动力市场，限制只有本地区或者本单位内部劳动力才能被雇佣。歧视性分割市场，比如只要男性不要女性，只要高学历的不要低学历的，只要年纪轻的不要年纪大的，如此等等，都是降低劳动力市场效率的原因。体制性或制度性劳动力分割市场，如国有与非国有、城市与农村、人才与劳动力等，都人为阻碍了劳动力自由流动。

劳动者正确地定位自己，寻找与自身素质和技能相匹配的劳动力市场，并针对市场特点，取长补短，这样才能体现自身价值，否则，就很有可能产生大材小用、小材大用、德不称位等结构性的劳动力供求矛盾，其结果必然是劳动力供求双方皆不满意。

四、人工智能——会终止就业吗？

人工智能的发展使劳动力市场呈现出岗位极化的特征，即在劳动力市场中，那些需要中等技能的岗位将减少或被替代，需要高技能和低技能的岗位数量将增加，岗位分布呈现中间压缩、两极增长的状态。岗位极化出现的直接原因是人工智能对常规性、程序性任务的替代性强，但人工智能不擅长跨领域思考抽象的、主观的、没有标准答案的事情。所以，那些简单的、重复性高的、可量化的、不需复杂思考就能完成的人工活动很容易会被人工智能取代，如作业线工人、交易员、银行柜员、司机等工作。但像个人护理、家政保洁、餐饮服务等需要凭借身体灵活性或交流沟通能力才能完成的社会服务工作最不容易被人工智能取代。

岗位极化表明，由于人工智能的替代效应，劳动力开始从中等技能需求岗位向低技能岗位和高技能岗位流动。岗位极化并不代表人工智能会抢了所有劳动者的饭碗，而是把劳动者从繁重的、重复性的劳动中解放了出来，使劳动者能够集中精力从事更加智慧的工作，人工智能是为劳动者服务，它不是劳动者的敌人。同时，人工智能使一些旧的工作消失的同时，必将伴随着更多新工作的产生，统计数据表明，人工智能毁灭工作的速度远比创造工作的速度快，所以，只有善于学习、勇于创新的劳动者才会抢到有限的新的工作，并且从新工作中感受自我实现的快乐感、成就感，而懒惰的人、不能与时俱进不断学习的人，失业也是在所难免的。一直担心人工智能却不善于学习的人，最终必然会被其他人代替，残酷的竞争不仅在人机之间，更在人与人之间。

第二节　你的诗和远方——职业发展

选择专业，积累技能，提升素养。职业通道有多条，条条都在你的脚下，专业和技能就是你的诗和远方。

一、职业素养——职业生涯成败的关键

1. 职业人和职业素养

随着技术进步的加速，社会分工日益细化，迫切需求大量专业化的“职业人”。所谓“职业人”是积极参与社会分工，自身具备较强的专业知识、技能和素质等为社会创造物质财富和精神财富并获得合理报酬，懂得经营自我，能有意识设计、规划自身职业生涯的人。

表 1-1　大学生与职业人的区别

	大学生	职业人
主要任务	学习和探索	完成上级指定的任务
责任承担	犯错有一定的豁免权； 有来自家庭、老师、同学等多方的支持； 没有负担	为自己的行为承担责任； 独立面对； 自身及家庭生存责任
自由程度	学习时间可以弹性安排； 鼓励个性化发展	强调严格的纪律性； 规定操作、规定时间完成任务
主要人际关系	同学、师生关系	领导、同事、客户间的关系
奖惩方式	以精神层面奖惩为主	以经济利益为导向

要成为一名合格的现代职业人，一定的职业素养必不可少。职业素养是劳动者在从事职业活动中所体现出来的职业形象、职业技能、职业道德、职业精神等，它是决定职业人在职场活动表现优异程度的基础。职业素养可以分为显性素养和隐性素养。其中显性素养包括了职业人所拥有的专业知识、技能等，有些是可以通过各种学历证书、职业证书、考试等来证明或测量；隐性素养是指那些内隐于职业人思想深处的职业道德、职业意识和职业态度等，这些较难观察和测量，相对来讲也较难训练和改变，但这些素质从根本上决定着显性素养的发挥。

2. 职业人必备的素养

（1）职业道德——人品的缩影。职业道德是职业人在从事某项职业活动中所必须遵从的最低道德底线和行业规范。它既是对从业人员在职业活动中的行为要求，又是对社会所承担的道德、责任和义务。任何一种职业要想获得社会的认可，都应以“德”字当先，良好的职业道德是每一个员工都必须具备的基本品质，组织普遍倡导员工树立“爱岗敬业”“诚实守信”“客观公正”“服务他人”“奉献社会”等职业道德。

（2）职业技能——匠心筑梦，技能报国。古人云：“是技皆可成名天下，惟无技之人最苦”。职业技能是职业人履行职业责任、高效开展业务活动的基础，是关系到事业成败的核心竞争力，直接决定了职业人在就业市场竞争力。“三百六十行，行行出状元”，新时代的职业人应努力扬己之长，崇尚工匠精神，做到“精于一技、专于一业”，实现技能报国。

小案例

2018年1月，在江苏省政府的表彰大会上，宋彪、蔡叶昭、董辉记、吕浩然这几位不到20岁的小伙子被授予“江苏工匠”的荣誉称号。据了解，他们都是第44届世界技能大赛的获奖选手，靠一双巧手和艰苦的训练，在世界级大赛上获得了大奖。其中19岁的宋彪（“阿尔伯特·维达”大奖获得者）不仅获得“江苏大工匠”称号，还被认定副高级专业技术职称，获80万元省政府奖励！一路走来，宋彪坚持的就是“拿不好笔杆子，就拿好工具”。

(3) 职业行为——当以军人为楷模。职业行为是职业人在日常工作中表现出来的行为方式、行为水平和行为习惯。作为职业人内化于心的职业道德的行为反映，职业行为体现于员工在语言、动作、仪表上对行业和公司行为规范的遵守，表现在职业创新、职业竞争、职业协作、职业奉献等方面。军人作为我们社会的楷模群体，纪律严明，爱国爱民，甘于吃苦、乐于奉献，勇于战斗、勇往直前，是各行各业职业人的表率。

拓展园

办公基本规范及礼仪

1. 不在工作时间内做与工作无关的其他事情，如上无关网站、阅读报刊、听音乐、聊天等。

2. 办公时间不擅离工作岗位，需暂时离开时应与同事交代。

3. 代接同事办公位电话，做好必要记录并及时转达。

4. 未经许可不得随意翻阅同事的文件、资料等。

5. 借用他人或公司的物品，使用后应及时送还或归放原处。

6. 不在办公区域高声喧哗，接待来访、业务洽谈要在会议室内或其他公司指定区域进行。

7. 注意保持整洁的办公环境，不在办公区域进食或在非吸烟区吸烟。

8. 适时调整手机铃声，办公区域内适当调低，培训/会议中则请取消铃声。

9. 有客户来访或上级指示，应起身接待以表尊重。

10. 递名片时要用双手，名片正面面向对方。

(4) 职业作风——尽职尽责，行之必果。职业作风是指一个人在工作中比较稳定表现出来的态度或行为风格。积极信念让人产生向上的力量，使人喜悦、生气勃勃，缔造出和谐的职场人际关系，即使遇到困难或障碍也能沉着、冷静，鼓舞自己勇于面对。相反，差的职业作风将导致忧愁、悲观、失望、萎靡不振、不思进取，甚至颓废，此外这些负面的态度带入工作中还可能会跟别人发脾气，不愿意配合别人的工作，进而造成职场上人际关系紧张。

(5) 职业意识——让你赢在起跑线。职业意识是职业人应具有的主动性的职业态度，正确的职业意识鼓舞着人们通过工作更多地为自己积累知识、经验和技能，以达到个人更大的发展和更高的生活目标。可以说，树立职业意识能让你赢在起跑线。职业意识通过管理自己的行为、管理自己的思想与管理自己的时间来强化和提升，通过在工作中全心全意、一丝不苟、兢兢业业、自觉完成每个细节过程来实现。

拓展园

詹姆斯·罗宾斯论员工敬业精神

敬业，就是尊敬、尊崇自己的职业。如果员工以一种尊敬、虔诚的态度对待职业，甚至对职业有一种敬畏的心态，他就已经具有了敬业精神。但是，他的敬畏心态如果没有上升到视自己职业为天职的高度，那么他的敬业精神就还不彻底，就还没有掌握它的精髓。

天职的观念使员工对自己的职业具有了神圣感和使命感，也使自己的生命信仰与自己的工作联系在了一起。只有将自己的职业视为自己的生命信仰，那才是真正掌握了敬业的本质。

资料来源：世界经理人，http://www.ceconline.com/go/guru/7000000070/。

二、职业发展通道——敢问路在何方？

1. 职业发展通道——职场人的成长路径

职业发展通道是组织为员工实现职业目标而设置的发展路径，是员工自我认识、成长和晋升的管理方案。职业发展通道指明了组织内员工可能的发展方向和机会，员工可沿着本组织的职业发展通道变换岗位和职位。

小案例

华为的职业发展双通道

华为公司将任职资格与职位相结合，为员工提供职业发展通道。通过任职资格管理的牵引，形成管理和专业/技术两条职业发展通道。

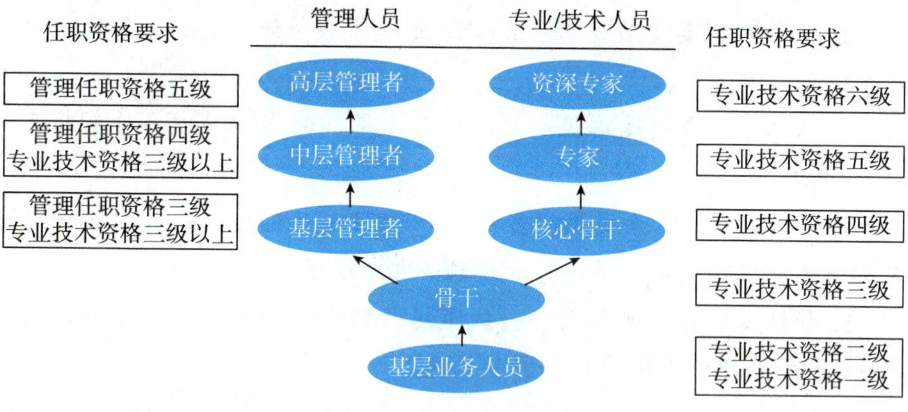

基于任职资格的职业发展通道

资料来源："技术为王，华为如何打造任职资格和职业发展体系"，https://www.sohu.com/a/131820338_696731。

2. 职业发展通道设计——路在你的脚下

根据各行业工作性质的不同，不同的组织采用不同的职业通道模式，如单通道模式和双通道模式。单通道是组织中向较高管理层的升迁之路，由一系列的职位组成，职位依次比前一个担负更多的职责。双通道主要用来解决某一领域中具有专业技能，但并不期望或者不适合正常升迁程序后调到管理部门的员工的职业发展问题。就职业性质而言，职业通道模式可分为管理性、技术性、技能性职业通道。

作为个人而言，应将个人和组织相结合，在一个人职业生涯的主客观条件进行测定、分析、总结研究的基础上，对自己的兴趣、爱好、能力、特长、经历及不足等各方面进行综合分析与权衡，结合时代特点，确定最佳的职业奋斗目标，并为实现这一目标做出行之有效的安排。

拓展园

财经专业典型岗位体系及职业发展通道

1. 人力资源类管理发展路径：人力资源辅助人员→助理人力资源专员（招聘/绩效/薪酬/文宣）→人力资源专员→人力资源主管（招聘/培训/薪酬/行政）→人力资源经理→人资总监

2. 财务管理类发展路径：统计/核算员→会计→会计/资金主管→财务经理→财务总监

3. 总办管理类发展路径：文职辅助人员→秘书→助理→特别助理→副/总经理

4. 生产管理类职务发展路径：生产管理辅助人员→初级组长→资深组长→生产管理（主管）→厂长助理/生产经理→厂长

5. 营销类职务发展路径：一线市场营销人员→店长→督导→大区经理/办事处经理→市场总监→营销副总

三、职业规划——你的未来你做主

1. 理性认识自己——点亮职业人生

理性认识自我是职业规划的起点，个体对自己的认识越深入、越清楚，就越能够了解自己的所需所能，从而在纷繁的职业环境中找到适合自己的职业发展之路。职业规划中的自我认知应围绕价值观、兴趣、性格、能力等方面展开分析，并理性总结出自身的优劣势所在。

知识窗

职业规划是指对一个人职业生涯的主观条件进行测定、分析、总结的基础上，对自己的兴趣、爱好、能力、特点进行综合分析与权衡，结合时代特点，根据自己的职业倾向，确定最佳的职业奋斗目标，并为实现这一目标做出行之有效的安排。目标分为短期、中期和长期目标。

职业生涯规划有可行性、适时性、弹性和可持续性四种特性。

职业规划三大要素：

内在要素：包括性格、兴趣、价值观等方面，也就是“我喜欢做什么”。

价值要素：包括已具备的知识、技能、经验、人脉等方面，也就是“我能做什么”。

环境要素：包括行业趋势、宏观政策、组织、家庭等方面，也就是“环境支持我做什么”。

2. 设定发展目标——做未来更好的自己

现象思考

有清晰目标的人，成功的机会更大

哈佛大学曾经做过一个著名的实验：在一群智力和年龄相近的优秀青年中进行了一次关于人生目标的调查，调查结果显示：3%的人有自己清晰的长远目标；10%的人有清晰但比较短期的目标；60%的人只有一些模糊的目标；27%的人没有目标。

25年后，哈佛大学再次对这些调查对象进行跟踪了解，结果令人吃惊：那3%的人几乎都成为了社会的精英、行业领袖；那10%的人也是各专业领域的成功人士，生活在社会的中上层，事业有成；那60%的人基本上属于社会大众，生活在中下层，事业平平；那27%的人过的很不如意，工作不安定，常常抱怨社会、政府和他人。

这一数据告诉我们，有清晰长远目标的人，成功的机会很大。有清晰短期目标的人，很可能会成功；没有清晰明确的目标，很难成功。因为，有清晰目标的人，更加坚定，在发展过程中，受到的干扰少，非常清楚自己要什么，在面对选择的时候，也会更加有效地作出更正确的选择。

资料来源：三茅人力资源网，https://www.hrloo.com/rz/850.html。

为实现自身的职业梦想，应在选定的职业领域内制定出在未来时点上所要达到的具体目标，包括短期目标（1年以内）、中期目标（3~5年）和长期目标（5~10年）。在制定职业发展目标时可以先制定长期目标，再根据时间节点进行倒推，依次设定出阶段目标。每个阶段都要有一定的目标，有了目标就有了方向，才能更好地自我发展。

3. 培养稀缺价值——让自己无法被替代

在职场，人的价值高低取决于稀缺性，即不可替代性。物以稀为贵，越是稀缺的东西，价值越高。职场同样也是如此，稀缺性人才也是各大公司争抢的对象，各个圈子争相拉拢的宠儿。所以，做工作就要做到别人无法替代的程度，这是对自我价值最好的保护和经营。变得无可替代的方式有两种：一种是做到人无我有，即拥有一些别人不具备的技能或是资源，能做别人做不了的事情；另一种是人有我优，即把人人都能做的事情做到卓越。

第三节 好工作要提前筹划——职业机会成本问题

事情为什么会难以取舍？人为什么会有痛苦的抉择？因为天下没有免费的午餐。任何选择都有成本，每种选择都要付出代价，职业规划亦如此，规划越晚成本越高，选择越好人生越幸福。

案例导入

是去乡镇企业做外贸呢？还是留在万达星巴克做服务员？

小孙是国际贸易实务专业的大三学生，11月份将进入企业顶岗实习。距离市区20公里的乡镇有一家地板生产企业需要外贸业务员，实习期工资3000元，双休；市中心万达广场星巴克服务员，做五休二，早班和晚班有补贴，月薪3500元。外贸业务员专业对口，发展前途也好，但是在乡镇；星巴克服务员在市中心，收入不低，但是将来的发展前途不大。小孙一时陷入选择的困境中。

一、职业规划与机会成本——规划越晚成本越高

1. 筹谋职业规划——望尽天涯路

职业规划是一生最重要的规划之一。究竟要从事什么行业、职业？只有思考了

这个问题，才能知道自己究竟想要什么，究竟该怎么做？条条道路通罗马，职业规划前途选择很多，俗话说，站得高，才能看得远，不沉迷眼前安逸，清醒认识自己前路的方向。

2. 高质量完成学业——衣带渐宽终不悔

时光总是短暂易逝，对于大学生活，不同的选择有不同的结局。有的人大学生涯丰富多彩，毕业时找到一份理想的工作，有的人大学期间碌碌无为，毕业即失业。乱花渐欲迷人眼，许多人不知道大学究竟要学什么？怎么学？

职场竞争实质上是素质与能力的竞争，大学期间就是提升自身的素质和能力。学业规划是摆在每个人眼前的第一课题。

“腹有诗书气自华”，加强修养，提升素质。大一学好必修课，考英语等级证书、计算机等级证书；大二学好专业课和选修课，考自己专业的职业资格证书或技能等级证书；大三时考驾照，辅修第二专业等，高质量的学业生涯，不仅是人生无限回报的开始，也是职场走向一帆风顺的开始。

3. 开心走向社会——灯火阑珊处

大学毕业，学习生活结束，依靠较强的思想政治素质、强烈的事业心和责任感、扎实的专业基础知识、较宽的知识面、较强的社会实践能力和动手应用能力、良好的心理素质开始走向社会，开启新的人生征程。

知识窗

机会成本是经济学中的一个非常重要的概念，是指做出一项决策时所放弃的其他各项决策中潜在收益最高的一项。机会成本虽然不是现实货币的支出，却对分析经济问题，做出正确决策起着关键作用。机会成本可以用于实际经济成本或在物品稀缺的世界做出决策的后果，生活充满了选择，选择了一件事情，就放弃另一件事情。

美国经济学家萨缪尔森认为：当我们被迫在稀缺物品之间做出选择时，我们都要付出机会成本，一项决策的机会成本是另一种可得到的最好对策的价值，这就是机会成本。

小案例

小C、小S、小Y三人同是某大学心理学专业的学生，毕业时，小C进入外贸行业做业务员，小S继续读心理学专业研究生，小Y则进入中学做心理健康教育老师。转眼8年了，进入外贸行业的小C已经做到了部门经理，工作游刃有余，逐渐实现了时间自由与财务自由。小S博士毕业后申请了博士后在大学任教，从事心理学研究。小Y在中学稳步上升，成为业务骨干，在她的主持下，学校的心理健康工作成为同行典范。

三位同学选择了销售、科研、教师三类不同的工作，8年后，都事业有成。因此，职业规划可能说不上哪个选择是最好的、最适合的，但一定会有适合自己的。

资料来源：苏春海主编，《大学生职业生涯发展读本》，江苏凤凰教育出版社2018年版。

按照自己的职业规划去择业。第一份工作很重要，千万不能马虎。这将使我们少走弯路，少交学费。很多同学毕业时为了留在城市，就急急忙忙找一个先上岗的招聘最多、门槛最低、专业不对口的销售工作。这时不要着急，好好对照职业规划，看看5年后乃至10年后，期望自己做什么？哪个职业能给自己带来最大收获，能最大限度满足自己的兴趣与人生意义。选择的这个工作让你觉得有意义，让你更快乐，着重的不仅是眼前，更多的是将来。

二、职业选择与机会成本——选择越好越幸福

1. 接受职场挑战——你的价值他做主

（1）求职准备。求职前要掌握就业政策法规，了解就业信息和渠道，学习择业方法及技巧。对自己有一个全面的了解，准确认识自我，评价自我，确定合理的岗位定位。

针对自己希望从事的工作，寻找心仪的单位，了解单位的情况和所需要人才的类型和素质，根据自身的性格、特长、优势和劣势，有针对性地制作个人简历和求职材料，制订求职方案。

（2）求职渠道和求职技巧。求职途径多通过各类招聘会、网络求职、家人或朋友等帮忙介绍、校友推荐、人力资源公司推荐等。求职一般都是双向选择，个人形象、气质、逻辑思维能力、语言表达能力等方面是招聘单位关注重点。职场机会多，

风险大，你选择岗位，岗位也在选择你，有没有价值是市场说了算，唯有能力和实力是驰骋职场的底气。

知识窗

常用求职网站：前程无忧、BOSS直聘、51job、58同城、智联招聘、中华英才网等。

2. 理性对待就业——不要被职场看花了眼

就业难、招工难同时并存，就业市场结构性失衡，有些人高低两不就，缺乏自我认识，挑三拣四，就业难，变成了难就业。面对职场，需要正视自我，认清就业形势，培养自己的竞争优势，不断提高自己的职业竞争能力，不被职场迷惑，勇敢地去争取自己心仪的工作岗位。同时，需要调整就业心态，转变就业观念，理性对待就业，不眼高手低，不因一时找不到工作而产生焦虑。只要肯干肯吃苦，做一行，爱一行，机会肯定青睐有准备的人。

3. 合理选择岗位——鞋合不合适只有脚知道

对于个人而言，选择工作时主要考虑经济收入、个人发展前途、兴趣爱好、个人能力、区域等因素。能找到什么工作，能胜任什么工作，自己心里最清楚，既不要好高骛远，又要有自知之明，脚踏实地。

现象思考

徐君的学历并不高，专科财务管理专业毕业。但他知道自己喜欢做什么、能够做什么，最终他选择了财务工作。在二十多年的工作中，他在财务领域里通过辛勤耕耘而成为专精之士，从出纳、会计、主管会计到财务总监，一步一个脚印。

相反许多和他同龄的名校本科生、研究生，因为选择多，不知道应该在哪个领域开始自己的职业生涯，多年过去了，稀里糊涂地换了几家公司，尝试了多种不同的工作，结果却都是蜻蜓点水，最终一事无成。

【体验与思考】

一、小组讨论

1. 大学毕业找工作时，先就业再择业对不对?

2. 讨论专升本的机会成本是怎样的?

二、技能实训

分析自己面对职场时的优劣势，制订个人分阶段的职业发展目标和个人职业规划。

三、调研报告

查阅你所在地政府“十三五”产业规划，调查当地劳动力市场对于前十大产业的劳动力需求及供给情况，撰写一份对于当地就业人员具有参考作用的调研报告。

主题二

做大蛋糕也要分好蛋糕

——收入与分配

经济学家们往往把国民收入总量比喻成“蛋糕”，而把收入分配比喻成“切蛋糕”。要实现共同富裕的目标，既需要将“蛋糕”越做越大，又要使“切蛋糕”的方法越来越科学、合理。

案例导入

收入分配是民生之源，是改善民生、实现发展成果由人民共享的最重要最直接的方式。改革开放以来，我国对收入分配制度进行了全方位改革，从计划分配体制全面转向初次分配以市场为基础，按劳分配为主体、多种分配方式并存的分配制度，同时，也基本形成了以税收、社会保障、转移支付等为主要手段的再分配调节机制。

但是目前仍然存在一些亟待解决的问题，需要进一步深化改革来解决：一是居民收入增长速度低于经济增长速度；二是工资增长速度低于财政收入增长速度；三是工资增长速度低于经营管理者收入增长速度。此类情况的出现影响了居民消费。

衡量一国国民收入初次分配是否公平有三个指标：一是分配率，指的是劳动报酬总额占国内生产总值的比重；二是每小时劳工成本中的福利开支；三是社会保障税与个人所得税占政府税收收入的比重。这三项指标各自所占比重越高，说明国民收入的初次分配越公平。即国民收入分配的基本格局，是以初次分配中的公平因素为主，以政府再分配中的公平调节为辅。

在我国经济“蛋糕”快速做大的进程中，如何科学分配好蛋糕，日益成为社会各界强烈关注的重大民生问题。社会主义初级阶段的收入分配，是如何进行的呢？在分配中怎样才能做到既兼顾生产的扩大，又满足人民生活水平的提高呢？

第一节　分蛋糕不能变为抢蛋糕——合法收入

说到合法收入，大家首先想到的可能是工资收入、奖金收入、租金收入等，那么这些收入和国民收入、企业收入是什么关系呢?

一、收入去哪儿了——收入类型

1. 国民收入

在经济学中，我们把一个国家在一定时期（通常是一年）由物质生产部门的劳动者生产出来的产品总和，称作社会总产品。社会总产品是指生产成果的实物形态。在市场经济条件下，用货币表示的社会总产品就是社会总产值，总产值是生产成果的价值形态。社会总产品本身是劳动者辛勤劳动的成果，但生产这些产品本身也必须消耗一定的生产资料，比如：生产一辆汽车，要消耗一定的钢铁等原材料，要消耗水、电等能源，要损耗一定设备等。因此，我们要计算劳动者新创造的社会财富，就必须从社会总产品中扣除已消耗的生产资料，剩下的那部分净产品，用货币表示就是国民收入。

国民收入是净产品、净产值，国民收入有两种存在形式：实物形式和价值形式。它与社会总产品、社会总产值的关系如图2–1所示。

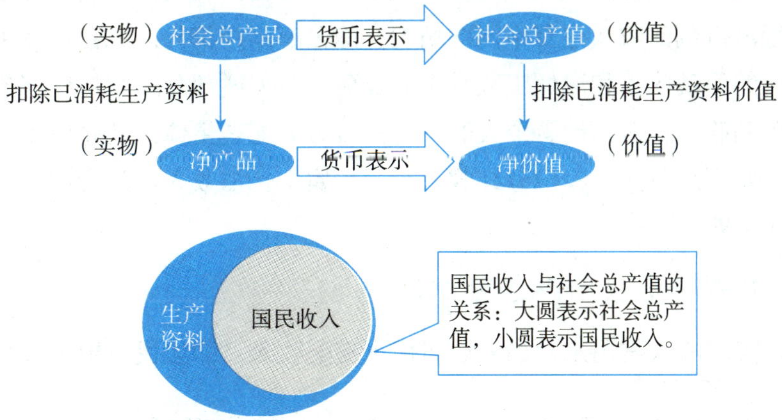

图2–1　社会总产品、净产品与国民收入

国民收入是反映一个国家国民经济发展水平和经济实力的综合性指标。国民收入增长的快慢，标志着一个国家国民经济发展的速度和经济效益状况；一个国家的人均国民收入基本上反映了该国生产力发展水平和人民生活的富裕程度；国民收入总量基本体现了一国的综合国力状况。

2. 政府收入

广义的政府收入是指各级政府所支配的全部资金，包括预算内收入和预算外收入；狭义的政府收入仅指预算内收入。政府收入主要来源于税收。

3. 企业收入

企业收入是指企业以货币形式和非货币形式从各种来源取得的收入总额。包括：销售货物收入、提供劳务收入、转让财产收入、股息红利等投资收益、利息收入、租金收入、接收捐赠收入等。

4. 个人收入

个人收入是指个人从各种途径所获得的收入的总和，包括工资、租金收入、股利股息及社会福利等所取得的收入。居民收入占国民收入的绝大比重[①]。一个国家或地区内所有个人收入的总和与该国家或地区内所有居民的收入总和应当是一致的。

二、能炫出来的阳光收入——合法收入

1. 合法收入知多少

合法收入泛指国家法律所允许范围内的收入，包括企业收入和个人收入、劳动（经营）收入和非劳动收入。在中国社会主义初级阶段，存在各种所有制经济，凡是依法正当经营所获得的收入以及他们从事风险经营的补偿，都属于合法收入。各种所有制经济得到的收入也有不同的情况，除公有制经济外，私营企业主的收入中还包括自己的劳动收入和雇佣工人带来的非劳动收入两部分。个体经济的劳动者所得到的是劳动收入。对劳动者个人的分配，按劳分配是主体，还允许有其他分配方式作补充，如利息收入、股份分红收入等，都属于合法收入。凡合法收入，都受到国家法律的保护。[②]

2. 人均可支配收入，你拖后腿了吗

人均可支配收入常用来代指人均居民可支配收入，即居民可用于最终消费支出

① R.格伦·哈伯德：《宏观经济学（第5版）》，机械工业出版社2016年版。

② 韩双林、马秀岩：《证券投资大辞典》，黑龙江人民出版社1993年版。

和储蓄，可自由支配的收入。它既包括现金收入，也包括实物收入。按照收入的来源，可支配收入包含四项，分别为：工资性收入、经营性净收入、财产性净收入和转移性净收入。

知识窗

国家统计局公布数据显示，2019年上半年，全国居民人均可支配收入15294元，比上年同期名义增长8.8%，扣除价格因素，实际增长6.5%。其中，城镇居民人均可支配收入21342元，增长8.0%，扣除价格因素，实际增长5.7%；农村居民人均可支配收入7778元，增长8.9%，扣除价格因素，实际增长6.6%。

按收入来源分，上半年，全国居民人均工资性收入8793元，增长8.7%，占可支配收入的比重为57.5%；人均经营净收入2467元，增长8.9%，占可支配收入的比重为16.1%；人均财产净收入1321元，增长13.2%，占可支配收入的比重为8.6%；人均转移净收入2715元，增长6.8%，占可支配收入的比重为17.7%。

2019年上半年居民人均可支配收入平均数与中位

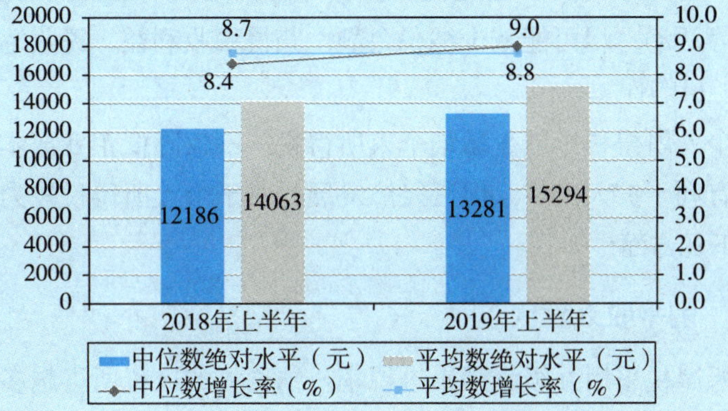

数据来源：国家统计局官网，《2019年上半年居民收入和消费支出情况》。

拓展园

中等收入陷阱

世界银行2006年首次提出“中等收入陷阱”这一概念，指的是当一个国家的人均收入达到世界中等水平后，由于不能顺利实现经济发展方式的转变，导致新的增长动力不足，最终出现经济停滞徘徊的一种状态。也就是社会发展到一定阶段后，人民的生活水平到了一个“瓶颈期”。陷入“中等收入陷阱”的国家主要表现：收入差距过大、人力资本积累缓慢，增长模式转型不成功，金融体系脆弱，劳动力转移困难、民主进程缓慢与腐败。比如现在的南非、巴西等国，之前由于矿产丰富，资源充足，人力资源成本低，发展了很多低端产业，使国家财富得到增长。随之而来的伴随着生态环境的破坏、财富分配不均造成的社会两极分化严重，社会陷入不安定等；想要发展高科技产业而没有长时间的科技人才等储备，转型困难，经济陷入摇摆状态。

资料来源：“中国进入了中等收入陷阱？官方回应：中国已经即将跨进高收入国家”，聚富财经，2019年7月16日。

三、月薪过5000元的看过来——个人税收筹划

我国个人所得税法规定，个人取得的各项收入，都应该按规定纳税。每项收入的获得，所缴纳的税金标准不同，税率和计税方法也不同。纳税人可以在这个空间范围内进行税收筹划，进行合理避税。税收筹划就是在不违反国家法律的情况下，通过投资理财等活动，尽可能减少纳税金额，获得税收利益。税收筹划要保证其合法性、预期性、目的性。

合理筹划个人所得税，减少缴纳个人所得税，不仅降低企业成本，提高员工工作积极性，还有利于扩大内需，促进经济发展。对于个人所得税较为现实的税收筹划方法，有以下几方面：

1. 均衡法：削平收入起伏

我国个人所得税采用九级超额累进税率，纳税人的应税所得越多，其适用的最高边际税率也就越高，纳税人适用的平均税率和实际交税额都可能提高。因此，从企业角度来说，工资收入的安排不要起伏太大，尽量平均分摊到每个月拿。在纳税人一定时期内收入总额既定的情况下，其分摊到各月的收入应尽量均衡，避免大起大落，如集中实施季度奖、半年奖、过节费等薪金，会增加纳税人纳税负担。

2. 福利转化法：降低名义收入

由于对职工福利和工资收入的税务安排不同，公司不妨在政策范围内多发放福利（需注意目前饭补、房补等福利费已纳入个税范围），在各档税率不变的条件下，

通过合理降低税基的方式，降低收入的税率。

3. 公积金法：尽量多缴

按照有关规定，公民每月所缴纳的住房公积金是从税前扣除的，财政部、国家税务总局将单位和个人住房公积金免税比例确定为12%，即职工每月实际缴存的住房公积金，只要在其上一年度月平均工资12%的幅度内，就可以在个人应纳税所得额中扣除。因此，高收入者可以充分利用公积金、补充公积金来合理避税。

4. 投资避税：活用优惠政策

主要可利用的投资工具有国债、教育储蓄、保险产品与股票等。

国债被誉为“金边债券”，不仅是各种投资品中最安全的，也可免征利息税；教育储蓄是国家为了鼓励居民积累教育资金而设立的，其最大的特点就是免征利息税；对于多数家庭来说，选择合理的保险计划，是个不错的理财方法，既可得到所需的保障，又可合理避税。

此外，银行发行的人民币理财产品，还有股票、基金买卖所得差价收益，按照现行税收规定，均暂不征收个人所得税，当然也要注意其产品风险。[①]

拓展园

个人所得税简单筹划

我们看一个简单的案例：

某纳税人2019年工资薪金所得为80000元，专项附加扣除合计为63000元，若发年终奖40000元，他有两种选择：年终奖单独计算和并入综合所得纳税。第一种情况，单独纳税：40000×10%−210=3790（元）；第二种情况，并入综合所得纳税：40000+80000−123000=−3000（元），不用纳税！我们假设该某人的年终奖金增长到100000元，纳税人同样有两种选择，第一种情况纳税，单独纳税：100000×10%−210=9790（元）；第二种情况，并入综合所得纳税：100000+80000−123000=57000（元），57000×10%−2520=3180（元）。当然，该纳税人如果做个税收筹划，比如将100000元拆开，21000元作为年终奖金单独核算，21000×3%=630（元），79000并入综合所得计税，80000+79000−123000=36000（元），36000×3%=1080（元），合计纳税=1080+630=1710（元）！比第一种情

① 搜狐网：“万众企服：2018个人所得税合理避税技巧”，2018年5月17日。

况节税8080元，比第二种情况节税1470元。

结论：新个税的实施，给了纳税人税收筹划丰富的空间。通过以上案例我们能感受到税收筹划给个人带来的实实在在的好处！

第二节 蛋糕怎么分——初次分配与再分配

“水至平而邪者取法，镜至明而丑者无怒。”对于我们这个拥有13多亿人的最大的发展中国家来说，“蛋糕”做好了，分“蛋糕”往往更有学问。如何将做好的“蛋糕”公平合理地分配，是必须解决好的大问题。促进社会公平正义，既要尽力而为、又要量力而行，努力使全体人民在学有所教、劳有所得、病有所医、老有所养、住有所居上持续取得新进展，绝不能出现“富者累巨万，而贫者食糟糠”的现象。[①]

一、切蛋糕分两步——国民收入的分配层次

国民经济循环是由生产—分配—交换—消费组成的一个密不可分的整体，分配处于中间环节，起着连接生产和消费的关键作用，是国民生产得以健康顺利进行的保障。国民收入分配关系若处理不善，必将影响消费的正常进行，进而阻碍生产的进一步发展。按分配过程，国民收入分配可以分为初次分配和再分配。

二、切蛋糕第一步——初次分配

1. 初次分配

国民收入是由物质生产部门的企业的劳动者创造出来的，国民收入的初次分配是指在物质资料生产部门内部对国民收入进行的分配[②]，生产部门（企业）新创造的财富在企业、政府和居民（企业、国家和劳动者）三方之间进行的分配。

① 学习中国：《习近平：落实共享发展是一门大学问》。

② 宋涛主编：《政治经济学教程》中国人民大学出版社2018年版，P239。

知识窗

微观视角下的初次分配参与者及其报酬形式①

类别	要素的归属	对应形式	形成要素收入
按资本要素分配	资本所有者	资本借出	利息
		资本经营获得股息、红利、企业利润等	资本性收入（投资收益、企业利润）
按土地要素分配	土地所有者	土地等自然资源的产权主体通过出租土地等而获得的各种租金收入	租金收入
按管理要素分配	企业管理人员	企业管理人才凭借管理才能和在生产经营中的贡献而参与分配的方式	管理者报酬（工资福利收入+工资外的管理报酬）
按劳动要素分配	企业中的被雇佣者	在私营、外资企业中劳动者获得的工资、奖金、津贴收入	劳动报酬（工资及其他货币、物质福利收入）
	农业部门从业者	农业从业者获得的农业经营收入和劳务输出报酬收入	农业经营收入+劳务输出报酬收入
按信息要素分配	信息工作者	提供市场信息、管理方案取得的收入	信息服务收入
按技术要素分配	技术人员	技术入股、专利使用、技术转让的收入	技术、专利以及其他知识产权收入

2. 初次分配的过程

我国社会主义初级阶段存在着多种所有制形式和多种经营方式，因而国民收入的初次分配在所有制性质不同和经营方式不同的企业是以不同的形式进行的（见表2–1）。总的来说，国民收入归劳动者共同所有，并按照有利于劳动者的原则进行分配，一部分用于满足社会和劳动者个人的消费需要，一部分用于扩大再生产等方面的需要。这种分配关系体现了在国家、集体和个人三者根本利益一致的基础上，长远利益与当前利益、整体利益与局部利益相结合的关系。②

① 刘诗白主编：《政治经济学》西南财经大学出版社2013年版，P285–286。
② 朱青梅、崔京波主编：《政治经济学》，山东人民出版社2009年版。

表 2-1　　　　初次分配表

国有经济	①以税金形式上缴国家财政，成为国家集中的纯收入，由国家统筹安排，在全社会范围内使用； ②以企业基金形式留归企业支配，用于企业发展生产、集体福利、职工奖励等方面； ③以工资形式根据按劳分配原则分配给企业职工，由职工个人支配和使用。
集体经济（城镇）	①以税金形式上缴国家财政，形成国家集中的纯收入； ②以合作基金形式上缴集资单位，形成统一支配的集体收入； ③以企业基金形式留给企业； ④以工资形式分配给职工，形成职工个人收入。
集体经济（农村）	①以公积金和公益金的形式作为集体积累基金，由集体支配使用，用作农村集体经济的发展和农村居民的社会保障基金和集体福利基金以及农村行政管理费用； ②其余部分是承包农民的劳动报酬，由个人支配使用。
个体经济	①以税金形式上缴国家； ②税后利润全部形成个体劳动者的个人收入。
私营经济	①以税金形式上缴国家； ②以工资形式分配给企业职工； ③以企业主收入形式归企业主支配。
股份制经济	①以税金形式上缴国家； ②以工资形式形成职工个人收入； ③以股利形式形成股东收入； ④以企业公积金和公益金形式形成企业基金。

3. 初次分配的结果

国民收入经过初次分配，国家取得生产环节的税收形成国家财政收入，企业取得税后利润形成企业收入，劳动者获得工资等形成劳动者收入（见表2-2）。

表 2-2　　宏观视角下的初次分配参与者及其报酬方式①

参与分配的主体	初次分配获取形式
政府	税收与非税收入
企业	经营净利润＋折旧①
居民	工资性收入＋生产性福利②

注：①作为会计核算科目，折旧是固定资产原值的抵减项目，但资金及所属的权益并没有流出企业，故仍应计入企业的真实所得之中。

②对劳动者个人而言，其初次分配所得除了工资之外，还应当包括所在的生产经营单位直接提供的各项货币或物质福利，我们将之称为生产性福利。

① 傅子恒著：《财政政策与收入初次分配》，东方出版中心2015年版，P8。

三、切蛋糕第二步——再分配

1. 再分配

再分配是指国家的各级政府以社会管理者的身份，主要通过财政支出和税收的形式参与国民收入分配的过程。初次分配和再分配都要兼顾效率和公平，再分配更加注重公平。由于初次分配在前，再分配在后，因此初次分配对再分配起决定性作用。再分配是控制收入差距、促进社会公平的需要，是政府行使社会管理者职能的需要，是政府进行宏观经济调控的需要，是政府协调地区发展、支持战略性行业发展的需要，是建立社会保障筹集资金的需要。

2. 再分配的实现途径

（1）国家财政预算。国家预算是国民收入再分配的主要途径。通过国家预算对国民收入进行再分配，就是在国民收入初次分配过程中，国家以预算收入的形式，把各个部门上缴的税金和利润集中起来，然后再以预算支出的形式，有计划地分别用于工农业生产建设、文化科学教育、社会福利、国防建设、行政管理、国家储备和对外援助等方面。

（2）劳务费用的支付。支付劳务费用是实现国民收入再分配的重要途径。享受服务行业各种劳务的人们，用自己的收入支付各种劳务费用。提供劳务活动的单位，在得到劳务费用后，用于支付职工工资、支付管理费用、提留基金和上缴国家税利等。

（3）价格体系。社会主义国家利用价格体系，通过价格的调整，影响着交换双方的实际收入，引起一部分国民收入在各部门、各企业以及居民之间的再分配。

（4）银行信贷。银行信贷作为国民收入进行再分配的手段，有两个方面：一是存贷款活动本身。通过改变资金使用的主体、使用的方向及使用的时间，从而对国民收入的使用进行再分配。二是差别利率。差别利率包括存款与贷款利息率的差别、不同项目的贷款利息率差别和不同条件下的贷款利息率差别。信贷机构通过差别利率获得的利润，可用于充实信贷资金、提留信贷企业基金、支付职工工资。同时，通过存贷款的利息率，可以影响存款者和贷款者的收入。这就使一部分国民收入在工商企业、职工、居民之间进行了再分配。[①]

3. 再分配的结果

社会主义国民收入经过再分配以后，一方面，非物质生产部门，如行政机关劳动者获得工资等收入；另一方面，不同地区、不同人群的收入发生增减，如国家通

---

① 朱青梅、崔京波主编：《政治经济学》，山东人民出版社2009年版。

过各种税对企业和个人收入进行调节，再通过转移支付、社会保障等途径在不同区域、不同人群间进行调整分配等（见图2–2）。

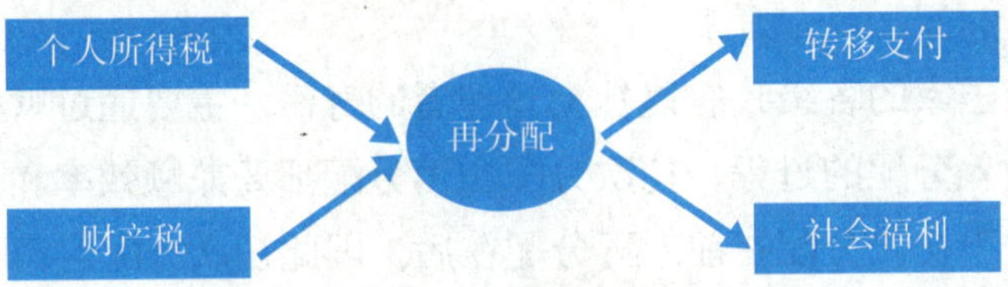

图2–2 再分配流程图

现象思考

财富“大蛋糕”，政府怎样分才公平？

为实现公平收入分配目标，可供政府选择的政策工具一般由税收、公共支出和公共管制等。税收制度对于富人和穷人的收入分配只是起了轻微的调节作用，而政府支出在这方面所起的作用则要明显得多。[①]税收在“劫富”方面有效，但在“济贫”方面却效用不大。只有使社会保障支出、义务教育支出与反贫困支出等公共支出同时发挥作用，方能奏效。因而税收、社会保障、义务教育与反贫困是调控收入分配差距的主要财政措施。

四、分蛋糕的两个环节——初次分配与再分配的关系

初次分配和再分配是解决收入分配问题的“两个轮子”，缺一不可。一般来说，初次分配重效率，再分配重公平，在初次分配时拉开的收入差距，需要通过再分配予以“调节”或“收敛”（见表2–3）。

表2–3 国民收入初次分配与再分配的关系

	初次分配	再分配
分配范围	物质生产部门内部，主要为工业企业	全社会
分配主体	主要是企业	国家、政府
分配手段	市场机制决定	政府调控机制：税收、政策、法律

① 约翰·伊特韦尔、默里、米尔盖特等，《新帕尔格雷夫经济学大辞典（第四卷）》，经济科学出版社1996年版。

续表

	初次分配	再分配
分配目的	提高效率，体现公平	更加体现公平
举例	企业职工工资、农民工工资、农民承包土地获得的劳动报酬；按劳分配收入、个体劳动者按劳动成果分配和生产要素按贡献参与分配获得的收入，都属于初次分配	事业单位工作人员工资；居民和企业在初次分配基础上依法缴纳的个人所得税、财产税；为建立社会保障制度而支付的各项费用（转移支付），包括社会保险、社会福利、社会救济和社会优抚，都属于再分配

第三节 分蛋糕为什么这么难——效率与公平

要深化收入分配制度改革，通过有效的制度安排和设计，提高居民收入在国民收入分配中的比重，提高劳动报酬在初次分配中的比重，让劳动者更多地积累财富，要建立市场化有竞争力的收入分配制度。

案例导入

复杂的公平观——一个关于分蛋糕的思想实验

兄弟二人分配由他们共同生产的一个蛋糕，他们为选择公平的分配规则而感到苦恼，因为他们面临10种以上的分配规则，而每一种选择似乎都有道理：

1. 二人均分——从人头的标准上看是公平的；
2. 谁劳动得多谁多分——从贡献的标准看是公平的；
3. 哥哥多分，弟弟少分——从年长的标准看是公平的；
4. 弟弟多分，哥哥少分——从年幼的标准看是公平的；
5. 谁多出钱谁多分——从购买力的标准看是公平的；
6. 用抽签办法决定分配份额——从机会的标准看是公平的；
7. 谁是家长谁多分——从地位或职务的标准看是公平的；
8. 谁爱吃蛋糕谁多分——从偏好强弱的标准看是公平的；
9. 谁的工龄长谁多分——从过去的贡献看是公平的；
10. 谁的学历高谁多分——从掌握的知识标准看是公平的；

11. 谁的职称高谁多分——从能力的标准看是公平的。

这份关于分配规则的菜单还可以开列下去，而每一种分配规则似乎都是公平的。这个思想实验说明，所谓“公平的分配”是一个复杂而充满争议的话题，公平或平等是一个相对的概念，绝对公平的、能够让所有人满意的分配规则是难以找到的。

一、收入分配制度改革——效率与公平的博弈

生产与分配的过程犹如“做蛋糕”和“分蛋糕”，其本质就是协调和处理效率与公平的关系。做蛋糕和分蛋糕二者是辩证的关系，注重效率，就是要在再分配强调公平原则的同时，更加注重政府调节的科学性和有效性，从而提升分配的整体公平，努力将蛋糕做大，社会才能进步；强调公平，就是要在初次分配强调效率原则的同时，更加注重市场竞争的机会公平与过程公平，从而提升分配的整体效率，尽力分好蛋糕，社会才能和谐。一味地追求分配的绝对平均，只会损害效率，蛋糕无法做大，导致人民集体贫困，民众的生活水平无法得以提升，但如果以拉大收入分配差距为代价拼命地做大蛋糕，只会破坏经济增长的有利环境，最终成为经济增长的严重障碍。要深化收入分配制度改革，提高居民收入在国民收入分配中的比重，提高劳动报酬在初次分配中的比重，让劳动者更多地积累财富。要以市场化改革为方向，建立有竞争力的收入分配体系，实现一流的劳动生产率和全要素生产率，发挥收入分配在价值创造中的作用。

知识窗

基尼系数：衡量收入分配差距的最典型和最具代表性的指标是基尼系数，基尼系数是国际上通常用来反映居民收入差距的指标，反映的是整个社会收入分配体系中收入分配差别的总体状况。基尼系数小于0.2为收入绝对平均，0.2~0.3为收入相对平均，0.3~0.4为收入相对合理水平，0.4~0.6为收入不平均，0.6以上为收入高度不平均。通常将0.4作为贫富差距的警戒线，超过这条警戒线时，贫富两极的分化容易引起社会阶层的对立，从而导致社会动荡。按照我国国家统计局发布的城乡统一的全国居民收入的基尼系数，2015—2018年的基尼系数依次为0.462、0.465、0.467、0.474。①

① 行业资讯网：“中国国民收入差距及其对策”，2016年6月28日。

二、共同富裕路上——一个都不能掉队

共同富裕是全体人民通过辛勤劳动和相互帮助最终达到丰衣足食的生活水平，也就是消除两极分化和贫穷基础上的普遍富裕，是邓小平建设有中国特色社会主义理论的重要内容之一。中国人多地广，共同富裕不是同时富裕，而是逐步实现共同富裕。共同富裕既是普遍富裕基础上的差别富裕，又是物质生活和精神生活的全面富裕，同时还是部分到整体的逐步富裕、从低层次到高层次的过程富裕。

共同富裕是社会主义的本质规定和奋斗目标，也是我国社会主义的根本原则。毛泽东首倡“共同富裕”，凝聚全国人民走上社会主义的大同之路；邓小平提出贫穷不是社会主义，共同富裕是社会主义的本质特征，鼓励一部分地区一部分人先富起来，先富带动、帮助后富，最终达到共同富裕；江泽民强调兼顾效率与公平，在社会主义现代化建设的每一个阶段都必须让广大人民群众共享改革发展的成果；胡锦涛突出以人为本，科学发展，更加注重社会公平；习近平同志指出，“消除贫困、改善民生、实现共同富裕，是社会主义的本质要求，是我们党的重要使命”。据统计，光是农村贫困人口在2014年就达到7000万。一个广泛的共识是——全面建成小康社会，最艰巨最繁重的任务在农村，特别是在贫困地区。没有农村的小康，特别是没有贫困地区的小康，就没有全面建成小康社会。而从另一个层面讲，扶贫开发，正是一次有针对性的国家收入再分配，也是一次收入再分配的深化改革，其目标是要让发展成果更多更公平地惠及全体人民，使老百姓有更多“获得感”，实现最大范围的公平和合理，并最终回归到社会公平正义上来[①]。

拓展园

精准扶贫：实现共同富裕的重要举措

十八届五中全会对扶贫工作提出了三个具体的目标：一是按照现行扶贫标准下的贫困人口脱贫；二是贫困县全部脱帽；三是解决区域整体性贫困问题。这涉及了农村贫困问题的几个核心问题。中央之所以能提出这样的系统目标，主要原因在于以下几个方面：

首先，按照现行收入性扶贫标准，年纯收入要高于现行扶贫标准的2300元（2010年的不变价格）。这个目标的实现应该没有太大问题。问题是，这7017万人口大都是处于多元贫困状态。他们的住房、医疗、教育、基础设施等方面均十分落后。从某种意义上说，这部分贫困人口

① 中国公益新闻网：“精准扶贫力促公平的收入分配秩序”，2018年5月16日。

的真正脱贫还取决于措施的落实和实施。而落实和实施则是一个比较大的系统工程，需要对国家的治理体系进行改革。

其次，贫困县的设置是在特定条件下的产物，主要是基于改革开放初期由于地域自然条件不同等出现的地区间的发展差异而设定的。经历了20多年的发展，贫困县的设置问题越来越多。在资源博弈、进入退出等方面出现了很大的制度性异化。随着包容性发展议程的实施，全国的每个县均需要将本地区的贫困人口的脱贫作为其发展工作的重要内容。通过5年的努力，将现有的贫困县的制度设置从贫困机制中全面退出将有利于国家和地方扶贫资源的公平分配和改善精准扶贫的瞄准程度。

最后，通过基础设施的投入、生态建设、环境补偿机制、绿色经济的创业创新等新的增长机制，特别是通过美丽乡村建设和农业现代化的推进可以有效改善区域性的整体贫困状态。在我国贫困人口绝对数量很大的情况下，还不能够过早地推进以工资转移为主要内容的扶贫战略，仍需要借助两个大的经济发展条件：一是国家宏观经济的发展；二是为贫困地区和贫困人口而设定的特殊的经济发展扶持条件。这意味着，如果能把农村基础设施建设、生态文明建设、美丽乡村建设等与贫困地区的脱贫有机联系在一起，会加速区域性整体贫困的脱贫速度。

资料来源：山西新闻网，“精准扶贫：实现共同富裕的重要举措”，2015年11月6日。

【体验与思考】

一、小组讨论

1. 如何理解“防止贫富两极分化，逐步实现共同富裕”？

2. 减税降费给你的家庭带来了什么变化吗？

二、技能实训

选取一个你周围的工薪阶层，结合所学的个税筹划，为他设计一份个人税收筹划方案并进行思路讲解。

三、调研报告

请自行设计调查问卷，选取一定数量的各类家庭作为调查对象，就当地居民的就业状况、薪资收入情况、个人可支配收入情况、收入分配方面存在的问题进行调查并撰写调研报告。

主题三

嬗变与展望

——市场经济与经济开放

市场经济是高效资源配置方式的代名词，创造了前所未有的巨大财富，同时也带来了一系列的问题。当技术进步和经济发展使得市场范围由国内市场扩展到整个国际市场时，人们所采取的保守或开放的经济政策将产生深远的影响。

案例导入

中国是如何成为“世界工厂”的[①]

21世纪初，随中国加入世界贸易组织（WTO）之后出口量大增，西方媒体开始把中国称为“世界工厂”。中国制造业总产出在2005年超越了德国，随后在2008年超越日本，2010年超越美国。截至2016年，中国制造业实际增加值达到2000年的7倍，占全球制造业总产出的比重从8.5%提高到了30.9%。

除了总量增加，中国制造业竞争力也有显著提升。2016年全球最大的5个制造业行业中，中国的产出份额有4项排名第一，而美国只有1项。

一般认为，中国的制造业发展优势在于廉价劳动力和丰富的资源，但无论是纵向与20世纪90年代以前的中国自己对比，还是横向与劳动力更为廉价的印度、资源更为丰富的非洲国家对比，人们很容易发现市场经济的发展和完善才是更为关键的原因。尤其是在全球化浪潮中，中国制造业因为不断融入开放的世界而取得了巨大成功，成为当今最大的“世界工厂”。

① 杨燕青、林纯洁：“中国与全球制造业竞争力报告”，第一财经，2018年4月8日。

第一节 一统天下还是三足鼎立——市场结构类型

市场最初指的是人们在固定时间段、固定地点进行交易的场所，类似于集市，它与剩余产品的生产和交换紧密联系在一起，根据竞争的激烈程度可以把市场结构分为完全竞争、完全垄断、垄断竞争和寡头垄断四种类型。

案例导入

智能手机与芯片“江湖”

智能手机已经成为人们生活中不可或缺的一部分，通讯、娱乐、支付、学习……都离不开它。从早期的诺基亚、三星、苹果等外国品牌风靡市场，到现在华为、小米、OPPO、VIVO等国产手机畅销国内外，激烈的市场竞争给消费者带来越来越多高品质产品。

手机芯片作为智能手机最核心的部分，一直以来都只有少数企业能做出主流的芯片产品，其中最知名的是高通公司，它是全球唯一一家能够生产2G、3G、4G和5G芯片的企业。凭借其垄断地位，高通公司向手机制造商收取高额的专利许可费，也就是说，使用了高通芯片或高通专利技术的手机制造商不仅需要承担硬件费用，还要按照整机售价4%—6%的标准另行向高通支付相应的专利许可费用，这也被业内称为“高通税”。在“中美贸易争端”背景下，高通芯片可能“断供”的传闻成为笼罩在国产高端智能手机市场上的一片阴影，让人们意识到垄断可能给产业发展带来巨大的威胁。

到底是竞争市场好，还是垄断结构更有利？经济学家们努力分析利弊，但并没有得到一致答案。

一、市场——资源的集散地

1. 市场的产生：宫城外的集市

早在夏商时期，自发的市场交易就开始受到行政干预。政府在城中兴建专门的市场，四面设围墙，有专供出入的门，时间上则一般是“日中为市，交易而退”。

到周朝以后，政府对市场的规划设置、配套服务管理更加明确。市场规模越来越大，尤其是都城，按照方位可以划分为三大块市场：中间市场店铺最多，货物多而齐全，人数最多、最热闹，一般是在中午交易，也被称为大市。东北方向的市场主要是早上交易，一般是做比较大宗的批发贸易，被称为朝市。西边的市场则是傍晚交易，做小买卖的人早晨从农村张罗来东西赶到市场，“朝资而夕卖”，因此也被称为夕市。“大市，日而市，百族为主；朝市朝时而市，商贾为主；夕市夕时而市，贩夫贩妇为主。”①

到了商业发达的宋朝，市场发展更为成熟，从《清明上河图》中可见一斑。

从我们身边熟悉的、满足生活所需的集贸市场，到闻名海内外、商品应有尽有的义乌小商品批发市场，再到专业性极强的期货市场，它们始终围绕着商品交易这一中心环节，将不同商品和买卖双方以及市场管理者聚集在一起，成为劳动、技术以及其他各种资源的集散地。

2. 市场的原则：公平交易

曾经，热闹的市场上少不了木杆秤的身影，它是生意人做买卖不可或缺的称量用具。相传，我国的木杆秤由鲁班发明，木杆上13颗秤花代表着北斗七星和南斗六星，原来的一斤就是十三两。后来，秦始皇统一度量衡时，增加了“福、禄、寿”三颗星，以16颗秤花代表着一斤十六两，这就是老式木杆秤。老式木杆秤直白地展现出市场交易最基本的原则——公平。

公平交易是古今中外所有市场通行的一条基本原则。市场公平一方面需要参与交易的主体双方都要自觉遵守：卖家不能短斤少两、以次充好，买家不能欺行霸市；另一方面又要通过管理机构对违反原则的市场行为加以惩处，才能真正维护好市场环境。

二、市场结构——竞争与垄断

如果把市场理解为某种产品的生产、消费等一系列经济行为的总和，它与“行业”这一概念非常接近。

1. 为什么粮食的价格涨一点点都难——完全竞争市场

以粮食为代表的完全竞争市场是竞争最为激烈的一种市场结构，它的主要特征包括：生产者数量众多；任何一个生产者的产量相对于整个市场而言都是无足轻重的，市场结构完全分散；同类产品完全相同，可以轻易地互相替代；行业没有太大

① 出自《周礼·地官司徒·司市/掌节》。

的进出限制，生产者可以随时选择进行生产或者停产退出。

完全竞争市场通常被认为是最有效率的市场，局限性也非常明显。首先，由于每个生产者都是小规模生产，基本上没有能力进行大规模的长期投资或者技术研发；其次，生产者对于价格变动的调节能力比较差，一旦生产原料涨价或者自家销售的产品价格下降，就很可能亏损甚至破产。

2. 向大佬低头——完全垄断市场

一般人认为最赚钱的企业要么是互联网巨头，要么是石油、银行这样知名度较高的大型传统国有企业，但实际上中国烟草总公司的利润才是最高的（见图3–1）。如果只看税前利润这一项，烟草公司超过了四大国有商业银行利润总和，还可以再加上BAT（百度、阿里和腾讯）三大互联网巨头的利润总和。

如果让生产者选择一个市场来经营，那最好的情况大概是“人无我有”，提供的产品在市场上“只此一家别无分店”，这种独特的结构就叫做完全垄断。

某种产品只有唯一一家生产者的情况并不多见，只有掌握了独特的核心技术，或者控制住了关键资源，或者取得了独家经营许可，才会出现完全垄断的市场。我们可以把获取垄断地位的情况分为三大类：资源垄断、自然垄断和政府创造的垄断，其中政府创造的垄断形式包括了特许经营、许可证制度以及专利和版权等。

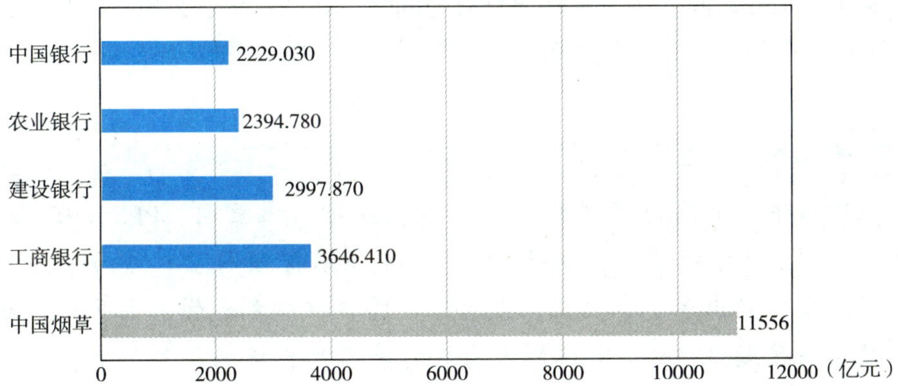

图3–1　四大国有银行和中国烟草总公司2018年利润额①

完全垄断市场的生产者具有价格决定权，可以通过减产涨价来增加利润，还可能为了获取垄断地位而向官员行贿，因此需要加强管理。

当然完全垄断企业也有好处，它以大量的利润积累为基础，有能力进行长期投资或者技术研发，从而推动行业进步。

① 南方财富网：http://www.southmoney.com/caijing/gongsixinwen/201902/2945902.html。

3. 火锅还能“火”多久——垄断竞争市场

如果要评选最受欢迎的美食形式，火锅大概率能够进入前三，由于口味种类丰富能够得到普遍的认可，开店也只需要很小的店面和较少的启动资金，火锅店因此开遍了全国大街小巷甚至世界各地。

由于火锅口味种类、品牌众多，消费者选择空间大，且没有一家火锅企业具有市场完全垄断地位，火锅企业进入或退出市场障碍较小，这样的市场结构就是垄断竞争市场，虽然由于产品差别使每个生产者对市场有一定的影响，但更主要的特点还是竞争激烈，交易的双方都能获得足够的信息。大部分零食、餐饮行业都是这样的市场结构。

在垄断竞争市场上，怎样经营才能获得成功呢？一个考虑是降价吸引消费者，但价格竞争受到成本的限制，而且低价策略不利于树立品牌形象。因此更主要的竞争手段是差异化，突出自身特色，比如品质特别好、送货速度特别快、服务特别到位、网络覆盖全等。

4. 互联网市场被 BAT 垄断了吗？——寡头垄断市场

如果一个市场上少数几家大企业市场份额非常高，它们就能对产品定价、售后服务等拥有决定权，这种市场结构被称为寡头垄断市场。

寡头企业相互之间在竞争策略上具有趋同性，即“对手怎么做，我也怎么做”。比如，可口可乐公司推出了无糖产品，百事也推出了两款无糖产品。

拓展园

2005年，中国视频网站开始进入创业期，土豆网、PPS、PPTV、优酷、酷6等先后创立，高峰时曾有400多家视频网站。然而经过10多年发展，胜出者寥寥无几，爱奇艺、腾讯视频和优酷三大平台加起来的关注度超过90%。考虑到爱奇艺背靠百度，优酷得到了阿里巴巴的大笔投资，移动视频应用市场与其他互联网市场一样，已经成为BAT“三巨头”的天下。曾经最具有竞争活力的互联网市场逐渐走向了寡头垄断格局。

第二节　“看不见的手”——市场对资源的配置作用

随着商品经济的发展，市场逐渐成为资源配置的主导力量。市场机制被称为“看不见的手”，以法制、信用和公平为基石，引导人们做出生产和消费决策，并且在客观上促进社会经济进一步发展。市场也不是万能的，当市场机制“失灵”的时候，政府应当承担宏观调控的经济职能。

小案例

小龙虾怎样走上各地的餐桌

小龙虾学名叫做克氏原螯虾，原产美洲墨西哥湾，最初作为牛蛙的饲料被引进到日本，大约1930年前后传入中国，20世纪80年代走上餐桌。从早期的野生捕捞到现在大量养殖，小龙虾以相对低廉的价格打败了基围虾等竞争对手，成为餐桌上的宠儿，在夜市兴起后更是成为深受欢迎的“爆款”，2017年龙虾的消费量达到了98.61万吨。从捕捞到养殖，从生产到销售，仿佛有一只“看不见的手”在指挥着千千万万的人，将小龙虾从田间地头送到人们的餐桌上。这只“看不见的手”就是市场机制。

一、永不落幕的赛场——市场经济

1. 从“男耕女织”到“文君当垆”——自然经济与商品经济

“男耕女织”通常用来描述自然经济条件下家庭的自然分工情况，种粮食和织布都是为了满足自己的消费。但随着分工的进一步细化，人们也开始从事专门的商品生产或销售，不再仅仅是为满足自己需要而劳动，这就是商品经济。

自然经济的特点是自成体系，人与人之间的联系比较松散；生产的目的只是为了满足生活需要。商品经济本质上是交换经济，人们之间的联系广泛而紧密；有扩大生产规模增加收益的冲动；人们的生活方式互相影响，思想上更加开放，是一种开拓进取的经济形式。当清朝乾隆皇帝和美国第一任总统华盛顿在同一年（1799年）去世的时候，自然经济为主的中国继续巩固保甲制将农民禁锢在土地上，而深受商品经济影响的美国已经建立起立宪制和代议制为商品经济的自由发展创造条件。

当商品经济发展到社会化阶段的时候，就成为市场经济，市场在资源配置中起着决定性作用。

2. 亚当·斯密的《国富论》告诉我们什么：市场经济体系

1776年亚当·斯密的《国富论》被誉为“第一部系统的伟大的经济学著作”，其中关于自由市场体系的内容更是对经济思想以及实践产生了巨大的影响。“人天生，并且永远是自利的动物。……我们不是借着屠夫、啤酒商或者面包师的善心得到晚餐，而是出于他们对自身利益的关心。”每个人都尽力为自己所能支配的资源寻找最有利的用途。当然，他所考虑的是自身的利益，但是，他对于自身利益的关注会使他青睐最有利于社会的用途。这就像“有一只无形的手在引导着他去尽力达到一个他并不想要达到的目的。”从主观上来说，人们的经济决策是为了自身利益最大化；从客观上来讲，这样的决策行为使整个社会的资源实现最优配置，给所有人带来更大的利益。

3. 法制、信用、公平——市场经济的三大基石

市场经济是建立在一系列规则基础上的陌生人之间的交易行为，契约精神尤为重要。首先，市场经济建立在法制这个制度基石之上，通过法律来明确产权和权责关系，买卖双方包括政府管理部门都要依法办事；其次，陌生人之间交易行为有赖于信用这个道德基石，不能随意毁约，否则交易成本会非常高；再次，公平是市场经济的价值基石。

法制、信用、公平三大基石是市场经济不可或缺的内容，法制是外在约束，信用是内在自律，公平是本质规定。

二、市场不是万能的——市场失灵

1. 垄断的是与非

拓展园

反垄断“反”的是什么

垄断企业有可能滥用垄断地位损害消费者权益，比如捆绑销售。1997年10月，美国司法部指控微软公司将浏览器软件与视窗操作系统

软件非法捆绑销售。2000年4月，联邦法院判决将微软公司分拆为两家企业：一家开发和销售操作系统，另一家开发和销售其他软件。但这一判决却引起了美国经济学界的争辩，上百位经济学家联名上书反对分拆，认为这会对技术研发带来巨大损害。最终微软公司与司法部达成和解，做出允许消费者选择安装其他软件等改变，得以维持公司原状。

为了约束垄断企业的行为，很多国家都有反对垄断的法令，中国《反垄断法》自2008年8月1日起开始施行。反垄断的目的并不是消灭垄断企业，而是要防止垄断企业利用自己的市场影响力损害消费者权益，或者打击竞争对手破坏市场竞争环境。对于技术创新所形成的垄断政府持鼓励态度，比如通过专利技术和版权的保护来支持企业创新。

在美国，亚马逊、苹果、脸书和谷歌都曾因垄断收到巨额罚单。

2. “逆向选择”和“道德风险”

如果优胜劣汰是市场的选择，那么“劣币驱逐良币”就是一种逆向选择的结果。

知识窗

劣币驱逐良币

劣币驱逐良币是指当一个国家同时流通两种实际价值不同而法定比价不变的货币时，实际价值高的货币（良币）必然要被熔化、收藏或输出而退出流通领域，而实际价值低的货币（劣币）反而充斥市场；由16世纪英国伊丽莎白财政大臣格雷欣提出，也称“格雷欣法则”。后来，劣币驱逐良币就泛指较差的产品挤占了好产品的市场份额这种现象。

逆向选择往往因为消费者的主观好恶或者信息不对称而广泛存在。比如一些粉丝疯狂追捧自己的偶像，通过“做数据”、买代言产品等让偶像明星成为所谓的“流量担当”，于是投资方挑选这些明星成为影视剧的主角，其他真正有实力的演员反而失去了主演机会。“流量担当”战胜专业演员抢占市场，导致影视剧品质下降引发观众不满，这就是所谓“逆向选择”。

买卖双方掌握信息不对等所带来的影响除了逆向选择，还有可能出现道德风险问题。一个投保了火险的人，在消防问题上可能疏于防范，结果发生火灾，客观上对赔付的保险公司造成了损失。但这种“疏于防范”的主观问题，除了投保人以外其他人是不可知的，是一种道德风险。为了约束这种行为，保险公司尝试通过价格歧视等方式来改变投保人的行为，比如在汽车保险中，常年没有发生保险赔付的投保人可以获得更低价格，发生赔付过多的人可能会被拒绝投保。

3. 负外部性与污染防治

为什么环境污染屡禁不止？我们应该怎样从根源上解决这个问题？

市场经济的公平原则通常意味着人们的收益和成本是对应的，但也有例外情况。如果一家企业排放污水，造成的环境污染治理成本是由周围居民或者政府来承担，相当于企业通过污染环境将治理成本转嫁出去，这就叫作外部不经济，或者叫作负外部性。

污染防治首先要通过法律法规约束企业，严格监督排放物的处理是否达标，对违规行为加大处罚力度，让企业切实负担起应有的成本。第二个办法是产权转移，比如让企业将受到噪音等污染影响的居民区收购下来，将原来的外部成本变回企业内部成本。第三个方法是建立许可证制度，在总量控制额度内，指标可以进行交易，通过提高企业排放成本来减少污染。

三、“看得见的手”是一把双刃剑——政府管制与宏观调控

1. 政府的经济职能：经济秩序稳定的强力保证

知识窗

大萧条和罗斯福新政

“大萧条”是指1929年至1933年发源于美国，后来波及整个资本主义世界的经济危机。美国的工业水平几个月就倒退到19世纪，银行业破产；德国失业人口加半，失业人口占了总人口数的2/3。美国制定了以“三R”（救济Relief、复兴Recovery、改革Reform）为核心的“罗斯福新政”，从1935年开始，几乎所有的经济指标都稳步回升，到1939年取得了巨大的成功。在此之后，美国提出了把保持国民经济的正常运行和保证公民就业作为政府的责任。

一般认为，政府的经济职能包括四个方面：第一是维持长期、稳定的经济增长；第二是促进就业，这是社会稳定的重要基础；第三是稳定物价，不能出现太高的通货膨胀率；第四是维持国际收支平衡。

2.“大空头”：面对信用扩张与经济危机，政府怎么做？

《大空头》是一部由真人真事改编，关于美国2008年金融危机的电影，堪称“金融领域的教科书”。2008年以前，由于节节高升的房价，房产经纪、金融机构在利益驱动下促成了越来越多的低收入者贷款买房，形成所谓“次级贷款”。金融机构为了转嫁风险，加上不负责任的评级机构推波助澜，这些“次级贷款”被包装成设计精巧的金融衍生品大量销售，在美国形成巨大的次级贷泡沫，最终酿成2008年全球金融危机。在这场规模空前的金融灾难中，投资界精英们提前察觉到了泡沫，利用做空机制获得巨额盈利，加剧了“金融泡沫”的影响。

如果说市场机制的缺陷难以避免泡沫和危机，政府是否能够有所作为呢？以美国次贷危机引发金融海啸为例，一些人认为是市场的“贪婪”所致，另一些人认为是错误的货币政策所致。这要从2001年开始说起，当时的美国经历了两件大事：一是互联网泡沫开始全面崩溃；二是“9·11”恐怖袭击引起恐慌，导致金融市场的流动性开始急剧紧缩。为了应对危机，时任美联储主席的艾伦·格林斯潘开始下调利率，期望以此提振市场投资热情，增加流动性。而随着流动性增加，信贷扩张，美国抵押贷款风险开始浮出水面，美国的次贷危机也就由此拉开序幕。

3. 凯恩斯与哈耶克的世纪大战：调控还是放任？

关于政府是否应该干预经济运行这个问题，目前有三种主要的观点：第一种以凯恩斯为代表，认为市场经济自身存在的缺陷会导致有效需求不足、产品过剩，因此必须通过政府干预来减少经济的周期性波动对人们产生影响；第二种是以哈耶克为代表的自由主义者，他们认为政府干预经济的政策通常会加剧扭曲和错误配置，最终不仅不能真正带动经济增长，反而只会带来通货膨胀；第三种以卢卡斯为代表，认为市场中的个体（包括家庭和企业）都是完全理性的，人们会根据政府政策来相应调整自己的经济决策，最后导致所有的政策都是无效的，所以政府干预经济没有意义。

第三节 拥抱还是拒绝——面对经济开放

市场经济具有开放性，资源配置在更广阔的范围内得以实现：生产中可以使用国内资源，也可以使用国外资源；采购、生产、销售、消费可以在国内市场进行，也可以在国际市场进行。分工与合作不再局限于国家范围，区域经济的联系不断增强，逐渐发展成为紧密联系的有机整体。开放经济的最高层次就是全球化。

案例导入

走向国际，回到国内——茶叶的世界之旅

茶叶这种发源于中国的古老植物，也曾经是丝绸之路上最古老的贸易品。2000多年来，茶文化渐渐渗透到了亚洲、欧洲、美洲甚至非洲。在北京的马连道茶城有一家红茶店，专门经营斯里兰卡的红茶。其实斯里兰卡的红茶最早是由英国人从中国带入，但到了今天，斯里兰卡却成了世界最高品质红茶的产地。仅2014年一年，中国人就喝掉了6100吨来自斯里兰卡的红茶，当我们把视角放大到全球，会发现茶叶的迁徙早已从远古的单向流动，变成了多方向的交换。从2011年到2014年，全球交易了价值超过230亿美元的茶叶。

茶叶就这样从中国市场走向国际市场，经历变迁之后又回到国内市场。随着各国经济开放程度的提高，越来越多的资源融入国内、国际两个市场，为人们的生产和生活带来便利。

生产中需要用到各种资源——资本、技术、劳动力、原材料等，它们可能来自于国内，也可能来自于国外。自中国改革开放以来，大量引进来自国外的资金、技术和人才，这些外国资源为中国的经济发展起到了重要的推动作用。

资源的流动需要在市场交易中完成，当交易范围突破国家的空间界限时，就形成了国际市场。唐朝时期的长安城（今西安）是当时世界上面积最大的都城，人口最多时超过百万，由于古代丝绸之路商贸往来频繁，大量的国际国内商品在这里汇集，于是形成了东西两市——东市主要集中了大量的国内资源，包括丝绸、茶叶、瓷器等；西市则主要交易来自国外的资源，包括香料、珠宝、药物、葡萄酒等。这就是典型的国际市场。

两种资源在两个市场上的合理配置，是经济开放的重要表现。

一、梦回“丝绸之路”——区域经济一体化

知识窗

丝绸之路

“丝绸之路”一词是德国地质地理学家李希霍芬在19世纪末首次提出来的。传统的丝绸之路，起自中国古代都城长安，经中亚国家、阿富汗、伊朗、伊拉克、叙利亚等而达地中海，以罗马为终点，全长6440公里。丝绸之路真正开辟于西汉武帝时期。

丝绸之路首次构建起了世界交通线路大网络，中西方商品在各国流通，交易频繁，而且推动了科学技术和文化的交互传播。我国古代的四大发明以及炼铁术等技术，传入沿线国家，成为推动其生产方式变革的重要因素。丝绸之路还把中华、印度、埃及、波斯、阿拉伯、希腊、罗马等各古老文明联结了起来，形成了独具特色的“丝路文明”，对沿线国家的影响延续到今天。

2013年国家主席习近平提出建设“新丝绸之路经济带”和“21世纪海上丝绸之路”的合作倡议，意图共同打造政治互信、经济融合、文化包容的利益共同体、命运共同体和责任共同体。

1. 框架

“一带一路”贯穿亚欧非大陆，将东亚经济圈、欧洲经济圈、广大腹地国家联系在一起，大家优势互补，经济发展潜力巨大。陆上“丝绸之路经济带”重点畅通中国经中亚、俄罗斯至欧洲（波罗的海）；中国经中亚、西亚至波斯湾、地中海；中国至东南亚、南亚、印度洋。依托国际大通道，以沿线中心城市为支撑，以重点经贸产业园区为合作平台，共同打造新亚欧大陆桥、中蒙俄、中国—中亚—西亚、中国—中南半岛等国际经济合作走廊；“21世纪海上丝绸之路”重点方向是从中国沿海港口过南海到印度洋，延伸至欧洲；从中国沿海港口过南海到南太平洋。海上以重点港口为节点，共同建设通畅安全高效的运输大通道。①

① 国家发展和改革委员会、外交部、商务部：《推动共建丝绸之路经济带和21世纪海上丝绸之路的愿景与行动》，2015年3月28日。

2. 发展

“一带一路”倡议提出以来，年投资额迅速增长，2017年底正式公布的数据是3600亿美元，占我国海外项目投资总额的38%，能源项目总数达到了769个。在海外经营的炼油厂炼油能力超过2000万吨。特别是作业施工方面，带动了国内国有的、民营的企业的许多作业队出国作业，先后在61个国家，有2000多支作业队伍，每年工作量在400亿美元左右，为当地解决了一些就业问题和基础设施建设问题。特别在非洲地区，中国的施工建设作业队伍普遍受到欢迎。

中国企业对“一带一路”沿线国家的直接投资有807亿美元，占中国同期对外投资总量的13%左右，并且还通过合作园区的方式把“一带一路”沿线国家串接起来。目前在46个国家一共建立了113家境外合作园区，有4500家企业，累计投资348亿美元，给相关的国家创造了约29万个就业岗位。①

3. 影响

“一带一路”倡议开启了新的合作模式，激活了各种合作机制，创造了诸多合作记录，促进了区域经济发展。同时，在世界局势多变、全球化面临新的艰难险阻的大背景下，“一带一路”为全球治理提出了中国方案。

“一带一路”倡议是人类历史上迄今为止规模最大的一个全球发展行动，是中国倡导推动的一个全球合作行动，没有经验可循。但短短5年多的时间，中国取得了令人瞩目的成就。

“一带一路”倡议为中国、为整个国际提供了新的发展观。这就是由过去的封闭发展转向开放发展，由独自发展走向共同发展。

知识窗

世界三大区域经济一体化组织

欧洲联盟（简称欧盟，EU）是世界上一体化程度最高的区域性政治经济组织。欧盟内部使用统一的货币——欧元（英国单独使用英镑），实行共同的关税政策，商品、劳务、人员、资本自由流通，经济一体化的逐步深化促进了该地区经济的进一步繁荣。欧盟是世界货物贸易和服务贸易最大进出口方，也是全球最不发达国家最大出口市场和最大援助者。

北美自由贸易区（North American Free Trade Area，NAFTA）由美

① 李永全主编：《‘一带一路’建设发展报告（2019）》，社会科学文献出版社2019年版。

国、加拿大和墨西哥三国组成。三个会员国彼此必须遵守协定规定的原则和规则，如国民待遇、最惠国待遇及程序上的透明化等来实现消除贸易障碍，自由贸易区内的国家货物可以互相流通并减免关税，而贸易区以外的国家则仍然维持原关税及壁垒。

亚洲太平洋经济合作组织（Asia-Pacific Economic Cooperation，APEC，简称亚太经合组织），它是亚太区内各地区之间促进经济增长、合作、贸易、投资的论坛，创立于1989年，现有21个成员经济体。1991年11月，中国以主权国家身份，中国台北和中国香港以地区经济体名义正式加入亚太经合组织。2001年10月，APEC会议首次在中国举办。发展到现在，亚太经合组织已逐渐演变为亚太地区重要的经济合作论坛，也是亚太地区最高级别的政府间经济合作机制。

二、令人爱恨交加——经济全球化

知识窗

经济全球化

“经济全球化”这个词最早是由T.莱维（法国数学家）于1985年提出的。但至今没有一个公认的定义。国际货币基金组织（IMF）认为：“经济全球化是指跨国商品与服务贸易及资本流动规模和形式的增加，以及技术的广泛迅速传播使世界各国经济的相互依赖性增强。”而经济合作与发展组织（OECD）认为：“经济全球化可以被看作一种过程，在这个过程中，经济、市场、技术与通信形式都越来越具有全球特征，民族性和地方性在减少。”

1. 跨国企业——经济全球化的载体

你一定经常听到或看到以下这些公司的名字或有关他们的新闻或广告宣传（见表3-1和表3-2）。

表 3–1　　2018 年中国跨国公司前十大及跨国指数

排名	公司名称	海外资产（万元）	海外收入（万元）	海外员工（人）	跨国指数（%）
1	中国石油天然气集团有限公司	86059437	96936947	115428	24.28
2	中国石油化工集团有限公司	62952583	68573892	35505	21.42
3	中国化工集团有限公司	62109938	27803643	85987	70.43
4	中国中信集团有限公司	52228789	9008528	16562	12.13
5	中国远洋海运集团有限公司	49571437	13217563	6584	44.18
6	中国海洋石油集团有限公司	45400703	29925593	4767	33.14
7	腾讯控股有限公司	34469319	799365	26809	41.78
8	中国中化集团有限公司	33560636	43685309	8909	59.67
9	国家电网有限公司	28933057	10381163	15620	4.53
10	中国五矿集团有限公司	21972126	8555547	11804	16.27

注：数据摘自中国企业联合会、中国企业家协会发布的《2018 中国跨国公司 100 大及跨国指数》。其中，跨国指数按照（海外营业收入 / 营业收入总额 + 海外资产 / 资产总额 + 海外员工 / 员工总数）÷ 3 × 100% 计算得出。

表 3–2　　2018 年《财富》世界 500 强排行榜前 10 名

排名	上年排名	公司名称（英文名）	营业收入（百万美元）	利润（百万美元）	国家
1	1	沃尔玛（WALMART）	500343	9862	美国
2	2	国家电网公司（STATE GRID）	348903.10	9533.40	中国
3	3	中国石油化工集团公司（SINOPEC GROUP）	326953	1537.80	中国
4	4	中国石油天然气集团公司（CHINA NATIONAL PETROLEUM）	326007.60	–690.5	中国
5	7	荷兰皇家壳牌石油公司（ROYAL DUTCH SHELL）	311870	12977	荷兰

续表

排名	上年排名	公司名称（英文名）	营业收入（百万美元）	利润（百万美元）	国家
6	5	丰田汽车公司（TOYOTA MOTOR）	265172	22510.10	日本
7	6	大众公司（VOLKSWAGEN）	260028.40	13107.30	德国
8	12	英国石油公司（BP）	244582	3389	英国
9	10	埃克森美孚（EXXON MOBIL）	244363	19710	美国
10	8	伯克希尔—哈撒韦公司（BERKSHIRE HATHAWAY）	242137	44940	美国

注：数据摘自《财富》杂志，2018 年 7 月 19 日发布。

《财富》世界500强公司全部都是跨国企业。跨国企业已经是世界经济的中心，在推动经济全球化进程中发挥了主导作用，是经济全球化的重要载体。主要表现在：全球跨国公司贡献了全世界总产值的1/3，控制着国际贸易的主要流向，占比高达80%。对外直接投资占全球FDI总额的90%以上，拥有世界上80%以上的新技术和新工艺专利，并且掌握着全球70%以上的技术转让。

2. 苹果手机的全球产业链——全球化的表现

知识窗

全球产业链

全球产业链是指在全球范围内为实现某种商品或服务的价值而连接生产、销售、回收至处理过程的跨企业网络组织，它包括所有参与者和销售活动的组织及其价值、利润的分配。随着贸易和投资全球化的不断深入，国际分工格局开始加快由产业间分布向产业内分布转化，按产业链的纵向分离和协调为重要特征的全球一体化的生产、流通逐渐形成。全球产业链的产品及服务的价值创造活动分布在不同国家和地区，从而为这些国家和地区嵌入该产业链，实现产业调整和自主创新能力提供了机遇。

资料来源：章建新，“基于全球产业链的物流产业集群竞争力分析”，《经济问题》，2006年第5期。

苹果手机真的是美国生产的吗？2019年3月7日，苹果公布了其全球200大供应商。这200大供应商占了苹果公司2018年全球原材料，制造和组装采购金额的98%（见图3–8）。

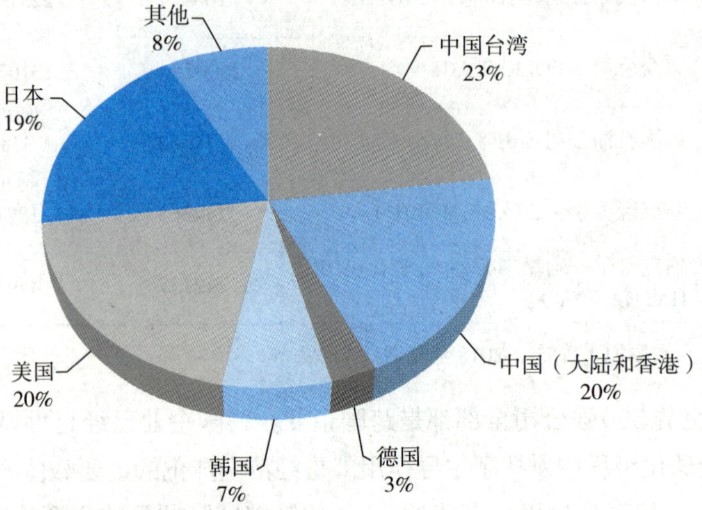

图3–8　苹果2019年度全球供应商分布图[①]

3. 经济增长与发展——经济全球化的积极影响

经济全球化加速了各种生产要素在全球范围内的自由流动，为各国充分利用全球的统一市场、优化资源配置提供了条件。据联合国统计数据，2018年全球贸易增长了3%，其中服务贸易增长了8%。

经济全球化给中国带来了先进的企业文化和经营管理经验，有利于中国企业素质提升，为中国企业“走出去”参与全球竞争战略的实施开辟了道路。经济全球化必然会带来技术全球化，有利于我国科学技术的发展，缩小我们和发达国家技术上的差距。经济全球化还推动了金融全球化，金融机构在全球范围内进行金融调度，大大提高了资源配置的效率。

4. 贫困与边缘化——经济全球化的消极影响

经济全球化的确在一定程度上促进财富增加和经济繁荣，但同时也导致了一系列消极后果。其中一个最突出的后果就是全球范围内的贫富差距进一步扩大。联合国1999年度的《人类发展报告》称，占全球20%人口的发达国家拥有全球生产总值的86%，全球出口市场的82%，而发展中国家的份额分别缩减到14%和18%。2018年《世界不平均报告》显示，全球最富有的1%人群占有的财富份额从1980年

① https://www.apple.com/supplier-responsibility/pdf/Apple-Supplier-List.pdf。

的28%上升至2016年的33%，与此同时，底层75%的人群所占有的财富份额则一直停留在10%左右。

在国家内部层面，全球化也无情地加剧了一个国家内部的贫富分化。在发达国家表现为长期居高不下的失业率。国际劳工组织（OTT）最新预测显示，2019年全世界失业人数将达到2.13亿人（2007年为1.69亿人，12年间上升了26个百分点），其中发达国家失业率上升最快。在发展中国家，穷人的生活条件进一步恶化，他们不仅在经济上被边缘化，在政治和社会生活中一样被边缘化，在资源配置中缺失发言权。

总之，经济全球化是一把“双刃剑”，需要全世界各个国家和利益团体做出有责任的回应。

【体验与思考】

一、小组讨论

1. 垄断企业的存在是利大于弊，还是弊大于利？

2. 中美贸易争端对中国、美国及世界经济的影响。

3. 英国脱欧是利大于弊，还是弊大于利？

4. 为什么野生动物濒临灭绝，大量捕杀的鸡鸭却生生不息？

二、技能实训

调查同学们手机上安装使用率最高的前十大软件，看看它们属于哪些公司，分析该类型的软件市场竞争状况。

三、调研报告

1. 调查本地关于环境污染的情况，分析其原因，尝试提出解决办法。

2. 调研中国自贸区的相关数据，通过数据概括总结自贸区在推动利用两个市场两种资源中的意义。

主题四

年轻，就是花呗？

——合理消费与贷款

“花呗”“白条”成为年轻人购物消费的支付偏爱方式。消费者选择理论用经济学的分析方法来描述人们隐含的消费心理过程。量入为出，理性消费的关键是要做好消费规划。正确选择贷款机构和贷款产品，客观评估自己的还款能力，防范贷款风险，珍爱自己的信用记录。

案例导入

“00后”大学生透支消费普遍

中国大学生一站式求职网上平台——梧桐果面向全国10万名“00后”大学生发布问卷，整理并发布了《2019全国大学生消费调查报告》。

根据调查数据显示，绝大多数大学生月均消费在1000元到2000元，高于2000元占比为17.6%；低于1000元的占比不到一成。大学生必要支出与非必要支出比例约为6:4，“00后”大学生在非必要消费领域上的购买力较强。支出主要在餐饮、交通、教辅材料等方面，其中“吃”占据大学生日常消费大头；非必要支出主要选择花费在社交娱乐、外出旅游、零食饮料等方面。

超七成大学生使用分期产品，电脑、手机等“大件”。互联网金融平台，成为大学生最青睐的分期产品。“花呗”“白条”成为首要透支方式，主要原因是还款方便、支付快捷和开通简单。

建议“00后”大学生合理规划自身消费构成，增强理财意识；做好开支计划，控制自己的消费，养成节俭的好习惯，注意克服攀比心理，不要盲目追求高消费；正视自身消费现状，养成良好的消费心态，注重精神消费，养成健康习惯。

资料来源：“‘00后’大学生透支消费普遍”，青岛全搜索，wb.qdqss.cn/html/qdwb/20190422/qdwb377103.html 2019年4月22日。

第一节　万元奖学金，是去旅游还是培训？

作为消费者，你做不到想买什么就买什么，因为有预算约束，作为理性消费者，你必须考虑能买什么，为什么买，怎么买才能达到效用最佳。

一、消费者偏好——消费者喜欢什么

现象思考

在生活中，为什么有的人喜欢吃零食？为什么有的人喜欢打游戏？为什么女士更喜欢购买化妆品？

……

喜欢吃零食的人，零食会给他带来很高的满足度；喜欢玩游戏的人，游戏会给他带来很高的满足感。面对琳琅满目的商品和服务，消费者会选择自己喜欢并且能满足自己爱好和欲望的商品和劳务进行购买和消费。

消费者在消费商品时所感受到的满足程度就是效用。一种商品对消费者是否具有效用，取决于消费者是否有消费这种商品的欲望。效用这一概念与人的欲望是联系在一起的，它是消费者对商品满足自己欲望的能力的一种主观心理评价。[①]

二、无差异曲线——消费者喜欢买些什么

无差异曲线是一条表示给消费者相同满足程度的消费组合的曲线，也称等效用曲线，即消费物品的组合不同，但满足程度相同。可以用无差异曲线来表示消费者相同的偏好（见图4-1）。[②]

① 吴汉洪：《经济学基础（第5版）》，人民邮电大学出版社2017年版。

② 曼昆：《经济学原理（第7版）》，梁小民、梁砾译，北京大学出版社2015年版。

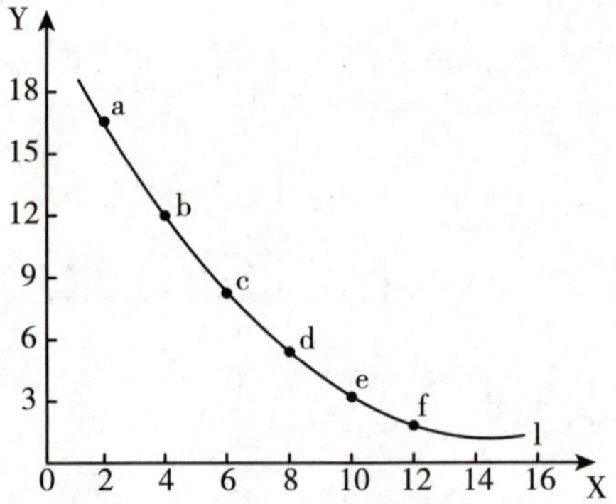

图4–1　无差异曲线图

在图4–1中，横轴代表商品X的数量，纵轴代表商品Y的数量，I代表无差异曲线。在无差异曲线上任何一点上商品X与商品Y不同数量的组合给消费者所带来的效用都是相同的。

知识窗

边际效用递减规律

总效用是消费一定量物品或劳务所带来总的满足程度。边际效用是某种物品的消费量每增加一单位所增加的满足程度。边际效用递减规律主要是基于基数效用论研究的。一般来说，一个人消费某种商品，随着消费量的增加，获得的总效用会先增加后减少，边际效用始终递减。但应注意的是该规律只在一定时间内连续消费某种物品时存在。

现象思考

在现实生活中，边际效用递减规律无处不在。比如，当你很渴的时候，你喝的第一杯水犹如甘露，第二杯水还是无比畅快，但是第三杯、第四杯呢？当你连续不停地喝水，并超过你生理需求的时候，后面喝的水给你带来的边际效用几乎为零，甚至为负。

再比如吃水果，是只选择吃苹果，还是香蕉、苹果等一起吃？家里炒菜，是荤素搭配好还是只吃鱼肉效用大？学生复习功课，一天内长时间复习一门功课还是交替复习多门功课效果好呢？

你还发现了哪些生活中适用边际效用递减规律的现象？

三、预算约束——消费者能买得起什么

小案例

我欲买尽天下物，无奈包里全有度

小林走在琳琅满目的商场中，她觉得自己既喜欢这双美丽的皮靴，也喜欢那个亮丽的包包，还喜欢那些穿在模特身上的华服。摸摸自己的钱包，这一刻小林多么希望自己能够有更多的钱！几个小时逛下来，她只买了在自己收入可承受范围之内的一件必需商品。

每个人的收入都是有限的，有限的收入会限制人们所消费物品的数量或质量，这就是预算约束，消费者个人选择要受到收入和价格的制约。预算约束就是对消费者可以支付得起的消费组合的限制。预算约束表明消费者在收入与价格既定时所能买得起的物品组合，但是，消费者的选择不仅取决于他的预算约束，还取决于他对物品的偏好。①

四、消费者剩余——让消费者痛快的购买

小案例

生活中的消费者剩余

一个顾客在某服装店看好了一套标价为800元的服装。

顾客说："你卖便宜点吧，500元我就买！"

店主说："你太狠了吧，再加80元！图个吉利吧！"

顾客说："不行，就500元！"

随后，他们又进行了一番讨价还价，最终店主说："好吧，就520元！"

于是顾客去交款，但是不一会儿又回来了。她有些不好意思地说："算了，我不能买了，我带的钱不够！"

店主说："你有多少钱？"

顾客说："把零钱全算上也就只有430元了。"

店主难为情地说："那太少了，哪怕给我凑一个整数呢？"

① 曼昆：《经济学原理（第7版）》，梁小民、梁砾译，北京大学出版社2015年版。

顾客说：“不是我不想买，的确是钱不够了！”

最后，店主似乎下了狠心，说：“就430元给你吧，算是给我开张了，说实在的，一分钱没有挣你的！”顾客幸福满满地买下了这件衣服，兴高采烈地走了。而顾客可能不知道，这件衣服的进货价只有180元。

消费者剩余是指消费者愿意支付的价格高于实际价格的差额。或者说，一个消费者对一种商品所付出的价格，少于他为得到此商品而愿意支付的价格，这样他就从购买中得到一种满足的剩余。这种满足的剩余称为消费者剩余[①]。例如，有某学生愿意为一场音乐会的门票支付200元，成交时实际只支付了100元，他省下的那100元就是他的消费者剩余。

拓展园

打折效应和消费者剩余

消费者剩余并不是实际收入的增加，只是一种心理感觉。消费者在购买过程中，并不能得到实在的利益，只不过他在心理上认可自己得到了，感觉得到了预料之外的实惠。生活必需品的消费者剩余大，因为消费者对这类物品的评价高，愿意支付的价格也高，但这类物品的市场价格一般并不高。商家在定价时，除了考虑消费者的预算约束和消费者偏好外，也会考虑消费者剩余，让消费者得到更多的消费者剩余，如打折效应和薄利多销。

五、理性消费

大学生的消费主要集中在饮食消费、衣饰鞋帽、休闲娱乐、手机电脑、旅游培训等方面，但也存在很多不理性，比如攀比消费、从众心理、冲动消费等。如何成为一名成熟理性的消费者呢?

① 吴汉洪：《经济学基础（第5版）》，人民邮电大学出版社2017年版。

现象思考

“十一”长假期间，读大四的小张接待了来自外地的两批同学。家境贫寒的小张，每月没有多少生活费，平时自己是能省则省，但为了把同学招待好有面子，吃饭去酒楼，出入坐出租车，登山坐缆车。这样潇洒了几天，小张两三个月的生活费就报销了，最后不得不向同宿舍同学东挪西借，才勉强把高中同学送走。回到寝室，小张开始犯愁了，接下去几个月得生活该怎么过呢？

你自己是否有相似的经历？面对新款手机、电脑，时尚的服饰，名贵的化妆品，家庭拿不出钱就借，借不到就网贷也要消费，这种不切实际的高消费现象不在少数。你和你身边的同学有没有这样的经历呢？

1. 量入为出——把钱花在刀刃上

培根指出：“一个人如果在某一项上消费多，则他必须要在别的一项上节省”。① 正确平衡自己的收入与消费，即消费条件或能力，不炫耀攀比、不挥霍浪费，做到首先是在自我收入条件和能力之内满足基本生存和发展的消费需求。消费时应区分需要和想要，考虑自己的真实需要，而非欲望。

量入为出，不仅包括目前收入的现时量，也包括自身能力所能创造出来的潜在量，都是消费行为需要遵守的经济底线，越过此经济底线带来的过度消费、虚高消费都是非理性的消费，会引发道德与法律的问题，也会引发个体、家庭和国家的问题。②

2. 避免盲从——不去冲动的买买买

很多大学生家庭在中小城市或农村，一旦习惯了城市生活，加上攀比心理和从众心理，部分消费欲望就会被激发出来，很容易引起冲动消费。

在消费中要尽量避免不健康的消费心理影响，坚持从个人实际需要出发，根据自己的家庭经济条件理性对待自己的消费行为，不应“啃老”，更不能“害老”，始终持有“日吃三餐、夜眠八尺”的消费需求底线。③ 要理解父母挣钱的艰辛和不易，珍惜父母的劳动所得，不要大手大脚。

---

①　培根：“论消费”，《培根论说文集》，商务印书馆2019年版。

②③　张男星、王春春、张运红、楚晓琳、谭俊英：“中国财经素养教育的目标建构及阐释——基于‘学生为本，国家为重’的教育本然”，《大学周刊》B版，2019年第3期。

3. 绿色消费——你消费，我健康

绿色消费是指消费者对绿色产品的需求、购买和消费活动，是一种具有生态意识的、高层次的理性消费行为。绿色消费是从满足生态需要出发，以有益健康和保护生态环境为基本内涵，符合人的健康和环境保护标准的各种消费行为和消费方式的统称。其主要表现为崇尚勤俭节约，减少损失浪费，选择高效、环保的产品和服务，降低消费过程中的资源消耗和污染排放。绿色消费包括的内容非常宽泛，不仅包括绿色产品，还包括物资的回收利用、能源的有效使用、对生存环境和物种的保护等，可以说涵盖生产行为、消费行为的方方面面。

4. 勤俭节约——永不过时的中华美德

勤俭节约、艰苦奋斗是中华民族的传统美德，作为一种民族精神，它是永远不过时的。在物质财富日益丰富的今天，资源短缺越来越成为制约经济和社会发展进步的“瓶颈”，我们要建设节约型社会，树立节约意识，形成“铺张浪费可耻，勤俭节约光荣”的良好氛围，使勤俭节约成为一种时尚、一种习惯、一种精神。

第二节 做好消费规划，理性剁手

理性消费的关键是要做好个人消费规划，面对“双11”“618购物狂欢节”一定要冷静对待，谨慎使用“花呗”“白条”等分期付款方式消费，理性剁手。

案例导入

别让网贷毁了你的青春

湖北某大学的一名学生，为了购买iPhone6手机及其他消费，申请网上贷款。随后，经过拆东墙补西墙，不断找其他小贷公司贷款还债，其最终欠下多家公司共计70余万元的债务，给家庭带来毁灭性灾害。

不良校园贷现象的产生，并不仅仅在于相关部门未及时监管，更重要的方面在于学生。到底是什么原因造成了一个又一个校园贷的悲剧？

时代在变化，社会在变化，大学生的物质金钱消费观同样在变化，其消费观对所表现出来的消费习惯、消费对象、消费心理起着重要的作用。

若想避免陷入校园贷陷阱，就要理性消费，而理性消费的关键就是进行消费规划，做好消费管理。

一、消费规划——把握消费的主动权

消费规划包括日常消费规划、住房消费规划、汽车消费规划。

1. 日常消费规划——用规划积累财富

在日常消费中应做好消费规划，不要做月光族。在具体规划时，找到消费与积累之间的平衡点十分重要。过多的消费会消耗积蓄，抗击突发性风险的能力会很低。可要是一味地想着攒钱，生活又会变得十分乏味。毕竟积累财富的最终目的不是为了存钱而存钱，财富真正的价值在于它会让人们高质量地生活。

一般来说可以将七成的收入用于日常生活开支以及提高生活品质的消费中去，用三成的结余留作投资之用，随着收入的增加，投资占比可逐渐提高。

2. 住房消费规划—— 从投资角度做规划

（1）为什么要做住房消费规划？购房支出对个人和家庭来说是一笔不小的开支，要根据个人或家庭的承受能力，制订适合自己的住房消费规划。

从投资房产的角度，住房投资是将住房看成投资工具，通过住房价格上升来应对通货膨胀，以获得投资收益来期望资产保值和增值。在国外住房投资有时还被用来避税，目前在我国住房投资避税作用不大。

（2）购房还是租房？选择购房还是租房，与个人的财务状况、未来房地产市场的价格趋势以及喜好都息息相关，从理财的角度出发主要看房价与租金的变动情况，要分别计算两者的投资成本。房价和租金都是住房使用价值的反映，但相比之下房价的波动幅度明显大于租金，这是因为购房行为中投机和泡沫的成分远高于租房。因此，房价更加偏重反映房产的市场行情，租金更加偏重反映房产的实际需求。

3. 汽车消费规划——用机会成本做理财

有了房，就开始想买车，比较而言，房子属于不动产，而车子则是消耗品，甚至可以说是“负资产”，从车子买入就开始折旧，上牌费、汽车保险、停车费、汽油费等，这也是许多人买了车却养不起车的原因。

在汽车作为耐用消费品走入千家万户的今天，购置汽车是用自由资金还是用消费贷款，或使用抵押贷款购买，消费者心里应有一本成本账。

现象思考

养一辆车每年需要多少费用

一辆10万元左右的车保险费每年在4000—5000元左右，保养费一年约2000元，再加上一些变动的费用如汽油费、停车费、过桥费，这些费用一年下来估计要在1.5万—2万元，这也就意味着购车之后每年都会有一笔不小的花销，如果没有稳定、足够的收入来源，这笔消费将会是不小的负担。

二、消费管理——把握积累财富的主动权

管理财富就像管理蓄水池，要开源节流，而这个“流”中很大一部分就是“消费”，如果管理不善很难有积蓄，所以要做好规划，合理消费，管理好消费。

1. 学会记账——流水的钱要记流水账

做好消费规划，从记账开始。通过记账，将每笔钱的来龙去脉搞清楚，学会把钱花在刀刃上，用尽量少的钱做尽量多的事，通过记账，还能找出之前不必要的支出，为制订和调整以后的消费支出计划提供参考。

知识窗

如何记账

首先，记账需要分门别类、细分账目。为的是通过记账判断每一项支出是否合理；其次，勿以利少而不为，勿以钱少而不记；再次，记账要及时、准确；最后，记账要成为习惯。

2. 编制预算——扼住买买买的翅膀

列预算时，分清生活必要支出和可有可无的额外支出。必要支出无须考虑，可直接购买，但如果是额外支出，就要好好掂量一下。

通常，可将支出细分为衣、食、住、行、用、通信、学、乐、其他支出等八大类。当然这个分类没有固定格式，可以根据个人需要重新加以归类和细分。

以下是个人收支预算表，里面具体的项目可以根据个人实际情况进行调整（见表4-1）。

表 4–1　　　　　　个人收支预算表

年　月　日　至　年　月　日　币种：　　　　单位：

收入	金额	支出	金额
生活费来源		餐饮伙食	
兼职收入		水果零食	
奖学金		日常用品	
其他收入		交通通信	
		文化娱乐	
		服饰装扮	
		医疗保健	
		其他开支	
收入合计		支出合计	

3. 拒绝网贷——“贷”来的钱都是未来的“泪”

作为大学生本身不具备独立的经济能力，生活一定要崇尚节俭，千万不要相信天上掉馅饼的事。一定要坚决抵制不良校园贷，拒绝网贷。不良校园贷一般只需要身份证、学生证和几个联系电话就能申请，无论使用什么消费理由都能通过审核，并且放贷速度极快。不良校园贷也有很多“变种”，比如回租贷、裸条贷、传销贷、刷单贷、美容贷、培训贷等，希望大学生们增强防范意识，远离校园贷。网络贷款“贷”出来的不仅是个人的“泪”，还是父母的“泪”，家庭的“泪”。

4. 理性办卡——莫跌入商家的消费陷阱

摸一摸口袋里、钱包里，最常见的就是各种卡——美容美发卡、健身卡等。商家经常会举行充多少赠多少、办卡打折等促销活动。为避免被“坑”，应该做到：一是办卡前多做比较，选择社会信誉好、经营规模大、知名度高的商家；二是办卡时要详细了解服务内容、期限、收费、消费限制及免责条款，以便日后商家未履行服务承诺时及时主张权利；三是适度消费，理性办卡，不要被蝇头小利冲昏头脑，不要办理大额消费卡；四是保存消费凭证，及时维权。

小案例

办卡充值留心眼　莫让“馅饼”变“陷阱”

凌小姐于2015年初在某发型店开卡并充值了2000元，年底凌小姐再次充值了3000元。2016年10月12日凌小姐在该店消费后，消费凭证显示卡内剩余3164元。12月，凌小姐再次到该店准备消费，而店内服务人员表示，至少需要充值卡内一半余额（1500元），才能激活并继续使用卡内余额，但不能继续享受原来的折扣优惠，并表示若不充值，2017年该卡所有的余额将作废。凌小姐认为此举不合理，要求该店以现金形式退还3164元。双方由此产生纠纷。

上述商家的行为侵犯了消费者的自主选择权和公平交易权。商家应退还凌小姐卡内现金余额。不退则违反《侵害消费者权益行为处罚办法》的相关规定。

三、理性，理性，再理性

每年的“双11”“618”等购物狂欢节，小伙伴们都迫不及待地等着凌晨商家放出更大力度的优惠，好痛快的买买买。虽然购物是一件很开心的事情，但是“剁手有风险，一定要理性”。

拓展园

“理性剁手”攻略

1. 提前列好购物清单，购买真正需要的。每年“双11”、“618”等购物狂欢节都是“买买买”的节奏，结果可能买回来的很多东西都很鸡肋，因此，最好提前列份清单，购买真正需要的必需品。

2. 尽量选择熟悉的商家进行购买。“双11”“618”等购物节的套路太多，最好选择熟悉的商家进行购买，一是可以预防被骗，保质保价，二是可以放心得到切实的优惠。

3. 请注意，“定金”非“订金”。千万要注意，“定金”非“订金”，如果你不要这件商品了，“定金”是不会退还的。

4. 不要随意跟风，多看“差评”。商家为了吸引顾客，会在首页展示一些所谓的“爆款”，再配上精美的图片、良好的评价、合适的折扣，分分钟让人觉得“不买都对不起自己”。这个时候，一定要仔细查看商品的评价，最好多看差评来综合考虑是否进行购买。

5. 适度消费。一定要清楚自己的经济状况，尽量不要购买超出承受范围之外的物品，更不要为了面子去透支消费。

6. 注意防范风险。小心低价陷阱和虚假宣传，了解促销规则，客观行使评价权利。谨慎使用“二维码”支付，防止不法分子盗取个人账户等信息，选择正规的支付平台，签收前要验货，保存购物证据。网购过程中如果产生纠纷，消费者在与卖家、网络交易平台协商不一致的情况下，可以直接拨打经营者所在地的12315投诉电话。

1. 蚂蚁“花呗”

蚂蚁“花呗”是浙江蚂蚁小微金融服务集团有限公司（阿里巴巴子公司）推出的一款消费信贷产品。用户申请开通后，将获得500—50000元不等的消费额度。消费时可以预支蚂蚁“花呗”的额度，享受“先消费后付款”的购物体验。

蚂蚁“花呗”有三大特点：当月买，下月再还款；还款方便，支持支付宝自动还款；可使用“分期购”，若使用“花呗”分期购，买家需按商家设定的费率承担指定费用。

蚂蚁“花呗”之前主要是在“淘宝”“天猫商城”上流行，如今任何的消费场所都能使用花呗。虽然“花呗”使用非常方便，也要理性使用。

2. 蚂蚁“借呗”

“借呗”也是浙江蚂蚁小微金融服务集团有限公司推出的消费信贷产品，由重庆市蚂蚁商诚小额贷款有限公司（蚂蚁金融服务有限公司子公司）进行放贷。但与“花呗”不同的是，“借呗”是无场景的消费信贷产品，不需要进行购物支付即可贷款。只要满足“借呗”的条件，可以直接进行申请在“借呗”借款拿到现金。

3. 京东“白条”

京东“白条”是一款互联网金融产品。主要的理念是“先消费，后付款”，享受最长30天的免息期、最长24期的分期付款，只要是京东商城的用户都有激活于商城消费的“白条”资格。京东将在线实时评估客户信息，通过大数据，对用户消费记录、配送信息、退货记录、购物评价等多个数据进行风险评级，最终评估出用户的信用。

正是由于“花呗”“借呗”“白条”申请门槛较低，手续便捷，成为年轻人偏爱的付款方式，但借来的钱其实是透支了未来的收入，因此一定要谨慎使用，做好消费规划与管理。

第三节 贷款，想说爱你不容易

贷款能够帮你解决资金短缺问题，但任何贷款都需要偿还本金和利息。个人贷款时需要计算好借款成本，客观评估自己的偿还能力，选择正规的金融机构和贷款平台进行贷款。可考虑选择国家助学贷款和生源地信用助学贷款。贷款发放后根据还款计划按时还款，珍爱自己的个人征信报告，为以后的幸福人生累积信用资本。

一、个人消费贷款——及时雨要及时还

1. 个人消费贷款种类

个人消费贷款包括个人住房贷款、个人消费贷款、个人经营类贷款、个人信用贷款、个人质押贷款、个人抵押贷款、个人保证贷款等。

2. 个人贷款的基本流程

贷款前，要了解清楚合同条款，知道自己的权利和义务有哪些，包括提前还款、违约金这类问题遇到后该如何处置。贷款时，根据自己的还款能力和未来收入，选择贷款额度和还款方式，月还款额与家庭收入要保持合理的比例关系，最好不要超过月收入的一半。贷款后，按时还款，如果自己的住址、联系方式等信息有变动要及时到银行更改。具体流程如下：

（1）明确贷款用途，选择适合自己的贷款种类。

（2）选择银行，了解各家银行的贷款政策、要求和预期年化利率等规定。

（3）选定银行后，按照客户经理的要求准备各项贷款材料。

（4）办理期间，随时与客户经理保持联系，了解办理情况，配合解决问题。

（5）签署借款合同，完成贷款手续办理。

（6）贷款成功发放使用后，按协议方式及时还款。[①]

---

① 中国银行业协会银行业专业人员职业资格考试办公室：《个人贷款》，中国金融出版社2018年版。

二、助学贷款——为理想插上翅膀

国家助学贷款是由政府主导、财政贴息、财政和高校共同给予银行一定风险补偿金，银行、教育行政部门与高校共同操作的专门帮助高校贫困家庭学生的银行贷款。借款学生不需要办理贷款担保或抵押，但需要承诺按期还款，并承担相关法律责任。借款学生通过学校向银行申请贷款，用于弥补在校期间各项费用不足，毕业后分期偿还。

（1）首次申请办理流程（见图4–2）。

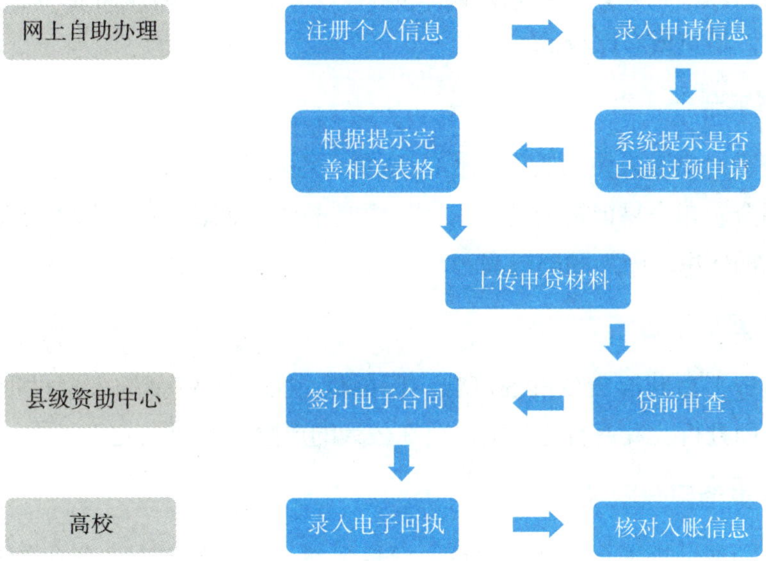

图4–2　首次申请助学贷款流程图

（2）续贷办理流程（见图4–3）。

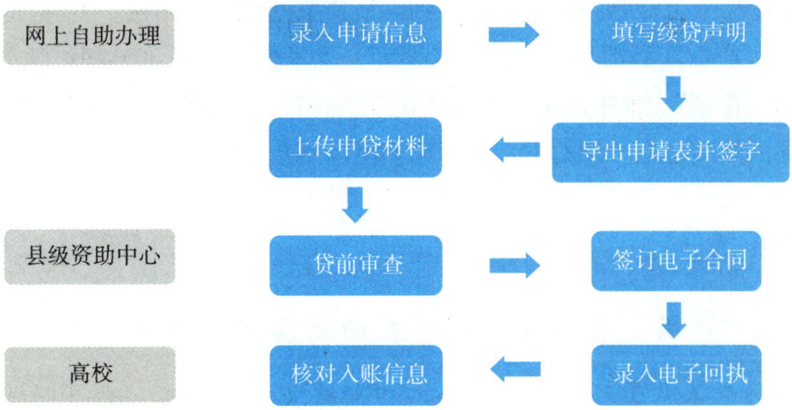

注意事项：请每年登录学生在线服务系统不少于两次。

图4–3　续贷助学贷款流程图

三、个人消费贷款平台

银行、电商、P2P网络贷款平台是使用最多的个人贷款渠道，贷款首先要了解这些渠道的特点和利弊。

1. 传统银行金融机构

传统银行金融机构虽然要求提供的贷款审核资料多，审批时间稍长，但利率水平和风险较低，无手续费，尤其是对大学生来说，国家助学贷款和生源地信用助学贷款非常适合。若前期没有申请这两种贷款，后期也可以选择商业助学贷款，相对于其他贷款，借贷成本比较低。

2. 电商平台

电商贷款对借款人资质有明确性的要求，必须是电商平台内的客户，以其在平台商的信用资质和交易记录为基础，贷款额度不高、期限不长。此类贷款应急可以，但不建议长期使用，因为利率较高。

3. P2P 网贷平台

P2P网贷平台获得贷款的速度快、门槛低，为需要资金的人提供很大的帮助。但利息高，而且行业发展有待规范，存在较大的风险，不建议使用。

4. 大学生消费分期平台

大学生消费分期平台比如趣分期、分期乐等，虽然是针对大学生的消费分期平台，但利率水平不低，不建议选择。

对消费者来说，互联网消费金融与传统消费金融相比申请更快捷，使用起来更方便，在购物和支付行为中让人体会不到申请贷款的难度和困扰。①

现在很多贷款产品都是以分期方式偿还。除了信用卡可以分期付款外，很多贷款平台包括“花呗”“京东白条”等较为正规的贷款产品都采用分期付款方式，利率看上去不高，其实这是一种幻觉，实际利率可远不止这些。

现象思考

“花呗”等消费分期贷款的真实利率有多高？

以购买某款手机为例，可以选择全款支付5999元，也可以选择用“花呗”分期付款，1期就是1个月，如选择分12个月支付，每次支付

① 赵永新：《互联网金融理论与实务》，清华大学出版社2017年版。

537.4元，合计要收6449元，其中支付“手续费”449.8元，“手续费”就是利息，那么我们消费贷款的利率是多少呢？

可能有人会说，利率=利息÷本金，分期12期就是一年，所以年化利率=449.8÷5999=7.5%；同理，月利率=37.49÷5999=0.625%，在可接受范围内。其实真相远远没有这么简单，虽然很多人这样认为，但这种算法是错的。

以分12期为例，分期付款的“奥秘”就在于你每期都在偿还本金，也就是说你欠的本金越来越少，但是贷款平台还一直在用全部本金为基础收取固定比例所谓的“手续费”，也就是利息，发现玄机以后，那么真实利率是多少呢？

由于计算过程有点复杂，需要一定的数学和经济学基础，这里直接得到的结论就是：

“花呗”分期付款分12期的年利率高达惊人的14.4%！

“花呗”分期付款分6期的年利率高达惊人的16.4%！

“花呗”分期付款分3期的年利率高达惊人的14.6%！

可见，分期付款的迷惑性真的很强，甚至很多有财经背景的人都不知道真实利率高达14%以上。

这是“花呗”的年化利率，其他平台特别是P2P等网络贷款的年化利率更高，甚至高到30%以上。

资料来源：搜狐网，www.sohu.com/a/276302272_100064460，2018年11月18日。

四、个人信用——我们的第二张身份证

小案例

珍爱个人信用，按时还款

2010年，甲在A银行获得一笔8000元的生源地信用助学贷款。2013年7月毕业后，甲认为自己已脱离学校，新的工作环境中无人知晓其生源地信用助学贷款的还款状况，而且父母已移居外地，A银行难以联系其本人和共同借款人，因此，甲在2013年12月20日和2014年12月 20日先后2次未偿还助学贷款利息，也未与A银行主动联系。2015年1月，甲所在单位准备派甲去外地学习培训，甲为此申办信用卡以备外地学习

期间使用。当甲向B银行递交申请后，被告知因甲的生源地信用助学贷款存在拖欠记录，B银行拒绝了甲的信用卡申请。甲才得知个人征信系统已在全国联网运行，认识到按约还贷的重要性。随后，甲立即主动联系A银行，将拖欠的助学贷款本息全部结清。

资料来源："2018年版国开行助学贷款政策宣传"，搜狐网，http://www.sohu.com/a/241358241_802425，2018年7月15日。

1. 信用记录——人无信不立

信用记录全面、真实，你在银行借债还钱、遵守合同和遵纪守法情况，既有个人按时还钱的记录，也有不按时还钱或者借钱不还的记录。目前个人信用记录主要储存在人民银行征信系统中，并以信用报告的形式向本人提供查询。

目前，个人信用报告广泛应用在商业银行贷款、信用卡审批和贷后管理中，还用于任职资格审查、员工录用等许多活动中。信用报告能够节省银行审贷时间，帮个人快速获得贷款。如果个人的信用良好，银行还可能会在贷款金额、利率上给予优惠。但如果有逾期记录，银行在放贷时会更加慎重，不利于个人获得贷款或增加个人的贷款成本。所以，每个人都应该珍惜个人信用记录，避免给自己带来不利影响。

2. 信用额度——需要芝麻开花

信用额度：银行根据资信情况，在一定时期内给予可以循环使用的最高额度。

信用卡额度：银行根据所提供的资信情况，在卡片有效期内给予可以循环使用的最高额度。

"花呗"的信用额度："蚂蚁花呗"的额度是系统自动评估的，要看个人在支付宝的消费情况，消费越多，额度越高，反之亦然。

"京东白条"额度：一般是动态设置的，当成功激活后，京东集团的大数据系统依据所掌握个人信息进行综合评估后提供"白条"额度，在激活成功之前，无法查询额度和人为干预。

可见，信用额度的高低就是你个人征信优良程度的体现。

3. 不良信用——未来寸步难行

随着经济的发展，个人信用在中国人经济生活中的作用也越来越重要。可以说，个人信用记录就是我们的第二张身份证，也是我们的经济身份证。不良信用会带来许多方面的影响：无法从银行获得贷款；无法再办理信用卡；如果恶意拖欠银行款项，被当地法院计入征信系统，个人的出行也会受到影响，比如限制坐高铁、飞机等。另外，个人未来的经济生活质量也将受到影响，从而无法“花明天的钱享受今天的幸福”，比如贷款购房。个人的无形资产将会大幅缩水。

知识窗

信用报告到哪里查？

现场查询：个人可以在所在地中国人民银行分支机构查询。目前遍布全国的2100多家人民银行分支机构都可以提供查询服务。

互联网查询：个人可以通过互联网提交查询申请，并在第二天获得信用报告。查询网址为https://ipcrs.pbccrc.org.cn。

信用报告怎么查？

现场查询时，个人需要携带本人有效身份证件原件及1份复印件，在查询网点填写《个人信用报告本人查询申请表》后提交查询申请。

网上查询时，个人需要首先进行用户注册，在线进行身份验证，提交查询申请。身份验证有私密性问题验证及数字证书验证两种方式。如果通过了身份验证，一般会在第二天获得短信通知，可登录网站进行用户激活，查看信用报告。

如何维护良好的信用记录？

呵护信用要靠自己。日常生活中，主动与银行保持畅通的联系渠道，注意更新手机号码，准确提供自己的基本信息。量入为出，按时还款，避免出现逾期。如果已有逾期记录，应尽快还款，积极采取措施避免再次发生；如果逾期信息有误，应尽快提出申请，及时纠正。爱护自己的身份信息，不要将身份证借给别人，不要随意把身份信息提供给别人。一旦发现自己的身份证被盗用，尽快向公安机关报案，维护自己的合法权益。

【体验与思考】

一、小组讨论

1. 你每月的支出会控制在每月预算内吗？如何合理设置每月的消费预算，并保证支出可控？

2. 你在购物时注重品牌还是价格？对商家的促销活动你会动心吗？

二、技能实训

编制个人消费支出表、个人收入预算表。

三、调研报告

请设计一份大学生消费情况的调查问卷，并结合本校的学生，调查“花呗”“白条”的信用额度及使用情况等，撰写一份大学生消费情况的调查报告。

主题五

支持共享共富

——财政与民生

便捷的交通，安全的出行，免费的基础教育，无处不在的公园、绿地等，这些我们心安理得享受的服务，就是公共财政所为。她为我们的安全出行买单，为我们的和谐生活买单，为我们的共享共富买单。财政的钱从哪来，又到哪里去，作为收支主体，国家是如何算账的呢?

案例导入

谁为我们买了单?

近日，有同学在国外某知名网站上做了一个有趣的测试:

假设你住在中国甘肃一个遥远的村庄，想网购一部手机，从深圳到甘肃敦煌运送一包1公斤的包裹需要多少钱（总距离约为3500公里）?

根据中国国内快递资费查询，超过3500公里的运输总成本为人民币15元（约合2.2美元），并承诺在3天内到达。相比之下，根据美国同类型快递公司的运费计算器，在美国从波士顿到里诺（总距离近4000公里）运送1公斤包裹总成本为26.13美元[①]。

为何我们所要承担的运费成本有如此巨大的差异?难道有人为我们的快递运费买单?

答案就在于中国良好的基础设施建设投入。高速路网使得所有通过这里的卡车和汽车能以120公里/小时的速度从更短的距离穿越山脉和山谷，显著降低所有公路使用者的运输成本和时间。中国发达的基础设施建设，是财政为每个普通百姓提供的公共服务之一，换句话说，政府财政为我们的许多共同需求买单。

---

① 参见人民日报微信公众号，2019年5月30日剑桥博士Janus Dongye发震撼长文“为何中国肯下血本在西方绝不做的‘亏本买卖’上”（内容有删改）。

第一节 折射我国经济巨变——财政收支

财政伴随国家的产生而产生。作为政府参与和调节经济的必要手段，财政发挥着维护市场公平与效率、促进经济稳定发展的职能。保持财政收入持续稳定增长，满足财政支出的需求是各国政府追求的主要财政目标。税收是财政收入的主要形式，民生保障是财政支出的重头戏。

一、财政收入——实现国家职能的财力保障

1.“财政”词源——历史悠久的经济现象

我国古籍中常有“国用”“国计”“度支”“理财”一类用词。“财政”一词在中文词汇中出现至今却只有100多年的历史。1898年，在戊戌变法“明定国是”诏书中有“改革财政，实行国家预算”的条文，这是在政府文献中最初启用“财政”一词。“财政”一词的使用，是当时维新派在引进西洋文化思想指导下，间接从日本“进口”的，而日文则是来自英文“public finance”一词。美国政府相应机构的英文用词为“Department of Treasury”，本来的意思是“金库”或“国库”，在我国也译为财政部①。

拓展园

“取给于民”的财政理念

从第一次鸦片战争到八国联军入侵的60年间，各项不平等条约的签订使清朝巨额赔款相当于其政府22年的财政收入。晚清末年，各地苛征繁重，辛亥革命后，孙中山先生提出“国家经费，取给于民，必期合于理财学理”的思想是中国现代财政“取之于民，用之于民”理念的早期体现。

① “财政词源”参见陈共：《财政学（第7版）》，中国人民大学出版社2012年版。

2. 财政职能——财政本质所决定

财政职能是指财政作为国家政府分配社会产品、调节经济活动的重要手段所具有的职责和功能[①]。我国实行社会主义市场经济制度后，财政的职能主要有[②]：

（1）资源配置职能。财政资源配置职能是政府通过财政资金的分配及其对社会其他资源流向的引导，最终形成一定的资源资产结构、产业结构、技术结构和地区结构，以提高资源利用效率的职能。

（2）收入分配职能。财政收入分配职能是指财政通过收支活动，对由市场机制形成的个人收入及地区间收入分配格局进行再分配，实现收入与财富的公平合理分配的职能，其目的是最终实现共同富裕。

（3）经济稳定职能。财政经济稳定职能是运用财税手段，通过干预、调节国民经济运行，达到物价稳定、充分就业、国际收支平衡，实现经济发展的职能。

财政收入是实现上述职能的财力保障。

3. 财政收入来源——钱从哪里来

根据我国政府收入构成，并结合国际通行分类方法，财政收入主要分为[③]：

（1）税收收入：税收伴随着国家的产生而产生，是政府实现其职能的重要保障。在现代市场经济条件下，税收具有组织财政收入、调解经济和收入分配的基本职能，是财政收入的主要来源，我国税收收入占一般公共预算收入的80%以上。

目前，我国共有18个税种，其中16个税种由税务部门负责征收，关税和船舶吨税由海关征收，进口环节的增值税、消费税由海关代税务部门征收。

中央财政收入中，前五大税种为国内增值税、企业所得税、进口环节增值税和消费税、国内消费税、个人所得税。

（2）非税收入：非税收入是由各级政府及其所属部门和单位依法利用行政权力、政府信誉、国家资源、国有资产或提供特定公共服务征收、收取、提取、募集的除税收和政府债务收入以外的财政收入，包括行政事业性收费、政府性基金、国有资源有偿使用收入、国有资产有偿使用收入、国有资本经营收益、彩票公益金、罚没收入、以政府名义接受的捐赠收入、主管部门集中收入、政府财政资金产生的利息收入等。

---

① 寇铁军：《财政学教程》，东北财经大学出版社2013年版。

②③ 邹佳怡、许宏才：《财政工作基本业务》，中国财政经济出版社2019年版。

知识窗

我国财政收入规模变化

财政收入规模是指财政收入的总水平，通常用某一时期（一个财政年度）财政收入总额（绝对数额）或用财政收入占国内生产总值（GDP）的比重及财政收入占国民生产总值（GNP）的比重（相对数额）来反映。财政收入规模是衡量一个国家财力和政府在社会经济生活中的职能范围的重要指标。

中华人民共和国成立之初，“统收统支”的财政体制使财政收入占GDP比重维持在较高水平，1960年达到39.3%的最高点。1978年改革开放后，财政收入占GDP比重逐步下滑，从31.1%下滑至1993年的12.3%。1994年推出分税制改革后，财政收入占GDP比重从1995年最低点10.3%，逐步上升至2013年22.7%。2013年之后，受减税降费影响，财政收入占GDP比重有所下滑，2018年这一数字降至20.3%。

二、财政支出——民生保障是重头

中华人民共和国成立初期，财政属于生产建设性财政，基本建设支出占财政支出比重普遍超过30%，最高年份超过50%，1978年这一比重为40%。改革开放后，财政逐步转变为公共财政，建设性支出比重逐步下滑，2006年为12%；近年来，民生保障类支出比重不断扩大，不少地方民生保障类支出占比超过八成①，成为财政支出的重头戏。从图5-1中可以看出，2018年全国一般公共预算绝大多数支出都用于了民生事业发展。

1. 购买性支出——社会消耗性需要

购买性支出是国家购买商品或劳务的支出，它包含经常性支出和投资性支出。

（1）经常性支出——社会生活健康运转的必然消耗。经常性支出细分为行政管理与国防支出，教育、科学技术和医疗卫生支出，社会保险支出等。

行政管理和国防支出是国家的基本职能性支出，政府对内管理国家，对外巩固国防。不同国家的不同时期，行政管理支出的规模有所不同，在市场经济发达的国

① 陈共：《财政学（第7版）》，中国人民大学出版社2012年版。

家，政府的职能限于服务，行政支出规模小，在GDP中占比低。而国防支出一般在和平时期趋减，但随着对外往来的深化，在谋求国家综合安全和世界持久和平时，国家越发展，责任越重大。我国一贯奉行防御性的国防政策，目的是维护国家安全统一，国防支出是确保实现全面建设小康社会目标的重要保障。

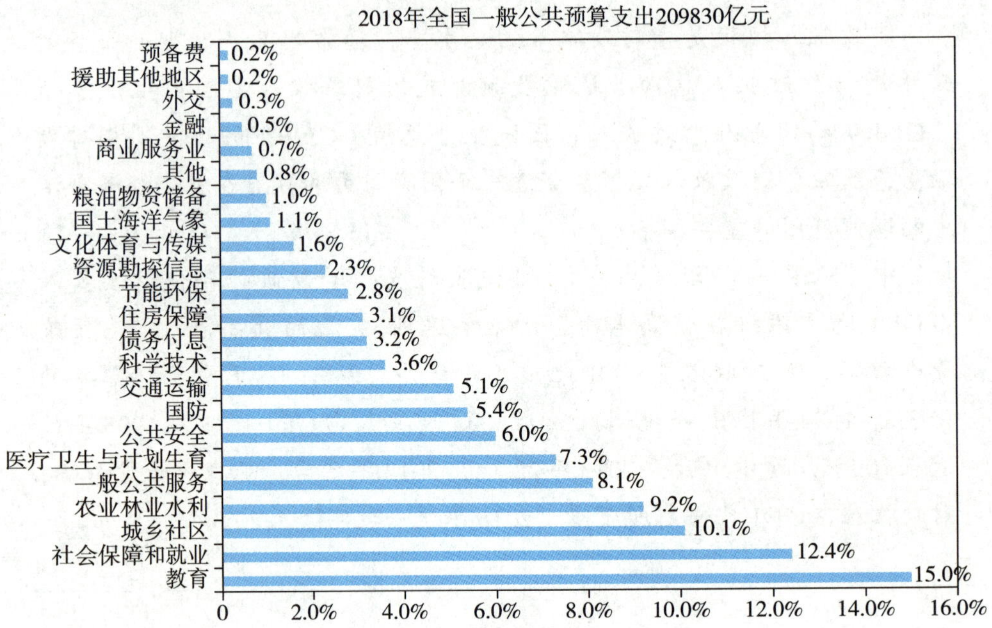

图5-1 2018年全国一般公共预算支出图

拓展园

行政管理支出——给市场做加法，给政府做减法

我国人口众多，行政事务繁杂，在传统计划体制下，财政事无巨细，政府包揽过多，随着市场经济的深入发展，我国政府的行政职能也将逐渐转变。近年来，行政机构改革、行政支出“三公”经费的公开，都指向缩减行政管理开支、“简政放权”和构建更加适合于市场经济发展的服务型政府。

改革开放以来，中国已进行了7次国务院政府机构改革，力图降低行政成本，提高行政效率，国务院组成部门已由1982年的100个削减为2018年的26个[①]。

① 沈荣华，“我国政府机构改革40年的启示和新趋向”，《行政管理改革》，2018年第10期。

拓展园

国防支出——自古知兵非好战

虽然2018年中国军费开支仅占全国国民生产总值GDP的1.3%，与世界第一大经济体美国的军费预算相去甚远，但随着中国国家实力的逐渐增强，中国的军费开支也备受关注。

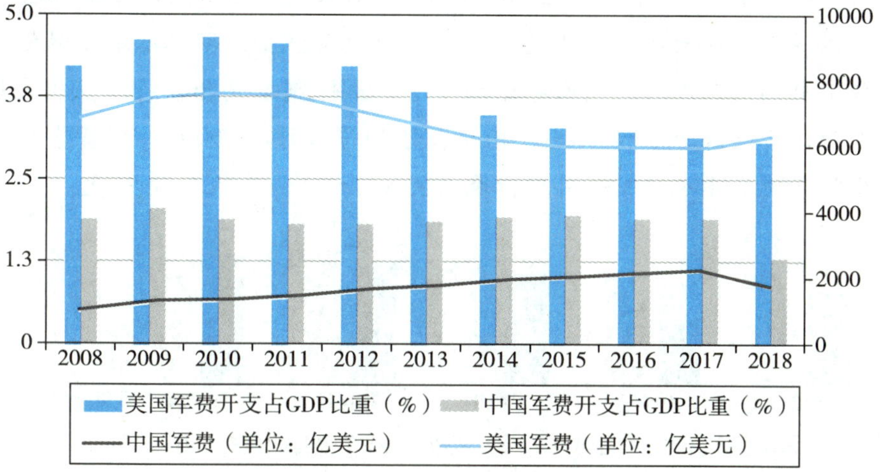

2008—2018年中美军费变化及占GDP比重

2015年中国政府公布《中国的军事战略》白皮书宣示：中国仍奉行积极防御的国防政策，执行积极防御的军事战略方针。随着国际社会交往的规模日益发展，政府、企业和居民的对外交流也日益增多。近年来，我国国防投入与国民经济发展相适应，保持了合理适度的规模，既满足了维护国家安全的需要，又为维护世界和平做出了应有的贡献。

2008—2018年，中国海军先后向亚丁湾、索马里海域派出31批护航编队，执行护航任务1190批次，助力这片世界上“最危险海域”重新成为“黄金航道”，用实际行动展现了中国军队的大国担当。

国家行政支出和国防支出是履行国家职能的基本保障，教育、科学技术、医疗卫生和社会保险等诸项事业则涉及普通人生活的方方面面。现代社会均衡健康发展的理念显得越来越重要，而这些都是支持共享共富，改善民生的重要公共消费性支出。要在幼有所育、学有所教、劳有所得、病有所医、老有所养、住有所居、弱有所扶上不断取得新进展，保证全体人民在共建共享发展中有更多获得感。政府财政每年对于民生保障类真金白银的投入，都与百姓生活的期盼息息相关。

拓展园

民生保障支出——满足人民对美好生活的向往

幼有所育、学有所教。自2013年以来，全国财政花在教育上的钱逐年增加。在2018年预算中，这一支出继续增加至31437亿元。资金用于支持发展公平优质教育，改善贫困地区义务教育薄弱学校基本办学条件等。

老有所养、病有所医。2018年，中央财政进一步加强就业和社会保障，落实养老保险制度改革总体方案，出台实施企业职工基本养老保险基金中央调剂制度等。全面推进城乡居民医保制度整合，将城乡居民基本医疗保险财政补助标准提高40元，达到每人每年490元，将基本公共卫生服务项目年人均财政补助标准再提高5元达到每人每年55元。

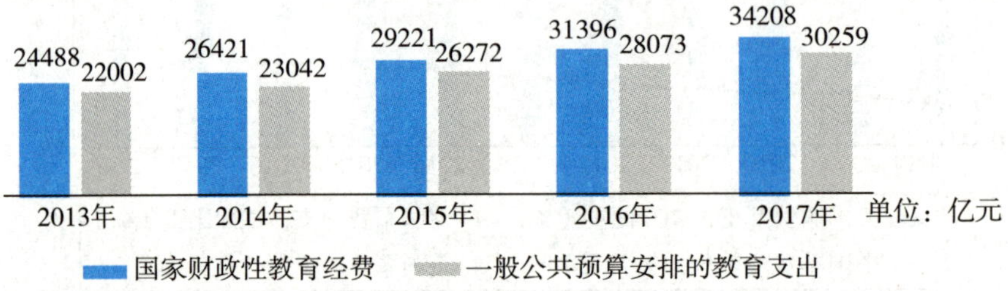

说明：国家财政性教育经费最新数据统计到2016年。2013—2016年为决算数2017年为预算执行数

2013—2017年国家财政性教育经费数据

住有所居的小康梦，需要财政从政策到资金都发力。2013—2017年，中央财政一般公共预算共拨付各类保障性安居工程补助资金11565亿元。全国财政一般公共预算用于保障性安居工程支出累计18296亿元。全国城镇保障性安居工程累计开工3400多万套。实施农村危房改造1700多万户。在2018年预算中，中央财政助力改造各类棚户区住房580万套，加大公租房及配套基础设施建设力度，加快建立促进房地产市场平稳健康发展的长效机制，让人民群众有实实在在的获得感。

(2) 投资性支出——非消耗性长效支出。政府的投资过程可以直接增加社会总需求，从而促进经济增长；投资完成后，又能增加和改善社会生产的供给，改善经济发展的基本条件。所以投资的过程和作用往往都是长效的。虽然过度的政府性投资会造成对市场私人资本投资的挤占，但很多的“亏本买卖”是那些以利润最大化为目标的私人资本不能完成的，这些市场基础设施的建设，需要政府通过投资性支出的手段予以实现。

现象思考

北盘江大桥跨越云贵两省交界的北盘江大峡谷，与云南省在建的杭瑞高速普立乡至宣威段相接，全长1341.4米，最大跨径720米，桥面至江面垂直距离565.4米，相当于200层楼的高度，目前为世界第一高、第二大跨径的钢桁梁斜拉桥。这里群山峻岭，地势险恶，隔江相望的贵州都格镇和云南普立乡居民往常要翻越3座山头，走40公里山路，才能到达对岸，如今大桥通车，4小时的山路，只需一两分钟便实现了高速对接。北盘江大桥有效改善云、贵、川、渝等地与外界的交通状况，它的建设成功为国家“一带一路”倡议添上了浓墨重彩的一笔。

除基础设施投资支出外，政府另一项重要的投资支出是对“三农”的投资。政府承担对“三农”的投资主要有两个原因：一是农业部门生产率较低下，单靠自身难以产生足够的积累，而大型设施建设，投资金额大、期限长、牵涉面广，投资以后产生的效益也不易分割，很难按照“谁受益，谁投资”的原则进行划分。二是改造传统农业生产效率较低的关键在于引进新的农业生产技术，新技术依赖农业科研活动，研究成果在农户中的推广需要筹集大批资金。

拓展园

投资为“三农”

我国虽然幅员辽阔，但人均耕地面积只有世界平均水平的1/3。2017年7月，青岛海水稻研发中心袁隆平院士团队培育的耐盐碱水稻在小规模试产中最高亩产量达到620.95公斤，远超预期。如果耐盐碱水稻能够研发成功，则可以广泛地种植到沿海滩涂、内陆盐碱地和咸水湖周边，把原来不能种植农作物的盐碱地变成良田。诸多的农业科技成果供农民充分享用，而农业科研投入和前期试验是个人很难实现的。

2. 转移性支出——维护公平与效率的再分配手段

转移性支出的是政府单方面、无偿把收入进行重新分配，是一种调节经济运行的非市场手段，支付对象一般是在特定时期需要扶持的企业、行业、地区、社会群体等，体现了公共财政的效率、公平和稳定的职能。

转移性支出主要包括社会保障支出、财政补贴支出和税收支出[①]，它们都具有无偿性，能够带给补贴领用者收入和经济状况的改善。三类支出又各有特点：

一是社会保障支出与市场某种特定产品的价格变动没有直接关系，领用保障资金者在增加收入后购买各种商品，对商品价格的影响是间接的；二是财政补贴总是和具体商品的价格变动联系在一起，或是补贴后引起价格变动，或是价格变动后财政予以补贴，通过影响商品的定价，改变该产品供应商的供应数量和购买者的需求数量，因此，财政补贴也被称为价格补贴；三是随着我国税收制度的建立和完善，税收优惠措施也越发广泛，通过税收优惠、减免、延期、返还等一系列方式给予的补贴称为税收支出补贴。

在生活中有很多转移性支出的例子：如在一些年份粮食价格下跌，政府按高价收购农产品，是对粮食部门给予的补贴；在公共事业上，对供水、供电、供气部门实施补贴，减少企业对居民的收费，是对公共事业的补贴；小微企业在初创期，利润微薄，对小微企业进行税收减免，是对企业的补贴；2003年SARS危机中，财政对交通、餐饮、旅店进行补贴和优惠税收，避免因突发情况导致这些行业的萎缩，减轻意外情况对经济的冲击，是对特定行业的补贴等。

第二节 改革与完善——我国税收制度

国家要维持国家机器的正常运转，就需要钱，钱从哪来？主要靠税收。税收是财政最重要的收入形式。

一、我国税收体系——不同类税种的集合

税收体系其实就是各类税收的集合。我国现行的税收体系是在三次税收制度改

① 陈共：《财政学（第7版）》，中国人民大学出版社2012年版。

革的基础上逐渐建立和完善起来的，按照征税对象划分，分为以下五大类，包含增值税、消费税等在内的18个税种（见图5-2）。

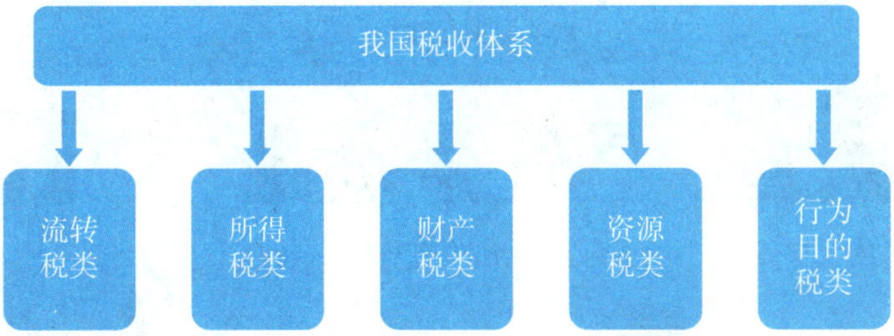

图5-2　我国税收体系图

1. 流转税类——可转嫁税负的间接税

流转税指以纳税人商品生产、流通环节的流转额或者数量以及非商品交易的营业额为征税对象的一类税收，主要包括增值税、消费税和关税。

税负转嫁是流转税的最大特点，纳税人通过多种方式和途径将自己所缴纳的税款转移给别人，让别人为自己承担，真正承担税款的人被称为负税人。

知识窗

含税价

含税价是包含税金在内的计税价格，价格由成本、利润和税金组成，税金内含于价格之中；实行价内税时，商品交易价格即为含税价格。如果商品价格为不含税价格，就要按组成计税价格计算含税价格[①]。

2. 所得税类——不能转嫁税负的直接税

所得税以纳税人的所得额为征税对象，可以直接调节收入和公平税负，收入多，多纳税，收入少，少纳或不纳，包括企业所得税和个人所得税。无论是企业还是个人，都需要按规定交纳所得税。

所得税不具有转嫁性，以个人所得税为例，张三取得的工资、薪金收入超过起征点，张三就应向税务机关缴纳个人所得税，纳税人和实际负税人都是张三（见图5-3）。

① 岳松：《财政与税收》，清华大学出版社2008年版。

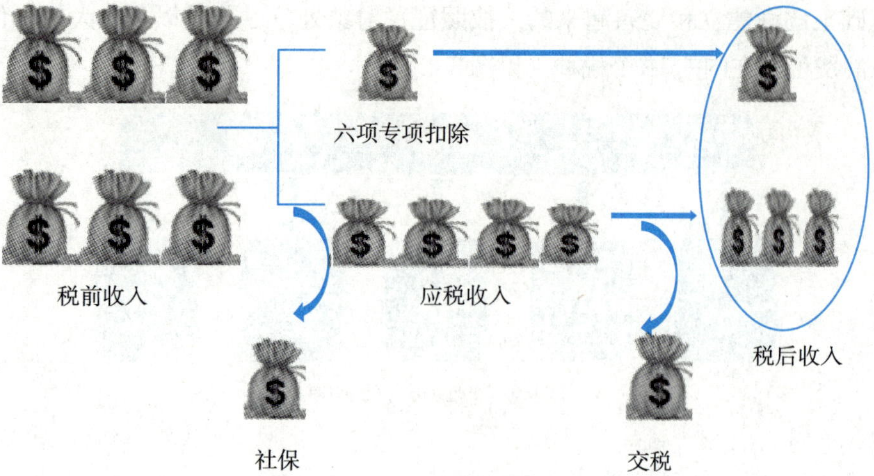

图5-3　个人所得税缴税流程图

3. 财产税类——对财产征收的税

财产税，是以纳税人拥有或占有的财产为征税对象，财产税可促进财产合理有效利用，包括房产税、契税、遗产税等。

拓展园

遗产税该不该开征?

遗产税是一个国家或地区对被继承人死亡时所遗留的财产课征的一种税。遗产包括动产、不动产及无形资产等。全球已有100多个国家或地区开征遗产税，我国暂未开征。

是否开征遗产税有两种声音，一部分人支持，一部分人反对。

那么征收遗产税除增加政府财政收入外还有哪些作用？其一，开征遗产税有利于调节财富分配和日益扩大的贫富差距；有助于发展慈善事业；有助于与国际社会接轨，消除国际税收不平等，维护国家税收主权。但在征收遗产税时也会遇到一些问题：一是征税范围难以确切掌握。遗产涉及动产、不动产、有价证券、无形资产等方方面面，难以全面、准确掌握被继承人的财产信息。二是征管难度大。遗产包含古玩、字画等财产，这些财产都需要专业人员的判断，极易产生争议，且争议难以解决。三是会导致国内资本外流、阻碍国外资本流入。如一国开征过高的遗产税，会导致本国拥有较多财富的人移民到未开征遗产税或已开征但税率低的国家。

4. 资源税类——调节资源级差收入

资源税是以各种自然资源及其级差收入为征税对象。目前我国仅选择了部分级差收入较大的矿产资源（原油、天然气、煤炭、其他非金属矿原矿、黑色金属矿原矿，有色金属矿原矿）和盐征收资源税。

资源税采用幅度税率，如原油税率根据销售额的5%—10%征收，焦煤的税率为每吨8—20元，这样可以有效调节资源的级差收入，促使企业在同一水平上竞争。同时，资源税可促进资源的合理开发利用。

5. 行为目的税类——对特定行为和特定目的征收的税

特定行为税是以纳税人的特定行为为征税对象，其目的是限制某类行为。如开车会对环境造成影响，为了限制开车这一行为，在买车时就要交车辆购置税。行为税包括车辆购置税、印花税、耕地占用税等。

特定目的税是为实现国家特定政策目的而征收的税，如为了城市的维护建设而征收的城市维护建设税。

行为目的税的征税行为一般都是偶然或一次发生，税源零星，征管难度大。

知识窗

环境保护税

《中华人民共和国环境保护税法》是我国第一部专门体现“绿色税制”的单行税法，自2018年1月1日起施行。对保护和改善环境、减少污染物排放、推进生态文明建设具有重要意义。

环境保护税对在我国境内直接向环境排放应税污染物的企业事业单位和其他生产经营者征收。征税对象包括大气污染物、水污染物、固体废物和噪声4类。以污染物排放量为计税依据。环境保护税采取“企业申报、税务征收、环保协同、信息共享”的征管模式。

征收环境保护税有利于构建绿色税制体系，进一步强化税收在生态环境方面的调控作用，形成有效约束和激励机制，加快建立绿色生产和消费的法律制度和政策导向，倒逼高污染、高耗能产业转型升级，推动经济结构调整和发展方式转变。

二、税制改革——完善财政收入体制

我国的税收制度改革经历了三个阶段（见图5-4）。

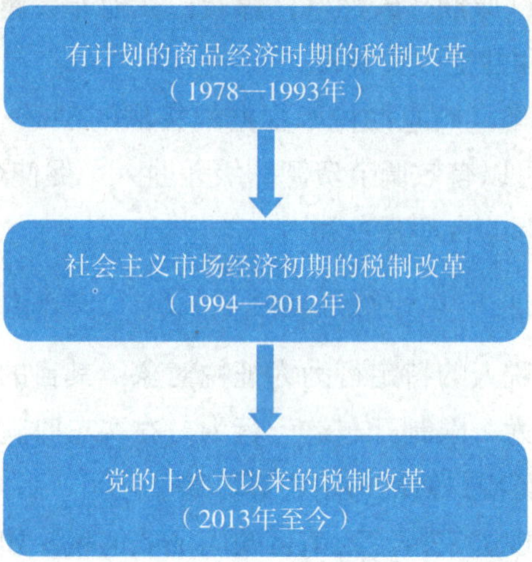

图5-4　税制改革

第一阶段：这一时期税收制度改革主要包括三方面：一是建立了涉外税收制度，通过了《中外合资经营企业所得税法》《外国企业所得税法》，对中外合资企业、外国企业继续征收工商统一税、城市房地产税和车船使用牌照税；二是两步“利改税”，先是对国营企业由缴纳利润改为征收企业所得税，然后发布国营企业所得税、国营企业调节税等行政法规；三是改革工商税制，发布了征收集体企业所得税等税收法规，合并《中外合资经营企业所得税法》与《外国企业所得税法》为《外商投资企业和外国企业所得税法》，该阶段共有37个工商税制税种（见表5-1）。

表5-1　　1993年我国税制中的37个税种

类　别	税　种
流转税类	产品税、营业税、增值税、关税
所得税类	国营企业所得税、国营企业调节税、集体企业所得税、私营企业所得税、城乡个体工商户所得税、个人收入调节税
财产税和行为税类	房产税、车船使用税、印花税、集市交易税、屠宰税、牲畜交易税
资源税类	资源税、盐税、城镇土地使用税
特定目的税类	国营企业奖金税、集体企业奖金税、事业单位奖金税、国营企业工资调节税、固定资产投资方向调节税、燃油特别税、筵席税、城市维护建设税、特别消费税
农业税类	农业税、牧业税、契税、耕地占用税
涉外税类	外商投资企业和外国企业所得税、个人所得税、工商统一税、车船使用牌照税、城市房地产税

第二阶段：分为社会主义市场经济初期和完善期的税制改革。在初期的税制改革中主要包括全面推进流转税改革；统一内资企业所得税和个人所得税；通过开征新税并调整、撤并一些老税种等举措大幅调整其他税收。在完善期的税制改革中，主要将部分具有税收特征的收费项目调整为税收；合并统一内外资企业所得税；改革部分零星税种（见表5–2）。

表 5–2　　2012 年我国税制中的 18 个税种

类　别	税　种
流转税类	增值税、消费税、营业税、关税
所得税类	企业所得税、个人所得税
财产税类	房产税、契税、车船税、船舶吨税、车辆购置税
资源税类	资源税、土地增值税、耕地占用税、城镇土地使用税
行为目的税类	印花税、城市维护建设税、烟叶税

第三阶段：这一阶段的税制改革主要体现在完善货物和劳务税制，取消营业税，修改增值税暂行条例；完善所得税制，修改了企业所得税和个人所得税的个别条款；完善其他税制，如通过了《中华人民共和国烟叶税法》《中华人民共和国环境保护法》等税收相关法律法规。这一阶段的税制改革呈现的主要特点是税负有所减轻并更加公平，征收更加的规范，税收的宏观调控作用进一步增强（见表5–3）。

表 5–3　　目前我国开征的 18 个税种

类　别	税　种
流转税类	增值税、消费税、关税
所得税类	企业所得税、个人所得税
财产税类	房产税、契税、车船税、船舶吨税、车辆购置税
资源税类	资源税、土地增值税、耕地占用税、城镇土地使用税
行为目的税类	印花税、城市维护建设税、烟叶税、环境保护税

拓展园

减税降费

减税降费是指一方面减免税收，一方面取消或停征行政事业性收费。

2019年上半年我国国内增值税同比增长5.9%，比上年同期增幅回落10.7个百分点；企业所得税同比增长5.3%，比上年同期增幅回落7.5个百分点；个人所得税同比下降30.6%。在占财政收入85%以上的税收收入，各分税种同比增幅下降的前提下，全国一般公共预算收入却同比增长3.4%，这都与节税降费举措密不可分。减税降费减轻了企业税费负担，增加了企业活力。

知识窗

增值税改革——减税“大餐”中的“主菜”

深化增值税改革是2019年减税降费的核心，是减税“大餐”中的“主菜”。

在这道“主菜”中，一方面降低增值税税率，将制造业的税率由16%降至13%，将交通运输业、建筑业、劳务的税率由现行10%降至9%，通过加计扣除的方式使6%一档税率的税负减少，确保所有行业税负只减不增。目前，我国增值税降率改革后，税率分别为16%、9%和6%，对增值税三档变两档起到推进作用。另一方面扩大增值税进项税的抵扣范围；生产、生活性服务业纳税人按照当期可抵扣进项税额加计10%抵扣；不分行业全面试行期末留底退税制度，只要一般纳税人当期销项税额不足以抵扣进项税额而未抵扣完的进项税额，符合规定条件，都可申请退还。

拓展园

国家主权税种——关税

什么是关税？关税是进出口商品经过一国关境时，由政府所设置的海关向其引进出口商所征收的税收。①关税是体现国家主权的税种。我国关税的种类根据不同的划分标准，有以下分类：按征税对象流向分为进口关税、出口关税和过境关税；按征税性质分为普通关税、优惠关税、差别关税（分为加重关税、反补贴关税、报复关税、反倾销关税等）；按保护形式分为关税壁垒和非关税壁垒。关税税率分为进口关税税率（多栏进口货物税率和三栏进境物品税率）和一栏出口关税税率。关税既可增加国家收入，又可保护本国经济。

① 杜敏：《国际贸易概论》，对外经济贸易大学出版社2001年版。

第三节 国家账本——政府四大预算

我国地大物博，地区间在经济和文化上都有较大的差异。政府收支如何算？钱袋子如何管？中央和地方各有四本账。

一、管理体制——中央与地方财政收支关系

我国实行的是中央、省、市、县、乡五级行政体制，各级政府有各自的职责，在财政收支上采用分级分税管理体制，即全国市场的维护服务和区域的统筹协调发展由中央财政提供；而发展当地经济，维持当地经济社会的健康稳定发展则是地方财政的职责。

按照国家政权结构的五级体制，原预算法对预算级次的划分，首先是划分为国家预算和地方预算，而地方预算则包括省、市、县、乡各级预算，财政预算与五级政权结构一致。实施分级分税制财政体制后，预算管理逐步实行省管县的制度，并明确取消乡级预算，这样，实际上预算管理是实行中央、省、市（县）三级分级管理体制。

知识窗

分税制

根据事权与财权相结合的原则，按税种划分中央与地方的收入。将维护国家权益，实施宏观调控所必需的税种划为中央税；将与经济发展直接相关的主要税种划分为中央与地方共享税；将适合地方征管的税种划为地方税，并充实地方税税种，增加地方税收收入[①]。

二、四大预算——政府账本

国家如同我们家庭一样，政府在财政事务的管理上，会采用分门别类，收入和

① 陈共：《财政学》(第7版)，中国人民大学出版社2012年版。

支出分别管理的方法，年初做预算，反映工作重点和政策方向，年终做决算，看一看政策落实的情况，反思总结，为下一期的预算计划做准备。政府也有自己的账本，“政府账本”即政府财政统计核算体系，是指以政府为主体进行的本期的收支活动的核算。目前我国政府预算体系具体包括四大预算体系，即一般公共预算、政府性基金预算、国有资本经营预算、社会保险基金预算（见图5–5）。

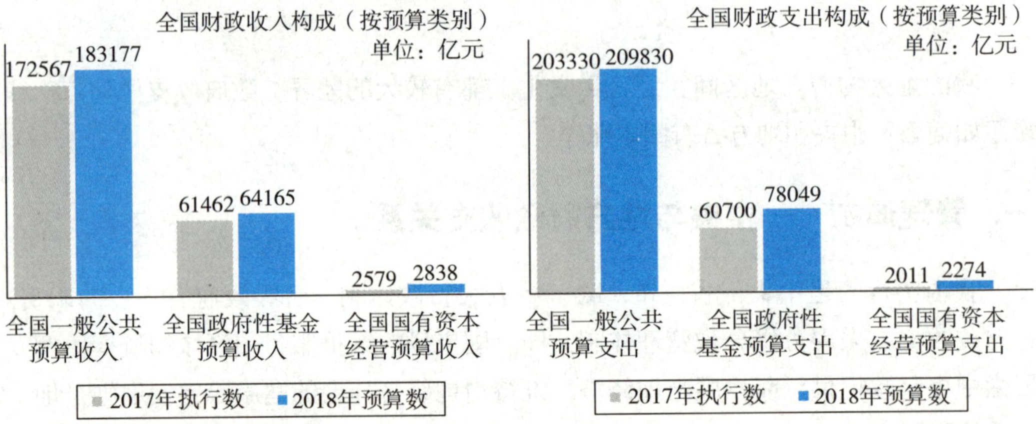

说明：受新疆生产建设兵团财政管理体制改革方案等因素影响，在计算比上年增幅时，需要对2017年收支执行数做同口径调整。

图5–5　2017—2018年全国财政收支结构

一般公共预算：一般公共预算是基本财政收支计划，是以税收为主体的财政收入，安排用于保障和改善民生、推动经济社会发展、维护国家安全、维持国家机构正常运转等方面的收支预算。一般公共预算是政府财政预算中最重要的部分，图5–6反映了2018年全国一般公共预算中的各类支出占比。

可以看到，政府一般公共预算中绝大多数支出都与民生有关，除一般公共预算外，其他三类预算主要核算下面三方面的内容：

政府性基金预算：国家通过向社会征收以及出让土地、发行彩票等方式取得政府性基金收入，专项用于支持特定基础设施建设和社会事业发展而发生的收支预算。政府性基金预算根据基金项目收入情况和实际支出需要，按基金项目编制，以收定支，具有专款专用性。

国有资本经营预算：国有资本经营预算是国家以所有者身份对国有资本实行存量调整和增量分配而发生的各项收支预算，是政府预算的重要组成部分。

社会保险基金预算：根据国家社会保险和预算管理法律法规建立、反映各项社会保险基金收支的年度计划。社会保险基金预算按险种分别编制，包括企业职工基本养老保险基金、失业保险基金、城镇职工基本医疗保险基金、工伤保险基金、生育保险基金等内容。社会保险各项基金预算具有专款专用性，在预算体系中，社会保险基金预算单独编报，与一般公共财政预算和国有资本经营预算相对独立、有机衔接。社会保险基金不能用于平衡一般公共财政预算，一般公共财政预算可补助社会保险基金。

拓展园

财政赤字

财政赤字即预算赤字，指一国政府在每一财政年度开始之初，在编制预算时在收支安排上就有的赤字。若实际执行结果收入大于支出，为财政盈余。它反映着一国政府的收支状况。财政赤字是财政收支未能实现平衡的一种表现，是一种世界性的财政现象。财政赤字是财政支出大于财政收入而形成的差额，由于会计核算中用红字处理，所以称为财政赤字。

理论上说，财政收支平衡是财政的最佳情况，在现实中就是财政收支相抵或略有节余。在国家实际执行财政过程中，经常需要大量的财富解决大批的问题，会出现入不敷出的局面，这是财政赤字不可避免的一个原因。赤字的出现有两种情况，一是为了刺激经济而发生的有意安排，被称为“赤字财政”或“赤字预算”，它属于财政政策的一种；另一种情况，即预算并没有设计赤字，但执行到最后却出现了赤字，也就是“财政赤字”或“预算赤字”。

美国是世界上财政赤字数额最大的国家。2011年8月1日，美国众议院投票通过了提高美国债务上限和削减赤字的法案。此次投票举行前一个月，美国政府的账面上只有728亿美元，按美国政府每小时43500万美元的开销计算，这些钱只够支撑美国政府一个星期的运转。此时美国政府面临着提高债务上限或削减开支的两难选择：提高债务上限，以债养债，是对下届政府不负责任的行为；削减开支，维持债务上限，将会影响公共服务的提供和产生债券违约的风险。最终，美国国会众议院以269票赞成，161票反对通过了提高债务上限的法案。

提高债务上限虽然可以暂时消除美国债券违约和公共部门关门的风险，但以债养债的做法却难以根除美国财政赤字带来的债务隐忧。现代国家政府，是为了向公民提供公共服务而建立的。政府能获得多少钱，应该取决于经济发展水平和社会公共服务的需要。在财政允许的范围内，政府既要充分用好财政资金，又要避免过度开支，政府严格、有效的预算管理，是政府财政健康运转的必要保障。

【体验与思考】

一、小组讨论

1.政府为什么要对“三农”进行财政补贴?

2.许多经济学家认为，债务负担不能转移到下一代的身上，而必须由当代人承担。你支持这种观点吗?

3.了解一下近年来我国政府对“公务消费”都做了哪些限制。

4.你和你的家庭享受过哪些政府提供的社会保障服务?

二、技能训练

目前你所在的城市小微企业可以享受哪些税收优惠?如果你创办一个小微企业，会选择哪些税收“洼地”落户?

三、调研报告

1.调研我国当前住房所有权种类和形式，了解你所在的城市房屋买卖交易过程中的税收成本，并提交一份研究分析报告。

2.查阅资料，了解世界上主要大国的国防支出情况，并与我国进行对比。

主题六

人民币离国际储备货币有多远

——国际储备与国际货币组织

国际间的经贸发展和金融往来，需要国际储备作为清偿国际债务的主要支付手段。一国支付手段的强弱和本国国际储备的水平有关，也和本币汇率有关。

案例导入

小张很喜欢购物，今年和同班女生一起海淘，刚好外国人的剁手节（Black Friday）要来了，小张早早地就将想买的商品放入了购物车，但他不急着买单，想再等等，看看还有没有什么新的折扣活动，然后一举将这些宝贝们拿下。连续两天小张都没有看到新折扣，他心想：算了，喜欢的东西早入手一天也是赚了。但当打开购物车页面的时候，他简直不敢相信自己的眼睛，他清楚地记得当时他将他的宝贝们加入购物车的时候总价明明是330元，现在怎么变成了350元。小张刷新了好几遍页面，才不得不相信自己的购物车里确实没有平白无故地增多商品，而总价却真地上涨了，他现在真是懊恼不已，没有等到折扣就算了，还要多付20元钱。他百思不得其解，到底是谁动了他的购物车呢？

动了小张购物车的“黑手”就是我们大名鼎鼎的汇率了，在国际市场中，一些主要国家货币汇率的变化会直接影响国际外汇市场上其他货币汇率变化。

第一节 是谁动了我的购物车——汇率

汇率是指一国货币与另一国货币的比率或比价。汇率变动对一国进出口贸易有着直接的调节作用。汇率下降，会促进出口、限制进口，汇率变动对一国经济的影响很大。

一、“始作俑者”叫汇率

外汇汇率是一国货币折算成另一国货币的比率，或者说是用一国货币表示的另一国货币的价格。简而言之，汇率就是两种货币之间的比价。汇率概念的本身不具有方向性，但是如果在汇率前冠以特定的货币，则表示单位该种货币等于若干他国货币。汇率又称为汇价、外汇行市、外汇牌价或外汇兑换率。[①]

汇率主流的计价方法是直接标价法和间接标价法。

直接标价法是以一定单位（1、100或10000个外国货币等）的外国货币为标准，将其折算成若干单位的本国货币的一种汇率计价方法。例如，1美元＝6.8796元人民币，就是典型的直接标价法。

间接标价法是以一定单位（1、100或10000个本币单位等）的本国货币为标准，将其折算成若干单位的外国货币的一种汇率计价方法。例如，1元人民币＝0.1454美元，就是典型的间接标价法。

知识窗

世界主要货币

根据世界货币基金组织发布的《官方外汇储备货币构成》，目前世界上主要有美元、英镑等几种主流货币。

① 龙晓辉、陈洿、谢亚可：《国际金融》，江苏大学出版社2018年版。

国家	货币单位名称	货币符号	货币图片	主要描述
美国	美元	USD		美元于 1792 年由美联储发行。目前，美元是外汇交换中的基础货币，也是国际支付和外汇交易中的主要货币，在国际外汇市场中占有非常重要的地位
欧洲经济联盟	欧元	EUR		欧元 1999 年 1 月 1 日由欧洲中央银行负责发行，欧元硬币由各个参与国政府负责发行，不同发行机构之间保持相互协调
中国	人民币	CNY	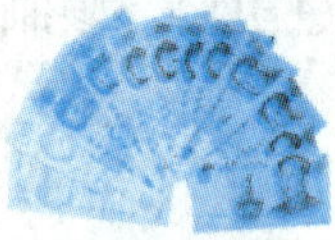	人民币于 1948 年 12 月 1 日首次发行，由中国人民银行发行
日本	日元	JPY		日元创设于 1871 年 5 月 1 日，由日本银行发行
英国	英镑	GBP		英镑为英国的本位货币单位，由成立于 1694 年的英格兰银行发行
澳大利亚	澳大利亚元	AUD		澳元是澳大利亚联邦的法定货币，1966 年 2 月 14 日，澳大利亚发行了现行流通的澳元，由澳大利亚联邦储备银行发行
加拿大	加拿大元	CAD		加拿大元由 1934 年创建的加拿大银行发行，加拿大居民主要是英、法移民的后裔，分英语区和法语区，因此钞票上均使用英文和法文两种文字
瑞士	瑞士法郎	CHF		瑞士法郎的发行机构是瑞士国家银行，1848 年瑞士宪法赋予联邦政府发行货币的职责

知识窗

瑞士法郎

由于瑞士奉行中立和不结盟政策，所以瑞士被认为是世界上最安全的地方，瑞士法郎也被称为“传统避险货币”，加之瑞士政府对金融、外汇采取的保护政策使大量的外汇涌入瑞士，瑞士法郎也已成为稳健而颇受欢迎的国际结算和外汇交易货币。

二、揭开汇率的面纱

找到汇率这个“幕后黑手”之后，小张在想：为什么汇率一直在变呢？从根本上说，导致汇率变动的基本因素就是外汇市场的供求关系，而改变外汇市场供求平衡的因素有经济因素、政治因素、社会因素及心理因素等，不同的影响因素会相互作用、相互影响。

知识窗

一般来说，经济因素和政治因素是影响汇率变动的主要因素。经济因素主要有国际收支、通货膨胀和资本流动等，政策因素主要有利率政策、汇率政策和外汇干预政策等。

一国的国际收支状况会使一国的汇率发生变化。一国的国际收支持续顺差、外汇收入相应增多、国际储备随之增加，就会引起外国对该国货币需求的增长和外国货币供应的增加。在其他条件不变时，该国货币币值就会上升，外汇汇率就会下降。反之亦然。

在纸币流通条件下，两国货币的兑换比率是根据各自所代表的实际价值量决定的，因此，一国的货币价值的总水平是影响汇率变动的重要因素。在一国发生通货膨胀时，该国国内物价总水平趋于上涨，货币所代表的价值量减少，实际购买力降低，直接影响一国的商品和劳务在国际市场上的竞争能力，从而引起出口商品的减少和进口商品的增加，使外汇供求关系发生变化，导致汇率变动、本国货币汇率下跌和外汇汇率上涨。

资本在不同国家间大量流动会使汇率发生重大变动。资本的大量流入会增加对流入国货币的需求，使流入国的外汇供应增加，外汇供应相对充足和对流入国本币需求的增长，会使本币币值上升、外汇汇率下降。反之亦然。

拓展园

影响汇率的政治因素

利率政策是指一国采取的变动本国银行利率水平来对本国经济加以调整的经济政策。一些国家为了使汇率朝着有利于本国经济发展的方向变动，往往利用利率政策加以调节。

汇率政策是指一国政府通过明文规定来宣布提高或降低本国货币对外国货币的兑换比率以使汇率发生变动。本币升值是一国调整基本汇率使其货币的对外价值提高；反之则相反。

外汇干预政策是指一国政府或货币当局通过利用外汇平准基金介入外汇市场，直接进行外汇买卖调节外汇供求，从而使汇率朝着有利于本国经济发展的方向变动。

知识窗

广场协议

影响汇率变动的其他因素有市场预期、投机因素及偶然因素等，从历史上很有名的“广场协议”事件中我们就可以略窥一二。

1981年开始，日本对美国的贸易顺差一直在增长，从最初的300多亿美元，到后来超过500亿美元。与此同时，1984年美国的贸易赤字也从前一年的600亿美元，飙升至1090亿美元，而当年美国的财政赤字也达到近1000亿美元。美国面临着巨大的经济下行的压力，而巨额的贸易赤字也使得美国国内纷纷把矛头指向日本。因为在1985年日本取代美国成为世界上最大的债权国，日本制造的产品遍布全球。美国许多制造业大企业、国会议员纷纷游说美国政府，强烈要求当时的里根政府干预外汇市场，让美元贬值，以挽救日益萧条的美国制造业。更有许多经济学家也加入了游说政府改变强势美元立场的队伍。

1985年9月，美国财政部长詹姆斯·贝克邀请日、德、英、法等国的财政部长和中央银行行长齐聚美国的纽约广场饭店，并签订了对此后世界金融格局产生巨大影响的“广场协议”。“广场协议”中规定，日元与马克应大幅升值以挽回被过分高估的美元价格。“广场协议”签订后，五国联合干预外汇市场，各国开始抛售美元，继而形成市场投资者的抛售狂潮，导致美元持续大幅度贬值。

20世纪80年代中后期开始，随着泡沫经济的破灭，日本陷入了长达10年的经济停滞，这被后来的人们称为日本“失落的10年”。从高速增长到长期停滞，日本的发展经历为那些致力于经济起飞的新兴国家提供了一个不可多得的活教材。

三、汇率的演进史

从汇率制度的历史发展来看，经历了从固定汇率制到浮动汇率制的过程。在固定汇率制时期，汇率又先后经历了金本位制时期和布雷顿森林体系时期。

金本位制下的固定汇率制的特点是用黄金来规定货币所代表的价值，即每种货币都有法定含金量。由于各国的货币同黄金有固定的联系，因而其货币之间也建立起固定的关系。金本位制的固定汇率制是比较典型的固定汇率制度，它为促进国际贸易的发展提供了有利的条件。

布雷顿森林体系规定了“一固定、双挂钩、上下限、政府干预”的固定汇率制。“一固定”指国际货币基金组织的成员国执行固定汇率制；“双挂钩”指各国货币与美元挂钩、美元与黄金挂钩；“上下限”指各国货币对美元的汇率上下波动幅度为1%；“政府干预”指各国货币当局或中央银行有义务维护本币对美元汇率在规定的范围内波动。

浮动汇率按照浮动的方式可以分为单独浮动、联合浮动和盯住浮动。单独浮动即一国货币不与其他国家货币确定固定联系，其汇率根据外汇市场的供求变化而自动调整，如美元、英镑、日元等货币均属于单独浮动。联合浮动又称为“共同浮动或集体浮动”，指国家集团在成员国之间实行固定汇率制，同时对非成员国货币实行同升同降的浮动汇率。盯住浮动又分为盯住单一货币和盯住“一篮子货币”浮动。

浮动汇率按照政府是否干预来区分，又可以分为自由浮动和管理浮动。自由浮动是指货币当局对汇率的上下浮动不采取任何干预措施，汇率完全听任外汇市场供求而自由涨落、自由调节。管理浮动，由于国际市场贸易竞争激烈，汇率变化对国际收支影响较大，对国内经济的均衡发展也有相当大的影响，为了保护本国的利益，使外汇市场汇率朝有利于本国经济发展的方向浮动，各国政府采取各种不同措施对汇率的浮动进行干预，这种浮动称为“有管理的浮动”。

拓展园

我国的汇率制度

我国实行以市场供求为基础、参考“一篮子货币”进行调节、有管理的浮动汇率制度。其包括三个方面的内容：一是以市场供求为基础的汇率浮动，发挥汇率的价格信号作用；二是根据经常项目主要是贸易平衡状况动态调节汇率浮动幅度，发挥“有管理”的优势；三是参考一篮子货币，即从“一篮子货币”的角度看汇率，不片面地关注人民币与某个单一货币的双边汇率。

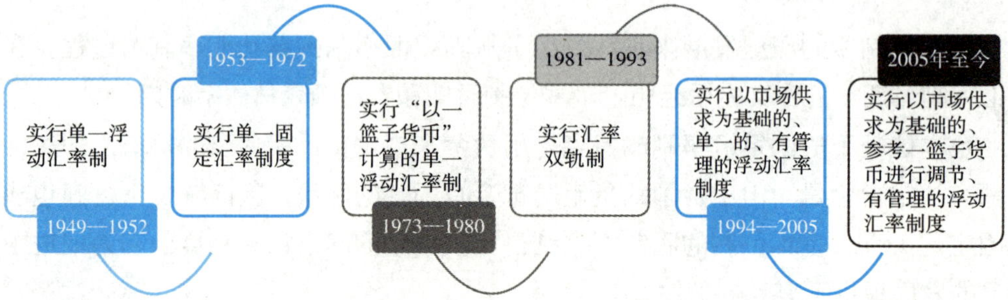

我国汇率制度的演变图

四、汇率变动影响你的钱袋子

一国的国际收支、物价水平、经济增长等宏观经济状况会引起汇率的变动。反过来，汇率的变动又会对一国内外经济产生重要影响。尤其是在目前各国经济金融联系日益密切、浮动汇率制被越来越多的国家所采用的情况下，汇率变动对经济的影响更加广泛而深刻，也更加地为各国所重视。

第二节 “钱袋子”里的那些事儿——国际货币储备

国际货币储备是一国政府和居民进行国际购买的“钱袋子”，常见的有黄金和以美元为代表的外汇。随着实力的增强和国际化发展，人民币也被其他国家装进了他们的“钱袋子”。

案例导入

小张除了喜欢购物还喜欢旅游。正巧学校有一个前往欧洲交流的机会，老师推荐了小张参加。在家打包行李的时候，父亲也凑了过来，叮嘱小张要及时去银行兑换一些欧元，并且还塞给他一些美元，嘱咐他一定要带着。小张告诉父亲，现在出国根本不用带那么多现金，到处都能刷卡，只要带上银行卡就行了。父亲叹了口气："年轻的时候我有一次在巴西，出门不小心把钱包弄丢了。当时幸好上衣口袋里还有几块没花完的美元，才能坐车回酒店。你这次要去欧洲，有些国家不用欧元的，万一出点什么状况咱的人民币人家也不认，手机支付国外也用不了，手里有美元，走遍天下都不怕。"

小张将信将疑的带上了美元，到了那边却发现毫无用武之地。街上的商店不少都支持直接刷银联卡支付，有的地方甚至还支持支付宝，就算是用到现金，随便找一个兑换店，人民币就能直接兑换当地货币，非常方便。当小张发回前方照片，老张看了以后不禁感叹道："真是时代大不同，不仅没有现金交易普及了，人民币也走向世界了。"

想一想，为什么现在大家兑换外币的需求总能得到满足？为什么过去人民币在境外换不了外币，但是现在却能够轻而易举地实现了呢？

一、我国的"钱袋子"里有什么？

我们这里聊的"钱袋子"则可以看作广义的"钱包"，它一般由可以直接用来支付或者很容易就能变成现金的资产组合，如现金、存款、有价证券等。一般情况下，普通人"钱袋子"里装的上述本国货币资产似乎就足够了，当然在出国境时还需要兑换一些外汇。

当我们再把问题上升到国家层面，情况似乎就变得复杂了起来，国家的"钱袋子"中主要有国库和货币当局所持有的金融资产。其中，国库资金大多由本币标价，货币当局持有的金融资产中有本币和外币，而其中由外币计价的相关资产我们一般称为国际货币储备。那么为什么国家要考虑本外币的配置呢？究其原因，主要有两方面：首先，和个人相比，国家有更多跨境支付结算的需求；其次，国家持有外币资产并不仅仅是为了满足支付需求，更多时候是为了维持国际收支平衡。维持国际收支平衡对一国经济的可持续发展具有重要的意义。而收支平衡表中经常账户和资本账户下长期的顺差和逆差都是不可持续的。经常账户下长期的收支顺差将会导致财富大量聚集，容易产生流动性过剩；长期逆差会导致国内财富向国外转移，对本币的价值造成威胁。而资本账户下的长期收支顺差会挤出国内投资，并导致外债不断累积；长期逆差则说明资金长期外流严重，影响财富积累，威胁一国金融安全。

因此为了保证国家经济金融的正常运转，一国就必须在自己的“钱袋子”中配置国际储备货币。国际货币储备一般又称为“国际储备”（International Reserves），其是指一国货币当局持有的，用于弥补国际收支逆差、维持其货币汇率和作为对外偿债保证的各种形式金融资产的总称，一国的国际储备主要由货币性黄金、外汇储备、基金组织头寸和特别提款权四个部分构成。

1. 货币性黄金

货币性黄金即一国货币当局作为金融资产所持有的黄金，本质上是一种能够用于支付和结算的黄金。国际货币基金组织认为由货币当局持有的，纯度在995以上的黄金实物，包括金砖、金币、金锭、金条等，以及货币当局所持有的账户金都可以认定为货币性黄金。黄金作为一种贵金属在历史上一直扮演着一种重要的货币，但自从布雷顿森林体系瓦解以来，黄金在国际金融交易中的作用持续降低[①]。在1976年4月通过的国际货币基金组织协议第二修正案中，将黄金从汇率形成机制中剔除，并同时取消了黄金的官方价格。在此基础之上，随着20世纪70年代中后期，美国财政部和国际货币基金组织大量抛售库存黄金（1975—1980年共计约1292.4吨）[②]以平抑金价，黄金的非货币化趋势越来越明显。尽管黄金在国际金融体系中的作用在不断削弱，但每当出现金融危机的时候，黄金总能扮演一种“最后救命稻草”的角色。在1997年席卷亚洲的金融危机中，韩国和泰国都遭遇了国际储备耗竭的极度困境。这两个国家最后走出泥潭的过程中，无一例外地使用了从民间收集的黄金作为最终支付手段。为了获得国际货币基金组织的援助，韩国民众在短短两个月内捐助了多达250多吨的黄金[③]，用于政府兑换外汇填补贸易缺口产生的外债。因此，黄金依然是信用与偿付能力最强的储备资产。

2. 外汇储备

外汇储备指的是一国货币当局持有的对外流动性资产，主要包括外币、境外存款、证券（外国政府发行的债券）等流动性资产。而我们去银行兑换的外币一般不属于外汇储备，它来源于银行等金融机构的外汇头寸，属于居民储备的一部分。

---

① 米什金：《货币金融学》，中国人民大学出版社2011年版。

② 周洁卿：“黄金储备变动与黄金货币地位”，《黄金》，2005年第3期。

③ 周洁卿：“论我国黄金储备适度规模及其实现途径”，《上海金融》，2005年第11期，第34–36页。

外汇储备实质上构成了各国最主要的储备资产，是各个国家跨境贸易结算、维持金融市场稳定的主要资金来源。它是最容易被调动、最富有流动性、一般也是数额最庞大的储备资产。它主要包括：狭义上的外汇储备（外币计价的证券、外币及存款[①]）以及其他储备资产（金融衍生品、非银行非居民单位的贷款）等。国际货币基金组织发布的《官方外汇储备货币构成》（简称“COFER”）会定期公布各个国家的外汇储备数据。COFER的变化是一国，特别是发展中国家，金融稳定的重要参考。

3. 基金组织头寸

“头寸”（Position）。旧时10个“袁大头”摞起来刚好一寸高，人们习惯性地用“头寸”来指代在某机构所持有账面资产的数额。国际货币基金组织的储备头寸又称为“储备档贷款”的总和，它包含两部分：一部分是成员在短期内可以向国际货币基金组织提取的外币（不包括SDR）[②]；另一部分是国际货币基金组织在“普通资源账户”中对成员国的负债。国际货币基金组织储备头寸实质上包含了SDR的概念，相当于一个成员国在国际货币基金组织中能够索取的全部货币权利。

4. 特别提款权

特别提款权（SDR）是指国际货币基金组织为补充国际储备资产而创设，并按成员国在基金组织所缴纳的份额配给会员国的一种国际货币基金组织账面资产，其又被称为“纸黄金”，于1969年由国际货币基金组织创造，初衷是作为一种补充性的国际储备。由于黄金的产量有限，在国际贸易高速增长的背景下显然不够用，无法维持布雷顿森林体系下黄金和各国货币的间接固定比例兑换。随着布雷顿森林体系的瓦解，SDR逐渐成为替代黄金和美元等其他储备的一种重要储备资产。实际上，SDR是由一篮子各国货币组成的一种可以在国际货币基金组织框架下使用的账面资产，可以在发生国际收支逆差（在国际贸易中入不敷出）的时候用于向其他成员国换取外汇，弥补国际收支逆差或向国际货币基金组织支付欠款。简单说，当国际货币基金组织的小伙伴们中有谁的钱不够用的时候，可以用SDR当成信用卡来应急支付账单。

国际货币基金组织根据各国认缴基金的份额，也就是各个国家占的“股份”来分配SDR。当然，SDR在各国间是可以进行交易的。SDR的篮子货币中的内容每五年调整一次，由各成员国投票表决。2015年11月，国际货币基金组织表决通过将人民币纳入SDR的篮子货币，由此，篮子货币的成员由原先的4种货币增加为5种，

---

① 该存款特指央行存放于其他国家中央银行、国际清算银行、其他非居民吸储机构等的存款。

② 根据国际货币基金组织发布的《INTERNATIONAL RESERVES AND FOREIGN CURRENCY LIQUIDITY GUIDELINES FOR A DATA TEMPLATE》规定。

其中人民币所占比例排在第三位。

根据中国人民银行公布的《国际储备与外币流动性数据模板》，截至2019年5月31日，我国的国际货币储备中黄金储备为6161万盎司，等值798.25亿美元；外汇储备3.101万亿美元，其中3.0814万亿美元以证券的形式持有，其余195.33亿美元则以存款的形式存放在境内外各金融机构；国际货币基金组织头寸共82.83亿美元；SDR共77.54亿单位，约合106.83亿美元。

拓展园

我国国际储备的来源

黄金。中华人民共和国成立初期，我国主要依靠民间收兑等方式获得黄金储备。由于经济困难，黄金储备量从1952年的500万盎司[①]，下降到 1964年的300万盎司，但在70年代上升到1280万盎司。此后我国黄金储备一直保持稳定。随着外汇收入的不断增长，加入WTO后，我国又在国际黄金市场上分阶段购入了大量黄金。

外汇。我国的外汇主要来源于外贸。中华人民共和国成立初期，我国长期处于国际分工体系之外、外贸额少，外汇匮乏。随着经济腾飞，我国外贸对经济增长的贡献率不断增长，外汇储备也随之不断增加。为了保证国家的“钱袋子”不缩水，就必须要对这笔巨额财富进行投资以抵御通货膨胀，目前我国主要将外汇配置为安全性较高的美元债券。

二、不断圈粉的人民币

一般来说，一种货币如果能在境外自由流通、自由兑换，成为一种被普遍接受的货币，那么它就能实现国际支付结算的功能。成为国际支付货币实际上是货币国际化概念中重要的一环。可以明确的是，一种货币仅仅成为国际支付结算工具还远不能称为国际化货币。因此，一种货币国际化通常要能够实现以下三个基本职能：第一个结算职能，指的是该币种需在跨境交易中被频繁使用，国际贸易以该币种结算的交易需占总交易的一定比重。第二个投资职能，指的是以该币种计价的各种金融资产成为各国金融机构，特别是中央银行的投资工具。同时该币种计价的金融市场规模需占全球金融市场的一定比重。最后一个储备职能，指的是世界上绝大多数

① 《新中国六十年统计资料汇编》，中国统计出版社2010年版。

国家以该币种作为储备货币的一种，且占一定的比重，这代表了该国的经济实力和其在国际金融市场的地位。

拓展园

货币国际化，一般要经历四个阶段：第一阶段指的是经常项目下的国际收支实施自由兑换，即政府不对私人部门因商品和服务贸易等的交易需要，而进行的本外币兑换进行限制，仅仅对私人部门的交易真实性进行检验；第二阶段指的是资本项目可兑2换，即政府取消或降低私人部门因投资和金融交易等的需要而进行的本外币兑换的限制；第三阶段指的是政府推动本币的国际化，使其成为其他国家可接受的交易、投资、结算和储备货币；第四阶段指的是政府对并不发生跨国交易的、境内居民的本外币自由兑换也不进行限制，即充分的可兑换阶段。

人民币国际化大事件

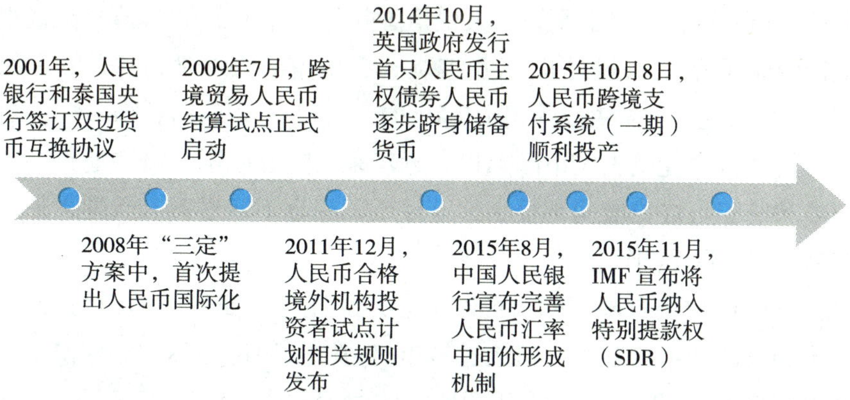

知识窗

双边货币互换协议

双边本币互换协议是一种货币互换协议。通过协议，任何一方可以发起交易，以一定数量的本币交换等值的对方货币。互换的发起和收回都为本币，并不承担汇率风险。以对方央行发起动用我方人民币为例，本币互换发起动用流程如下图所示：

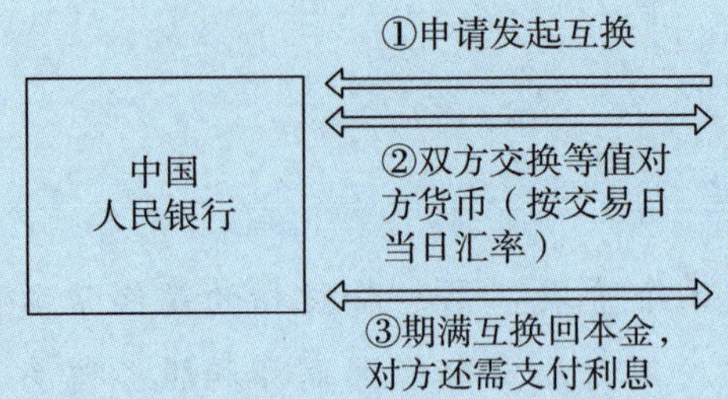

[1]

我国已与我国香港、韩国、马来西亚、欧央行、瑞士、俄罗斯等32个国家和地区的中央银行或货币当局签署了双边本币互换协议，总金额超过3.1万亿元人民币。[2]

人民币国际化的概念并不新鲜，最早可以追溯至2003年9月，中国国家外汇管理局颁布了《边境贸易外汇管理法》，允许在边境贸易中用人民币计价和结算，鼓励中国边境地区商业银行与周边国家地区银行建立代理行关系以通过银行进行边境贸易结算。在边境贸易中采用人民币结算，能促进人民币的区域性流通，提升人民币的区域地位。但从严格意义上来说，人民币国际化起点于2008年国务院批准的《中国人民银行职能配置、内设机构和人员编制规定》。依据该方案，中国人民银行新设立汇率司，其职能包括“根据人民币国际化的进程发展人民币离岸市场”。这是中国公开的官方文件首次提及人民币国际化。近年来，随着中国经济的增长，人民币的国际认可度和国际可接受度稳步提高，人民币国际化不断进展，我国也陆续推出了一系列措施促进人民币国际化。

人民币国际化需要打破国际市场对美元、欧元等主要货币的使用惯性和依赖，必将是一个漫长而曲折的过程。但经过多年努力，人民币国际化也取得了一定的成果。根据央行统计[3]，2017年，人民币跨境收付金额合计9.19万亿元，占本外币跨境收付比重为22.3%，人民币已连续七年为我国第二大国际收付货币。2018年1月，据环球同业银行金融电信协会（SWIFT）统计，人民币在国际支付货币中的份额为1.66%，为全球第五大支付货币。据国际货币基金组织统计，官方外汇储备币种构成（COFER）报送国持有的人民币储备规模为1226亿美元，占比1.23%，在单独列出的币种中位列第8位。已有60多个境外央行或货币当局将人民币纳入外汇储备。未来，我国将继续以“一带一路”为契机，在推进资本项目可兑换、健全金融市场、

① 中国人民银行货币政策二司：《中央银行双边本币互换协议简述（2015）》。

② 据中国人民银行官网公布，数据截至2017年。

③ 人民银行：《2018年人民币国际化报告》。

金融服务以及加快金融业对外开放等方面持续发力，在资本和金融领域推动人民币直接投资和金融交易的稳步增长。

三、叮！你有一份群聊申请——多种国际经济组织

国际货币组织属于国际经济组织的一种，其主要目的是维持会员国的汇率的安定，促进国际合作，并能为会员的国际收支不平衡提供暂时性的帮助。目前主要的国际货币组织是国际货币基金组织。

国际货币基金组织（International Monetary Fund，IMF）是根据1944年7月在布雷顿森林会议签订的《国际货币基金组织协定》，于1945年12月27日在华盛顿成立的维护战后国际经济秩序的重要支柱。IMF由189个会员国家组成，其职责是强化全球货币合作，维护金融安全，促进国际贸易，推动就业和可持续经济发展，以及全球减贫。其最初首要职责是维持国际货币体系的稳定。IMF的具体业务主要包括以下几个方面：汇率监督与政策协调、储备资产的创造和管理、向成员国提供贷款和为会员国提供培训、咨询等服务。

拓展园

IMF的组织架构

理事会（Board of Governors）是国际货币基金组织的最高决策机构，由各成员国各派一名理事、一名副理事组成，任期5年。

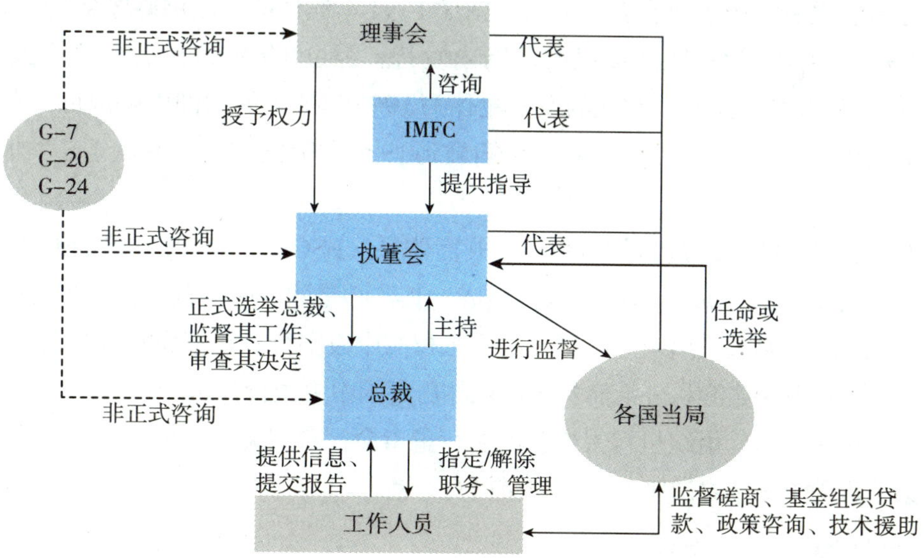

基金组织治理程式图

执行董事会（Executive Board）是国际货币基金组织负责处理日常业务工作的常设机构，由22名执行董事组成，任期2年。执行董事包括指定与选派两种。

总裁（Managing Director）是国际货币基金组织的最高行政长官，其下设副总裁协助工作。总裁负责管理国际货币基金组织的日常事务，由执行董事会推选，并兼任执行董事会主席，任期5年。

我国在IMF的席位直到1980年4月17日才恢复。2016年1月27日，在拖延数年后，IMF宣布IMF2010年份额和治理改革方案已正式生效，中国在IMF的份额占比从3.996%升至6.394%，从而正式成为IMF第三大股东，排名从第六位跃居第三位，仅次于美国和日本。

此外，从1957年到20世纪70年代，欧洲、亚洲、非洲、拉丁美洲等地区的国家通过互助合作方式建立起区域性国际金融组织，以适应本地区的实际需要，谋求本地区的经济发展。目前，区域性货币组织主要有欧盟（欧洲货币联盟）、清迈倡议多边化协议、西非经济货币联盟、中部非洲经济与货币共同体等。

（一）欧盟

欧盟作为区域性货币组织的原因主要是其单一市场的特征和单一法定货币——欧元的使用。欧元是大家熟知的跨越主权的法定货币，也是当今世界上除美元以外的一种主要国际货币。欧元起源于1969年欧共体海牙会议中关于欧洲货币联盟的构想，在之后经历了数次变更之后，依照1991年通过的《欧洲联盟条约》规定，于1999年1月1日起在欧盟成员国范围内发行。经过3年的过渡后，其于2002年1月1日起正式发行流通。欧元的发行主体为1998年成立的欧洲中央银行，发行范围从11个欧元区国家开始，目前已经拓展到19个欧盟国家，并覆盖了6个非欧盟国家。

欧盟的主要货币机构是欧洲中央银行体系（ESCB）。ESCB由欧洲中央银行（ECB）及欧盟27个成员国中央银行组成，其核心是欧洲中央银行。其主要职责是欧元区统一的金融及货币政策，是一种超主权的中央银行，它不受欧盟各国的监督。但具体的货币政策实施和外汇储备管理依然由各国中央银行负责。

欧洲中央银行的组织机构主要包括执行董事会、欧洲央行委员会和扩大委员会，其决策采取简单多数表决制，每个委员只有一票。

（二）清迈倡议多边化协议

清迈倡议多边化协议（CMIM）起源于2000年在泰国清迈举行的东盟10+3财

长会议上签署的清迈倡议（CMI）。该倡议制定了检测资本流动、监测区域经济、建立双边货币互换网络和人员培训等四个方面的合作。其中，以双边货币互换网络的构成为最重要部分。但之后签署双边货币互换协议的东盟国家较少，也没有形成一个统一的中央机构负责区域协调和监督。在2008年金融危机爆发之后，相关各国意识到需要加强相互合作，增强共同应对金融危机的能力。在此背景下，CMI升级为CMIM，其主要目的是为了解决区域内国际收支不平衡和短期流动性短缺等问题。

清迈倡议多边化协议成员国包括东盟10国全部成员，以及中国、日本、韩国和中国香港特区，共14个经济体。最初多边化互换协议总额为1200亿美元，2012年各国决定将总额度扩大到2400亿美元，并于2014年7月17日正式实施。[①]

（三）西非经济货币联盟

西非经济货币联盟（UEMOA），1994年1月10日成立，其前身是“西非货币联盟”（UMOA）。最初建立于1962年5月12日，当时由非洲西部的7个国家组成，加上1963年加入的多哥，目前共有8个成员国。根据《西非经济货币联盟条约》，该组织下设国家元首和政府首脑会议、部长会议、联盟委员会、联盟法院等机构。其主要目的是促进成员国间人员、物资和资金流通，最终建立西非共同体。[②]

（四）中部非洲经济与货币共同体

中部非洲经济与货币共同体（CEMAC），成立于1999年6月25日，前身是中部非洲关税和经济联盟，由中非共和国等6个国家组成。共同体的机构设置类似于西非经济货币联盟，其中与货币紧密相关的部分是中部非洲货币联盟，其负责制定共同体的货币政策、发行货币，下设中部非洲国家银行（BEAC）、中部非洲银行委员会（COBAC）、证券交易所、中部非洲反洗钱行动小组等专业机构，均设于喀麦隆首都雅温得。中部非洲国家银行目前发行有中非金融合作法郎。[③]

① 中国驻泰王国大使馆经济商务参赞处：《清迈倡议多边化协议（2015）》。
② 外交部非洲司：《西非经济货币联盟（2019）》。
③ 外交部非洲司：《中部非洲经济与货币共同体（2019）》。

【体验与思考】

一、小组讨论

1. 讨论我国的外汇储备结构是否合理？

2. 人民币国际化对老百姓日常生活有哪些影响？

二、技能实训

学会查询各大银行及支付结算机构的外汇牌价，并了解不同报价的含义。

三、调研报告

请在当地寻找若干家有代表性的外贸企业，自行设计问卷，调查近半年该企业对外贸易基本情况、人民币币值变化对该该企业的经营的影响，并针对相关影响提出相关的对策和建议。

主题七

全民理财时代的宏观危机控制

——金融产品与金融监管

金融产品由不同的金融机构发行，每种金融产品都有自身特性、定位，便于投资理财者做不同投资选择。作为买卖金融产品的金融市场，由于失灵会导致资金配置效率下降，因此在对金融运行进行调节的同时，有必要对金融活动进行监督和管理。金融监管为何管、管什么、谁来管、何时管、怎么管呢？

案例导入

女大学生的理财不翼而飞

2015年某一天下午，中国银行福州市某支行的大堂走进来一对气势汹汹的父女。一进门，女学生（化名小A）就对大堂经理嚷嚷着“我存在你们银行的10万块不见了！你们银行要负责！”为了不让客户的不良情绪影响到厅堂等候的其他人，大堂经理将这两名客户引导至了行长办公室，并且对小A的银行账户流水进行了查看。发现两天前有一笔10万元通过快捷支付的方式转出了。在问询小A有没有通过网络渠道支付了什么，小A坚称没有。后经过银行系统的一系列查验，得知这笔钱是购买了深圳某金融公司的理财产品，起息后自动转出了。小A这才说了实话。小A的父母将拆迁补偿的10万元暂放她的学费卡里，平时看了很多新闻里面报道存款不翼而飞，觉得女儿是大学生，懂得比较多，会安心一些。而小A前天在浏览网页的时候，发现一个理财的广告，其中的短期收益率让她心动了。心想着在这笔钱使用之前，购买一下这个产品，利息也是一笔不小的零花钱。可是当她点击购买成功之后，再打开网页怎么样都找不到购买的记录了，与此同时也收到了银行扣款的短信。小A感到害怕了，10万元不翼而飞，也不敢说实话，就带上父亲到银行来要钱。事情的结局是银行帮忙找回了这10万元钱，但是这件事情不得不让人反思：对互联网金融的监管仍然是一项任重道远的事，特别是一些金融机构容易游走在政策的边缘。而高利率的诱惑也容易使购买者忘记了风险的存在，他们在购买理财的时候对产品的性质、渠道的选择是模糊的认知。

第一节　金融机构族谱——我国的金融体系

我国金融体系由金融资产、中介机构、金融市场和政府管制框架等金融要素构成。银行、证券和保险是金融业的三驾马车。

一、我国的金融体系

金融体系是一个经济体中资金流动的基本框架，它是金融资产、中介机构、金融市场和政府管制框架等各金融要素构成的综合体。根据中国人民银行发布的《金融机构编码规范》（银发〔2009〕363号）中国金融机构类型如图7–1所示。

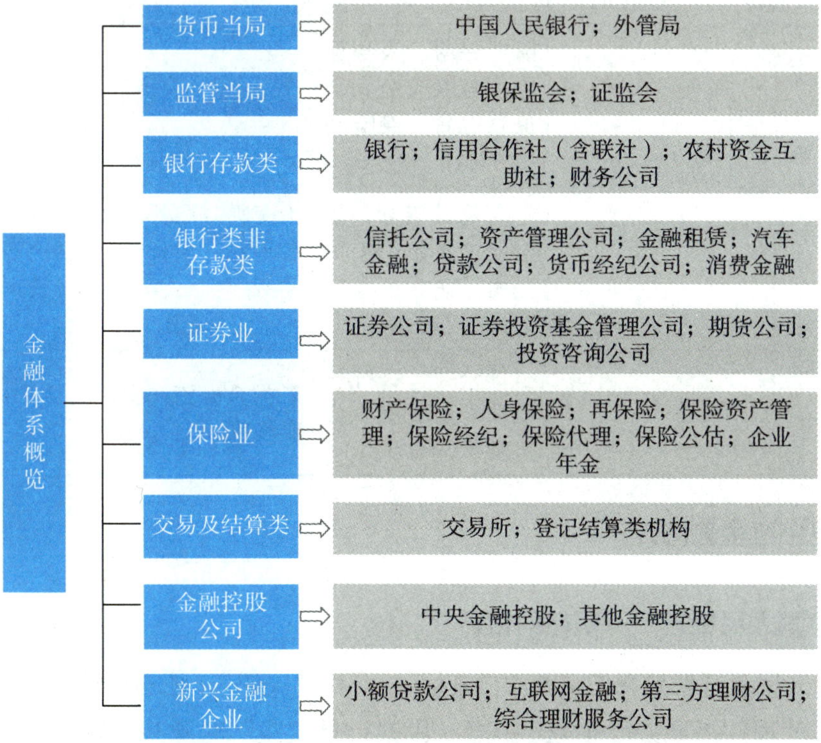

图7–1　中国金融机构类型图

图7–1中并未标出金融稳定发展委员会。2017年7月，第五次全国金融工作会议设立国务院金融稳定发展委员会。主要负责统筹协调金融稳定和改革发展重大问

题，具体事务由央行负责统一协调，办公室设在央行。我国金融体系的组成大致包括以下机构（见表7–1）：

表 7–1　　　　我国金融体系大致组成表

监管机构	信用中介类	融资中介类	交易平台类	登记结算等
央行			CFETS、第三方支付、票交所、黄金交易所	央行清算总中心中债登、上清所中国银联（卡组织）、网联、征信中心、评级公司
银保监会	大型国有银行（5家）；股份制银行（12家）；2家政策性银行和1家国家开发银行城/农商行、村镇、邮储银行外资银行、信用社等	信托公司（68家）；资产管理公司(4家)、金融租赁、汽车金融、贷款公司、货币经纪公司		中债登、上清所、中信登、银登中心、理财登记托管中心
		财产保险、人身保险、再保险公司、保险资管、保险经纪、代理、公估等	上海保险交易所	中保保险资产登记交易系统有限公司
证监会		券商及其资管、基金及其资管、期货公司、证券投资咨询公司私募基金	上交所、深交所；各商品、期货交易所；评金公司；中证报价系统	中国证券登记结算有限公司；评级公司（资本市场业务评级）
地方政府		小贷公司、农村互助社、金融控股公司网贷平台	各类金融资产交易场所	

二、常见的金融机构

1. 中国人民银行——银行的银行

中国人民银行就是我们熟悉的“央行”，爱称“央妈”。她的日常工作就是印钱、控制货币流通，指导银行业务。中国人民银行是“钱”的源头，我们口袋里的钱、银行存款上的钱、房贷借的钱、单位付给我们的工资，源头都来自中国人民银行。通俗地说，中国人民银行是“印钞机”和“钞票粉碎机”。当市场需要更多资金时，可以启动“印钞”功能，向市场注入货币。当市场上货币泛滥时，可以启动“钞票粉碎机”的功能，将货币回收。中国人民银行往市场上投入钱的方法主要是对商业银行“再贴现”和“再贷款”以及在公开市场上购买政府发行的国债。

2. 商业银行——买卖金融产品的中间商

商业银行是以盈利为目的的机构，本质上也是公司，只不过买卖的是钱而不是商品。主要是通过吸收储户的存款，发放贷款、办理票据贴现等从中获得收益，商业银行的主营业务其实就这么简单。除了赚取存贷款的利差之外，它还提供支付服务、理财和咨询业务。比如转账、刷卡消费等都是支付职能的体现，通过商业银行可以购买到多种金融产品，如理财、基金、保险等 。

3. 政策性银行——不以营利为目的

我们国家的政策性银行有三家，分别是国家开发银行、中国进出口银行和中国农业发展银行。它们根据政府的决策和意向服务于特定的领域，不以营利为目的。比如，国家开发银行主要面向基础设施、基础产业等发放贷款；中国进出口银行主要是执行外贸政策，对出口贸易予以金融支持；中国农业发展银行主要是对农业发展提供政策性贷款。

4. 证券交易所——证券买卖的场所

交易所是一个机构、组织或协会，它是一个交易股票、债券、期权和期货的市场。交易所对与其有关的公司和经纪人施加规则和规定。我国的证券交易所主要是上海证券交易所和深圳证券交易所，都是不以营利为目的，为证券的集中和有组织的交易提供场所和设施并履行相关职责，实行自律性管理的会员制事业法人。

5. 保险公司——以小博大，未雨绸缪

简单来说，保险就像飞机上的降落伞、轮船上的救生圈、不一定要用，但一定要准备。保险是转嫁疾病风险和意外风险的必备工具，让我们在心理上产生一种安全感。保险让我们生有所备、老有所养、病有所医、残有所靠。因此，保险让未来财务变得更具确定性。

6. 信托公司——受人之托，代人理财

你有一个资产，但你不是很专业，就把这个资产交给信托机构委托他帮你管理，帮你用这个资产赚钱，给他一些手续费，正所谓“受人之托，代人理财”，信托业务的关系人有委托人、受托人和受益人。信托公司首先一定是有良好的信誉，财产虽然是放在信托公司，但是所有权还是受益人的，信托公司是以受益人的最大利益为目标的，并且对委托人、受益人以及处理信托事务的情况和资料负有依法保密的义务。

拓展园

互联网金融

互联网金融是传统金融机构与互联网企业依托互联网技术、信息通信技术等手段，借助于互联网和移动互联网等先进、便捷的工具及金融相关功能，依靠云计算、大数据、人工智能等金融科技，在开放的互联网金融平台上实现资金融通、支付、投资、信息中介服务的一种新兴金融业态和服务系统。它包括众筹平台、P2P网贷平台、第三方支付平台、数字货币以及互联网证券、互联网保险等形式。我国互联网金融的发展速度迅速，如近年来层出不穷的各种“宝宝”，e租宝、零钱宝、佣金宝等。但是风险也在不断积累和暴露，因而相关监管制度的建立和完善任重道远①。

第二节 投资理财对象——金融产品与衍生品

金融产品有股票、期货、黄金、外汇、保单等，是金融市场买卖和投资的对象，也是持有者的金融资产。金融衍生品有远期、期货、期权、掉期等四种形式，其价值依赖于标的资产的价值，风险比金融产品大。

一、金融产品——你不理财，财不理你

金融产品指的是各种具有经济价值，可进行公开交易或兑现的非实物资产，也叫“金融工具”“金融资产”“有价证券”如外汇、股票、汇票、期货、债券、保单等。因为它们有不同的功能，能达到不同的目的，如融资、避险等，故称“金融工具”；在资产的定性和分类中，它们属于金融资产，故称金融资产；它们是可以证明产权和债权债务关系的法律凭证，故称“有价证券”。

① 龙晓辉、陈泠、谢亚可：《国际金融》，江苏大学出版社2018年版。

知识窗

金融产品详细分类

货币基金类：活期存款、货币市场基金、债券质押式回购、现金管理类的资管产品、保本型银行理财产品（1年以内）。

固定收益类：寿险（分红险、万能险）、债券（国外债券、国内债券、银行间债券、利率债、信用债）、债券基金（标准债券型基金、普通债券型基金、特定策略债券型基金）、债券型券商集合理财产品、固定收益类信托、保本基金、保本型银行理财产品（1年以上）。

股权类/权益类：投连险、股票、股票基金（股票型基金、指数型基金、特定策略股票型基金）、混合基金（除保本基金）、QDII基金（偏股型）、权益类资管产品、权益类信托、非保本型银行理财产品。

非传统金融资产：PE、VC、对冲基金投资策略、衍生品、大宗商品（国际原油、基本金属、贵金属、农产品）、资产支持证券、其他基金、另类信托、另类资管产品。

信托：贷款类、股权投资类、权益投资类、组合投资类等。

资管：银行资管、券商资管、期货资管、保险资管等。

1. 股票——投资需谨慎

股票是一种所有权凭证，是股份公司为筹集资金而发行给各个股东的作为持股凭证并以此取得股息和红利的一种有价证券，是公司投资人的证明。股票像一般的商品一样，有价格，能买卖，可以作抵押品。股份公司借助发行股票来筹集资金，投资者通过购买股票获取一定的股息收入。购买股票是一种金融投资行为，与银行储蓄存款及购买债券相比较，它是一种高风险行为，但同时它也能带来更大的收益。

2. 债券——兼顾安全性和收益性

债券就是一种“借条”。“债”指的是债务，“券”指是“票”或者“凭证”的意思，就是咱们老百姓把钱借给国家、企业或者金融机构，然后换回来一张“借条”，借条上面的日期一到，国家或者企业就该还钱了。根据发行主体，债券分为政府债券，金融债券和企业债券。政府债券包括国债和地方政府债券，风险小，也叫“金边债券”。金融债券的安全性居中，企业债券安全性最差。股票就不一样了，股票不能保证本金，也不能保证一定有收益，所以相比之下债券要安全很多。

知识窗

我国首次发行的债券（如右图所示），是1894年清政府为支付甲午战争军费的需要，由户部向官商巨贾发行的，当时称作“息借商款”，发行总额为白银1100多万两。新中国成立后，中央人民政府曾于1950年1月发行了“人民胜利折实公债”，实际发行额折合人民币为2.6亿元，该债券于1956年11月30日全部还清本息。

3. 黄金——财富的象征

黄金是最珍贵的金属之一，由于它稀少、特殊和珍贵，自古以来有“金属之王”的称号。黄金本身具有良好的稳定性和稀有性，属于贵金属，被人们作为财富储备。由于黄金具有特殊的自然属性，被人们赋予了社会属性，也就是货币功能。马克思在《资本论》里写道：“货币天然不是金银，但金银天然就是货币。”作为金融产品，黄金投资较常见的是实物黄金和纸黄金。实物黄金通常指的是金条、金币、黄金首饰等，作为国际上的硬通货，黄金有很强的保值增值作用。纸黄金是我国中国银行、中国工商银行、中国建行银行特有的业务，类似基金定投、银行零存整取，较适合中长期投资（见表7–2）。

表7–2　实物黄金与纸黄金的区别

产品名称	优势	劣势
实物黄金	可保值，世界通用，适于长期投资，可做实物抵押，时局不稳时可以避险等	加工成本高，回购标准不一致，流动性欠佳，收益不高，只能看涨
纸黄金	购买起点低（1克起），没有买入手续费，可作为强制储蓄方式之一	收益低、赎回有费用，只能看涨

4. 外汇——联通世界金融的工具

外汇是指以外国货币表示的可以用于国际结算的各种支付手段，包括外国货币、外币存款、外币有价证券（政府公债、国库券、公司债券、股票等）、外币支付凭证

（票据、银行存款凭证、邮政储蓄凭证等）。不同货币之间的交换行为就是“外汇交易”，假设预期美元相对于人民币的价值将会走弱，在这个情况下，外汇交易者将会卖出美元及买入人民币。若人民币走强，买入美元的购买力增加，和开始相比，交易者现在可以买回更多美元，因而获利。影响外汇走势的因素很多，如国家政策、货币政策、财政政策、政治、军事影响等，在这些因素的影响下，外汇市场都会发生很大的波动。

知识窗

外　币

外币是“外国货币”的简称，是指本国货币以外的其他国家或地区的货币。它常用于企业因贸易、投资等经济活动引起的对外结算业务中。外币是指在一个官方的货币区域内所使用的一种其他货币或者利用一种其他货币所提出的付款要求。

5. 储蓄——通货膨胀会侵蚀本金

小时候，我们会把剩下的零花钱放进我们的储蓄罐里，等到需要的那一天再拿出来，但是储蓄罐里的钱会生钱吗？答案显然是不会。储蓄是指每个人或家庭，把暂时不用的钱存到银行的经济活动，俗称“存银行”，银行根据客户的储蓄方式给予一定利息。储蓄方式通常可以分为活期储蓄和定期储蓄。活期储蓄比较灵活，客户可随时存取、存取金额不限；定期储蓄按事先约定好的时间，存入一段时间后，可根据约定提取本息。通常定期储蓄的利息高于活期储蓄。

储蓄具有保值性和收益性，同时还可以培养财富积累的习惯，但是，我们不得不注意一个问题，储蓄给客户的利息作为时间补偿，那么实际的收益率如何判定的呢？

知识窗

名义利率和实际利率

名义利率是央行或其他提供资金借贷的机构所公布的未调整通货膨胀因素的利率。实际利率是指剔除通货膨胀率后储户或投资者得到利息回报的真实利率。名义利率和实际利率的差距在于通货膨胀率，即“实际利率=名义利率-通货膨胀率”。

6. 基金——让专家帮你理财

讲到基金，要先了解一下基金公司。

假设你有一笔钱想投资债券、股票这类证券进行增值，但自己一无精力二无专业知识，钱还不多，就想到与几个朋友合伙出资，雇一个替你们代管资金并负责操盘的投资人（基金经理），进行投资增值，于是推举其中一个最懂行的牵头办这事（基金公司的由来）。

由于是基金公司来牵头操作，它们要帮投资专业人士搜集信息，宣传并吸引投资人投钱，定期公布基金的资产和收益情况，所以要从大家合伙出的资产中按一定的比例每年提取劳务费（称为基金管理费），另外在你认购一只基金时需要交一笔基金的认购费和申购费。赚钱了也要按协议分一定比例的钱给基金公司也就是基金交易佣金。如果你买的这只基金不赚钱了，想换成这家基金公司的其他基金，需要交一笔转换费。

投资基金也就是选择相信专家管理，通过专业人员的管理，将资产多样化组合，分散风险，获取最大化收益。

知识窗

基金的类型

基金是一个非常庞杂的资产类别，其种类很多。

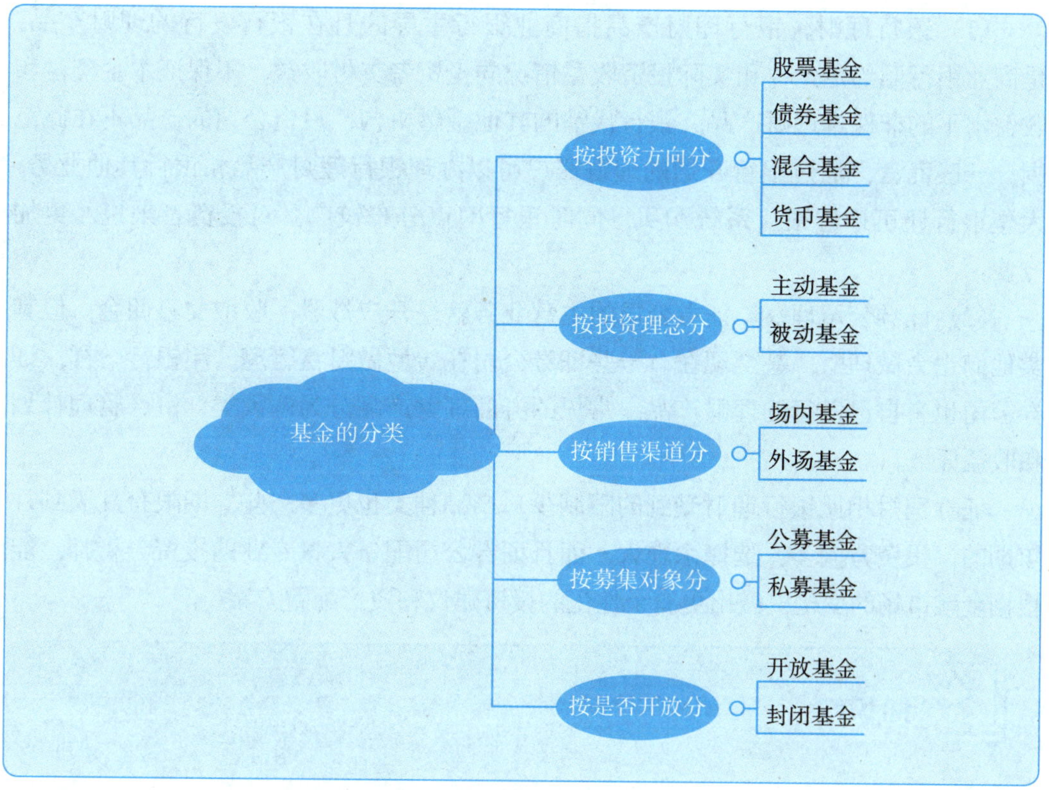

7. 理财——从容迎接未来

小案例

诺贝尔奖是如何"奖之不尽"的

1896年，诺贝尔奖创立之初有980万美元基金，每年5位诺贝尔奖得主分别获得100万美元。起初，诺贝尔奖奖金管委会为了基金的安全，指定将基金存入银行或购买公债。结果到了1953年，基金只剩下330万美元。此时，管委会做出明智的决定，将基金转投股票和房地产。到1993年，基金总资产增长到27亿美元。财富的增长，在很大程度上取决于理财的方法。诺贝尔奖奖金的迅速增长，就是巧妙理财的结果。

顾名思义，理财就是需要有财可以被打理，那么首先就需要有一定的财富积累，积少成多后再想办法做到"钱生钱"，让自己的生活变得更加从容起来，以致实现财务自由。如果需要购买理财产品，我们通常会选择银行理财或是证券公司理财。

（1）银行理财。银行理财产品指商业银行主导的且在银行发行的理财产品，是商业银行照约定条件和实际投资收益情况向投资者支付收益、不保证本金支付和收益水平的非保本理财产品。银行代销的其他金融机构、投资公司的产品不在此范围。一般而言，通过银行开通的理财账户可以办理银行理财产品和银行其他业务，大型银行还可通过银行系统购买，同时银行网点分布较广，对投资者来说，更加方便。

（2）证券公司理财。证券公司的主营业务就是开户炒股，收取交易佣金，但其实他们也会做理财，甚至现在有一些证券公司在转型做财富管理。和银行一样，证券公司也有自己发行的理财产品，常见的券商理财产品分为两大类：资产管理计划和收益凭证。

证券理财相比银行理财受到的限制少，产品种类也更多一些，期限有几天到几年期的，投资方向多，选择余地大，而且证券公司配备大量专业的投资分析师，能根据金融市场的变化，做出更有个性化的投资建议和资产配置方案。

知识窗

理财层次

第一层是有效的、合理的处理和运用钱财，让自己的钱发挥最大的效果，以达到最大限度地满足日常生活需要的目的。

第二层是用余钱投资，使之产生最佳的财务收益，也就是钱生钱的层次。

第三层是从财务的角度进行人生规划，利用现有的经济财务条件，最大限度地提高自己的人力资源价值，为以后发展做准备。

二、金融衍生品——冒险家的乐园

金融衍生品是指由标的资产（如股票、利率、外汇、实物等）派生出来的金融产品，其价值依赖于标的资产的价值，例如，股票期权是由股票价格派生出的衍生产品。从其交易方式来看，最基本、最常见的衍生金融工具主要包括远期、期货、期权和掉期。

小案例

魔鬼交易员的故事

1995年2月17日，巴林银行破产了，其直接原因是其新加坡分行的一名交易员——尼克·里森的违规交易行为。当时，里森负责巴林银行新加坡分行的金融衍生品交易，进行日经指数期货套利活动。当时他认为日经指数期货将会上涨，通过私设账户大量买进日经股票指数期货头寸，从事自营投机活动。然而，日本关西大地震打破了里森的美梦，日经指数不涨反跌，里森持有的头寸损失巨大。不过他不但没有斩仓止损，反而又大幅增仓，导致损失进一步加大。最后损失约10亿美元之巨。这项损失已完全超过巴林银行约5.41亿美元的全部净资产值，之后，英格兰银行宣告，巴林银行破产。

1. 远期

远期是合约双方承诺在将来某一天以特定价格买进或卖出一定数量的标的物（标的物可以是大豆、铜等实物商品，也可以是股票指数、债券指数、外汇等金融产品)。远期看似与期货很相近，却又有些不同，其中最大不同之处就是远期是非标准化合约，多为场外交易，不像期货有保证金制度，风险相对较大。同时价格也是买卖双方协商出的价格，到期时一次性结算，并且多为实物交割，也就是说投资者可以真的抱着一堆大豆进行交割的，这也就是在场外交割的原因之一了。远期买卖的多为农商，担心自己的原材料或者产品在未来会涨或跌，故选此投资方式。

2. 期货

期货是相对于现货的一个概念。从严格意义上来说，期货并非是商品，而是一种标准化的商品合约。比如，你去花店买花，现买现付就属于现货交易；若是约定两个月后过生日时再付款提货，则属于远期交易。期货交易的产生就是源于现货交易和远期交易，并在远期交易的基础上发展而形成的。期货合约实际上也是一种标准化的远期合约。也就是说，合约中的商品（合约标的物）种类、质量、数量和交割时间、地点都是事先规定好的，这样，买卖双方就不会因为商品的质量、数量和交货地点、时间等问题产生争议了。

3. 期权

期权，是指一种合约。该合约赋予持有人在某一特定日期或该日之前的任何时间以固定价格购进或售出一种资产的权利。期权是一种选择权，又称“选择权期权”。期权实质上是在金融领域中将权利和义务分开进行定价，使得权利的受让人在规定时间内对于是否进行交易、行使其权利，而义务方必须履行。

4. 掉期

掉期交易是指交易双方约定在未来某一时期相互交换某种资产的交易形式。掉期包括利率掉期、货币掉期、外汇掉期等类型。掉期可以避免因时间不一所造成的汇率变动风险，作为一种灵活、有效的避险和资产负债综合管理的衍生工具，在国际贸易中发挥着重要作用。

第三节 金融监管——金融市场稳定的基石

金融领域的不稳定性以及分配的不公平性会导致金融产品与金融服务价格信息的扭曲，导致社会资金配置效率下降，因此也必须对金融活动进行准入、业务限制和退出等方面的监督和管理。我国目前是“一委一行两会”的全面金融监管新框架。

案例导入

e租宝的兴衰——“宝宝”们也“有毒”

随着互联网金融的发展，一些网贷平台在中小企业融资难的环境中应运而生，审批快、程序简、一部手机就能搞定等优点，令这些平台备受青睐。然而，当巨大利益缺乏有效监管的时候，违法行为就容易滋生。e租宝的兴衰就很能说明这一新兴行业的问题。

2014年7月，丁宁收购金易融，成立了“e租宝”，同年11月17日获得了“中国互联网诚信示范企业”的称号。根据零壹研究院数据中心统计，截至2015年11月底，e租宝累计成交数据为703亿元，排名行业第四。截至12月8日，e租宝总成交量745.68亿元，总投资人数90.95万人，待收总额703.97亿元。2015年12月16日，e租宝涉嫌犯罪，被立案侦查。2016年1月，警方公布e租宝非法集资500多亿元。

2018年2月7日，北京市第一中级人民法院已对被告单位安徽钰诚控股集团、钰诚国际控股集团有限公司、被告人丁宁、丁甸、张敏等26人犯集资诈骗罪、非法吸收公众存款罪、走私贵重金属罪、偷越国境罪、非法持有枪支罪一案立案执行。从这一事件我们不得不反思，互联网在给予我们更为便捷的金融服务的同时，也滋生了传统金融行业未有的风险问题，如果监管的范围和力度没有跟上的话，则难以维持金融市场的稳定、健康发展。

金融监管是指为了经济金融体系的稳定、有效运行和经济主体的共同利益，金融管理当局及其他监督部门依据相关的金融法律、法规准则或职责要求，以一定的法规程序，对金融机构和其他金融活动的参与者实行监督、检查和协调。

一、金融监管的理由

1. 金融风险理论

金融业是高风险行业，其运行对社会经济体系的影响特别大。金融业是经营货币、证券的特殊行业，其经营以信用为基础，而信用又包含了许多不确定性；由于信用与金融业务的连锁性，金融风险的传染性很强，解决这些风险都需要政府监管。

2. 金融市场信息不对称理论

信息不对称在金融市场十分突出。从“贷款人—银行—存款人”的关系链条看，就有可能出现贷款人把风险或损失转嫁给银行，银行业有可能把所有的风险或损失不适当地转嫁给存款人，导致市场不公正。证券公司、保险公司与债权人之间也会出现类似状况。对这种状况，金融机构很难做到自律，债权人更无法控制，只有依靠政府监管来解决。此外，信息不完全也是信息不对称的重要问题，也会导致金融市场交易的不公正与效率损失。对此，金融也只有依靠政府的监管。

二、金融监管的内容

金融监管的主要内容包括：对金融机构设立的监管；对金融机构资产负债业务的监管；对金融市场的监管，如市场准入、市场融资、市场利率、市场规则等；对会计结算的监管；对外汇外债的监管；对黄金生产、进口、加工、销售活动的监管；对证券业的监管；对保险业的监管；对信托业的监管；对投资黄金、典当、融资租赁等活动的监管。其中，对商业银行的监管是重点，主要内容包括市场准入与机构合并、银行业务范围、风险控制、流动性管理、资本充足率、存款保护以及危机处理等方面。

1. 准入要求

通过提高进入金融行业的门槛，来防止机构因为过量增长而增大风险。所有国家对银行等金融机构的监管都是从市场准入开始的。各个国家的金融监管当局一般都参与金融机构设立的审批过程。金融机构的设立采用特许制度的国家，经监管当局审查批准后，颁发给新设立的金融机构法人许可证或营业许可证，凭许可证到管理部门办理登记，并领取营业执照。

2. 金融业务的限制

金融机构批准开业后，监管当局要对金融机构的运作过程进行有效监管，以便更好地实现监管目标的要求。各国对金融机构市场运作构成监管的具体内容并不完全相同，但一般都将监管的重点放在以下几个方面：金融机构业务经营的合法性、资本充足性、资产质量、流动性、盈利能力、管理水平和内部控制能力等。

3. 市场退出

在市场退出方面，监管部门对于一些经营管理不善、违规操作等金融机构让其主动或者被动地退出金融市场，主要有破产倒闭、接管、撤销等方式。这对于保持金融市场稳定、保证市场参与者公平交易起到重要作用。

金融机构市场退出的原因和方式可以分为两类：主动退出和被动退出。主动退出是指金融机构因分立、合并或者出现公司章程规定的事由需要解散，因此而退出市场。其主要特点是“主动地自行要求解散”。被动退出则是指由于法定的理由，如由法院宣布破产或因严重违规，资不抵债等原因而遭关闭，监管当局将依法关闭金融机构，取消其经营金融业务的资格而退出市场。

知识窗

存款保险制度

以前，中国的银行是不会破产的，有国家兜底。以后，没这个福利了。一旦银行破产，你的存款能不能取回来，可就另说了。存款保险制度是将国家信用与银行切割，让商业银行真正回归市场本质。存款保险制度是指由符合条件的各类存款性金融机构集中起来建立一个保险机构，各存款机构作为投保人按一定存款比例向其缴纳保险费，建立存款保险准备金，从而保护存款人利益，维护银行信用，稳定金融秩序的一种制度。目前，我国存款保险上限是50万元，要想规避风险，每家银行存50万元，500万元存10家银行，那就全部有保障了。

三、金融监管趋势

2017年11月，国务院金融稳定发展委员会（简称“金稳委”）成立，旨在加强金融监管协调，补上监管短板，防范系统性风险。“一行三会”从“分业监管”逐步进入“协同监管”阶段，同金稳委共同组成“一委一行两会”的监管格局，我国金融监管进入一个新时代。

1. 互联网金融监管——调皮的孩子需要多管教

近些年，互联网金融的技术风险、操作风险、信用风险等风险事件层出不穷，许多P2P理财平台在政策的重压下纷纷倒闭，投资者谈P2P理财色变。除了理财，第三方支付、网贷等也增加了监管力度，许多违法机构和产品相继倒闭。一方面清理了市场上的不安分因素，另一方面也让互联网金融行业的发展受到牵制。对于这个新时代催生的调皮孩子，在监管方面不同于传统的金融行业，如何监管也是一项新的挑战。

2. 商业银行理财新规——保本时代一去不复返

商业银行理财新规降低了理财购买的门槛，从5万起点降到了1万起点，让更多人能够买得起理财产品。同时，要求任何理财产品不得承诺保本收益，不得刚性兑付，不得宣传预期收益率。以前银行的理财经理营销的保本理财和预期收益的时代一去不返，若有发现均可向金融管理部门举报。

3. “一委一行两会”—— 中国新金融监管格局

2018年3月13日，根据国务院发布的机构改革方案，银监会和保监会合并，组建中国银行保险监督管理委员会，作为国务院直属事业单位。至此，“一行三会”成为历史，“一委（国务院金融稳定发展委员会）一行（中国人民银行）两会（中国银行保险监督管理委员会、中国证监会）”形成新的监管格局。

【体验与思考】

一、小组讨论

1. 投资金融产品时，你会自主选择还是听取相关机构的建议？

2. 你的家人平常有购买金融产品的习惯吗？

二、社会实践

请同学们搜集大学生遭遇金融诈骗案例，并分析总结教如何辨别金融产品的安全性。

三、调研报告

分组设计问卷：针对本校学生进行调研，调查他们使用哪些互联网金融产品，并撰写调查与分析报告。

主题八

通往财务自由之路

——投资与风险管理

投资有两个目的：一个是财务安全；一个是财务自由。财务安全是基础，财务自由是终点。投资越早，获得的回报可能就越多；但投资风险无处不在，学会投资、控制风险是实现财富保值增值的有效办法。

案例导入

投资需要切实可行的规划

小白每个月工资1.8万元，年底的年终奖10万元左右，每月除了日常开支之外，结余6000元左右。多年积累，拥有35万元可用资金用于投资。小白尝试过很多投资品种，有些是朋友推荐的，有些是自己跟风买的。目前，小白的投资组合中有股票、银行理财产品、货币市场基金、黄金，股指期货等。投资组合中只有货币市场基金及银行理财产品处于轻微盈利状态，而股指期货、股票、黄金处于亏损状态，亏损金额在15万元左右。对于未来投资方面，小白准备采取“鸵鸟”策略，不关注市场情况，等待股票市场、黄金市场的回暖来解套。

分析：小白的投资策略可取吗？怎样才能让个人财富保值、增值？

第一节　投资——让自己慢慢变富

投资随处可见，股市投资、外汇投资、房产投资等，种类多，风险不一，需要及早规划，知己知彼，计划跟着市场变化走，才可能有投资收益。

案例导入

2018年投资理财的国人选择和未来趋势

2018年3月4日，中央电视台财经频道发布《关于投资理财的国人选择和未来趋势》报告。数据显示，中国百姓2018年投资结构与意愿，参见下图，2018年中国百姓投资领域前三名分别是保险、股票、理财产品，越来越多的民众把富余资金选择合适的投资理财品种，保险、股票、银行理财产品、黄金、房地产楼市、期货、基金、国债……这些都是投资品种，而“求稳”是2018年中国人投资特色。

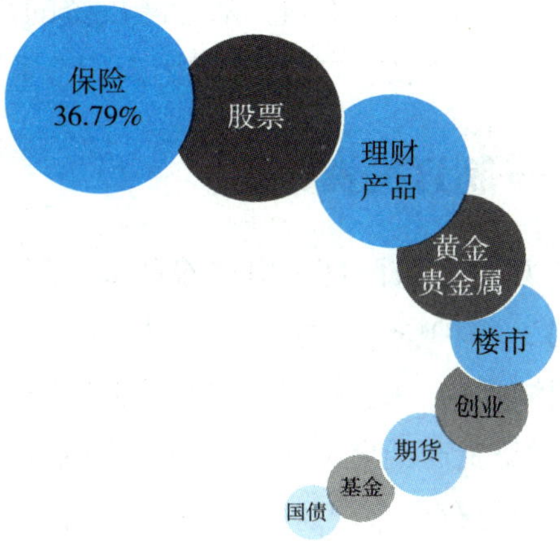

中国百姓投资结构与意愿图

我们根据风险等级、收益类型、亏损概率，我们把这些代表性的投资产品做一个简单的划分，如下表所示。

代表性投资产品分类表

风险等级	收益类型	亏损概率	代表性金融产品
低风险	保本	0	银行存款、保本型基金
中低风险	非保本	接近于 0	国债、货币市场基金、央行票据
中等风险	非保本	较低	金融债券、银行固定收益类理财产品
中高风险	非保本	较高	公司债券、基金
高风险	非保本	高	股票、期货、衍生金融工具、P2P 理财产品、众筹等

一、脑袋决定钱袋——认识投资

一般人，甚至是金融相关专业的同学，会经常混淆投资的含义。其实，我们平时所说的投资包括两个层面的含义：一个宏观层面的投资，国家铁路、公路等基础设施建设，还有各个企业的扩大再生产，这种投资叫“生产性投资”。另一个则是微观层面的投资，比如个人、机构是把钱存银行、投股市、还有债券等，这叫“金融投资”。

二、寻找合适的投资品种——了解投资种类

金融业的发展，也使金融投资工具层出不穷。国内比较受欢迎的有：房产、股票、储蓄、基金、黄金、外汇、期货、保险、彩票，当然还有收藏、商标、域名等，不过这几种相对风险更大，可操作性不强。从金融投资的角度看，保险、国债、黄金、基金、股票、期货、外汇等投资方式逐渐成为人们考量和选择的投资品。

三、叩开投资之门——制订投资计划

一个好的投资计划，该怎么做？是手里拿着现金，还是投资股票、债券？选哪只股票，哪个公司的债券？每种资产要投多少，什么时候投？这些都是投资者需要计划的内容。投资计划归纳起来，就是三点：“投什么”“投多少”“何时投”。

“投什么”的问题，就是资产配置和单个资产选择的问题。资产配置是什么意思呢？就是比如把资产分成银行存款（理财）、股票、债券、保险、房地产等，然后根据自己的收入水平、风险偏好、流动性需求去进行分类的配置。

单个资产选择，就是在上述大类资产中挑选优质资产。比如，选了股票，就要去选好的股票；选择房地产，就要去挑选升值潜力大的等。

所谓“投多少”，也就是投资组合的问题。为什么要组合投资者？是因为鸡蛋不能放在一个篮子里。在正常情况下，没有一个机构或者个人只投资一类资产，通常

人们会选择好几种资产进行组合配置。

“何时投”就是选择入场和退场的时机。在不同的时间段，同样一个资产的业绩表现完全不一样。宏观的周期波动，资产的轮动，投资中的人性，对未来的预期等，其实都会影响到资产的定价。市场上行情的变化，单个企业本身经营上的波动，都会使得同样一个资产在不同的时间段表现完全不一样。“何时投”是个很重要的问题。选了对的投资标的却没有选择好投资时间，最后结果也是很悲哀的。

拓展园

不投资也有风险

有的人认为，不懂金融，就不投资，就拿着钱，存银行。这其实是对投资的一个误解。持有现金或者把钱存到银行，实际也是一种投资。只不过是一种消极的投资计划。为什么呢？因为现金和现金等价物也是一种资产，持有现金其实也是一种投资，只不过它是最为被动的投资而已。

在市场下行的时候，很多人所说的“现金为王”，其实就是一种投资。为什么呢？因为在这个时期，大家的收益率都下降了，亏损的概率很高，所以手里拿着现金是一个比较明智的投资策略。但持有现金根本就不是一个万事大吉的事情，很多时候它的收益率可能是负的收益率。比如，市场上通货膨胀率很高，物价上涨，钱渐渐缩水，货币购买力下降，持有现金就意味着亏钱，收益率就是负的。

第二节　金融投资原则——鸡蛋不要放在一个篮子里

投资者可以根据自己的风险偏好，构建包括股票、债券、基金、保险等各种各样金融产品在内的投资组合，但“不要将所有的鸡蛋放在同一个篮子里”，当然应该注意：如果每一个装鸡蛋的篮子都是破的，那么分散投资也就没有意义。因此，进行投资选择时，既要选择多个篮子，又要选择其中质量较好的篮子。

一、金融投资选择的原则

面对市场上琳琅满目的金融产品，作为投资者应如何进行选择，在进行金融投资时需要遵循的三大原则。

1. 收益与风险均衡原则——善用投资组合

投资收益是指投资者通过购买金融产品而获取的收益，投资收益主要包括两个部分：收入收益和资本利得收益。

投资风险是指投资者在进行投资行为时，可能会遭受一定损失的可能性。由于金融产品的价格受到众多因素的影响，如系统性风险中的政策因素、市场因素、利率因素等，非系统性风险中的公司经营状况、财务状况、高管构成等，都会对金融产品的价格造成一定的影响。不同类型的金融产品，投资风险大小存在较大差异，投资者应根据自身的风险承受能力进行金融产品的选择。

金融投资过程要坚持收益与风险相匹配原则。根据投资者的类型不同，在投资过程中，选择的金融产品也不尽相同。对于风险偏好者，愿意以承担较高的风险为代价来获取较高的收益，可以选择高风险、高收益的成长期股票或者期货、期权等金融衍生工具。对于风险厌恶者，可以选择风险较低、收益稳定的国债、蓝筹股等作为投资对象。

拓展园

假设某位投资者为风险偏好者，对以下表中的几种金融产品，该投资者应如何选择？

金融产品风险收益表

金融产品	收益率（%）	风险	期限（年）
科技股 A	10	高风险	无限期
蓝筹股 B	6	中高风险	无限期
国债 C	5	低风险	3
大额存单	4.5	中低风险	1

2. 分散投资原则——鸡蛋不放一个篮子

所谓分散投资是指把资金分散的投资在不同的金融产品上，各个金融产品之间不完全相关，通过这种方式来降低所面临的风险。在进行分散投资的过程中，投资者可以遵循两点：第一，构建包含多种金融产品的投资组合，比如股票、债券、基金、期权、期货、存款等；第二，同种类型的金融产品也应进行多样化投资，比如在不同股票间进行分散投资。总之，“不要把所有的鸡蛋放在一个篮子里”。

小案例

王某该如何投资

投资者王某手中有20万元资金可用于投资。有以下几种方案可供选择：

方案一：可将20万元资金全部购买目前表现良好的上市公司A的股票；

方案二：用10万元资金购买目前处于成长期的股票A，用10万元购买处于成熟期的蓝筹股B；

方案三：10万元用以股票投资，5万元用于债券投资，其余的投资于货币市场工具。

在上述案例中，方案三更为合理。一是分散投资可以有效地避免投资者的资金被全部套在一个或几个未来市场行情可能较差的投资里；二是金融产品的价格受到众多因素的影响，任何投资者都不能准确地预测金融产品未来的价格走势，在这种情况下，跨时间段的分散投资可以有效规避风险；三是在有能力的情况下，投资者进行跨国分散投资，可以很好地分散单个市场风险。

3. 价值投资原则——寻找价值与价格的差异

价值投资原则的前提是投资者寻找市价低于其内在价值的有价证券，这种类型的有价证券可以长期持有，直到内在价值已经低于有价证券的市价时卖出。对于投资者来说，在构建投资组合的过程中，要从基本面出发，分析投资组合中每种有价证券的内在价值，找出市场上价值被低估的有价证券并长期持有，以期获得合理的投资回报率。

拓展园

价值投资的威力——鸡汤和鸡蛋的故事

假设你去市场上买了一只母鸡，花费大约50元。如果选择长久的价值投资——等鸡下蛋。把母鸡买回来成本是50元——一锅鸡汤而已。如果是放在家里下蛋，则可以创造出源源不断的价值。按照生物学家给出的答案，一只母鸡一年可下蛋200—250个，鸡的寿命大约是7年，产蛋率从第三年会逐渐下降，因此母鸡一生能产蛋1000—1500个。取中间值1200个鸡蛋，每个鸡蛋按1元钱计算，一只母鸡可以创造出1200元的经济价值。从50元到1200元。一只母鸡用不同的存在方式让她的身价实现一个华丽的转身。通常听到“一只会下蛋的金母鸡”来形容一个高回报的投资项目。

假设存5000元本金，当年利率为10%，单利是在5000元的基础上产生利率，而复利的产生基础不仅是5000元，还要算上5000元的第一年利息500元，等于在5500元基础上产生10%的利息。也就是说，第二年单利的利息仍是500元，复利的利息却是550元。三年后，单利的利息是1500元，复利的利息合计则是1655元，此时差别便显现出来了。所谓滴水成河、聚沙成塔说的就是这个道理。只要懂得运用复利，6万元变成100万元也不是梦。6万元的本金每年10%的收益复利增长，30年后就变成了104万元。不管是谁，花多少钱与巴菲特共进午餐，他都会再三强调他的投资秘诀——“复利效应”。他本人正是通过20.5%的复利增长，40年后成就了450亿美元的财富。

资料来源：简书网，https://www.jianshu.com/p/c6f654212866。

二、金融投资步骤

1. 步骤一：认识金融投资工具的特点

金融工具在实际应用过程中具有流动性、风险性、收益性三个特点。流动性是指金融投资工具在短时间转变为现金而在价值上不受损失的能力，又称“变现力”；风险性是在指在进行金融投资的过程中，本金可能会遭受损失；收益性是指金融工具能够定期不定期地给持有人带来收益。

2. 步骤二：了解投资风险偏好

不同的投资能力，投资者可以承受的风险程度也是不同的。投资某个产品，可以承受的损失是多大，这就需要了解自己的风险偏好，这样对选择投资工具的时候也是很有必要的。

拓展园

不同的人有不同的风险偏好

根据对风险的态度，可以把人分成三类：风险厌恶（规避）者，风险中立者，风险爱好（追求）者。

绝大多数人是厌恶风险的，但也有喜欢风险的人。比如，有的人认为，游戏可以赢钱这个事情很刺激，50%的概率赢100元，比确定的50元对他的吸引力更大，这种人叫作“风险爱好”，这种类型的人就会更加关注那种小概率赢大钱的事情，如赌场里的常客就常常倾向于那些高风险、高回报的事情。当然这种风险偏好者还包括很多创业者。

除了风险爱好和风险厌恶以外，还有一种人追求“安全性、流动性、盈利性”三性合一，保持资本、风险、收益的动态平衡，自上而下贯穿稳健、适中的风险偏好，这种人称为“风险中立者”。

3. 步骤三：为金融资产风险定价

金融资产的价格，实际就是金融资产所蕴含的“风险”的价格。金融资产的核心就是“替风险定价”。那么如何为风险定价呢？风险可分为系统性风险和个体风险。个体风险可以分散，无须从全局考虑风险补偿，所以金融资产定价的核心就落在不可分散的系统性风险定价上面。整个学界和业界的主要任务就是找到能代表系统性风险的一般性因素，在理论和实践上验证这些因素，计算出每个因素应该赋予的价格，这就是资产定价。投资市场风云莫测，特别需要投资者耗费更多的时间精力去管理，实时的对其进行监控和价格评估，调整投资策略。

拓展园

无风险资产真的无风险吗?

国债就是无风险资产，这种说法究竟对不对呢？从严格意义上说，既对又不对，比如：美国国债是无风险资产，希腊国债也是无风险资产，难道它们的风险是一样的吗？希腊的国债2012年出现违约。这算不算风险呢？“无风险资产”本身是一个带有欺骗性的概念。金融代表资金的融通，未来的现金流，意味着不确定性，所以纯粹的无风险资产是不存在的。人们只是用收益的不确定性和违约风险比较低的资产去当作“无风险资产”的替代品而已。在现实生活中，用短期国债指代无风险资产，意思是说对于企业、个人而言，国债的违约风险比较低。

4. 步骤四：恪守金融投资原则

投资是一门艺术，也是一门科学。当掌握着各种投资工具时，由于每种工具的特性不同，也就没有所谓共同的成功法则了。但是，在投资过程中每位投资者都应该有自己的投资原则。投资需要从实际出发，多分析，多思考，进行分散投资，价值投资，持之以恒的投资，以实现收益最大化。

第三节 投资风险管理——控制风险，理性投资

在金融投资过程当中，大多数人往往是把风险放在第一位的，主要的风险类别有信用风险、市场风险、流动性风险、法律风险及战略风险等。评估风险，控制风险，理性投资。

一、投资风险类型

风险就是在特定的时间范围及环境条件下，某种事件结果（获益或损失）发生的不确定性。投资无处不在，风险也无处不在。

小案例

盲目入市　血本无归

做建材生意的张先生，在生意繁荣的时候赚了上千万元。一次饭局中张先生无意中听客户说股市赚钱很快，有的人几个月就赚了一倍，还有分析师帮忙推荐分析股票，不由得动了心。2017年年底，他将100万元投入股市试水，没想到短短几天就赚了几万元，这激发了张先生对股市的浓厚兴趣。这样摸爬滚打了几个月，张先生赚到了十几万元。2018年年初，张先生将手中1000万元一次性投入到了股市，并且办理了融资业务，从证券公司融资1000万元，一起买入几只股票。没想到买入

后大盘开始持续下跌，张先生既无投资经验，又没学会止损，半年下来，投资的股票阴跌不止，几年生意攒下的血汗钱，亏得血本无归。更让他难受的是，家里亲戚听信了他的话，借钱炒股，也赔得倾家荡产。

投资者在进行证券投资之前一定要认清“高收益必定和高风险相伴随”这个铁律，不要幻想到股票市场可以实现一夜暴富。

投资风险就是在投资中可能会遭受收益损失甚至本金损失的风险。投资风险种类很多，主要有信用风险、市场风险、流动性风险、法律风险及战略风险等。

1. 信用风险

信用风险指借款人或信贷方因种种原因，不愿或无力履行借贷合同条约而导致违约，致使投资者或者银行等放款方遭受损失的风险。比如，把现有资金以借贷的方式借给了某人（公司或个人），但对方由于经营管理不善而大幅亏损，或产品滞销、资金周转不利等种种原因导致违背债务契约不能按期还本付息，这时信用风险就发生了。一般说来，借款人的经营风险越大，信用风险就越高，风险的高低与收益或损失的高低呈正态分布关系。

2. 市场风险

市场风险主要是指基础资产市场本身因利率、汇率、股票、商品变动等各种因素影响而引起的证券价格、商品价值发生不利变动的风险。通俗来讲，购买了一只股票，其后其股价下跌，由此经济蒙受损失，这就是市场风险。市场风险主要包括利率风险、汇率风险、股票风险以及商品风险等。市场风险基本属于系统性风险，相对于信用风险而言具有数据充分和易于计量的特点，更适合采用量化技术分析加以控制。

3. 流动性风险

流动性风险一般指银行在某一时期内无力因负债的减少或资产的增加及时获得充足的流动资金用以支付到期债务或变现资产的风险。我们知道商业银行可以看作存贷两方的中介金融机构，但绝大多数情况下银行随时可持有的用于支付需要的流动资金其实只占银行资产总额的很小一部分，假设某一商业银行短期内有大量的债权人同时要求兑现债权，又或者有大量的存款人同时要求提取存款，商业银行就有可能面临流动性危机，较严重时甚至可以致使银行倒闭。简单来讲，流动性风险就是银行短时期内资金出现流动困难，从而影响其资金运转能力。与信用风险、市场风险相比，流动性风险形成的原因更加复杂和广泛，通常被视为一种非系统风险及系统性风险相交叉的综合性风险。

知识窗

风险敞口

风险敞口（Risk Exposure）：通俗来讲，就是金融活动中可能承受的未加保护的风险。

汇率风险敞口：比如收入是日元，但有一笔美元的借款要还，且没有做任何对冲的交易（如远期外汇买卖或外汇掉期等），因此就有了一个日元对美元的汇率风险敞口。

信用风险敞口：比如买了一个公司的债券，由于公司债权有信用风险，而且没有做任何对冲的交易（如信用违约掉期等），因此就有了一个信用风险敞口。

利率风险敞口：比如买了一个固定利率的债券，而且没有做对冲交易（如利率互换），就要承担利率风险，因此就有了一个利率风险敞口。

二、投资风险评估

投资风险评估是在对投资风险进行识别和衡量的基础上，从整体考虑投资所面临的各方面风险以及不同风险之间可能存在的相互作用、相互影响和对投资活动所带来的影响，以对投资风险的综合状况进行总体的认识、评价的过程。

识别投资风险的方法有很多，主要有流程图法、财务报表分析法、现场调查法、事故树分析法和专家论证法等，这些方法各具特色，又同时拥有自身的优势和不足，在具体的投资风险识别中，需要灵活运用各种投资风险识别方法，及时发现各种可能引发风险事故的风险因素。

知识窗

财务报表分析法

通过一定的方法分析企业的资产负债表、利润表、现金流量表等相关的支持性文件，以分析企业的财务状况，以此来识别投资活动的潜在风险。

现象思考

不懂风险识别，“财商”变“财殇”

大家都知道“你不理财，财不理你”，目前市面上各种投资理财工具让人眼花缭乱，一旦选择不慎，钱就会越理越少，甚至血本无归。现实中因为盲目投资导致血本无归甚至破产的千万富翁、亿万富翁不在少数，2019年因为投资了ST长生、ST海润、乐视网、ST康美等股票的投资者，因投资踩“雷”遭受重创，“眼看他起高楼，眼看他楼塌了”这种剧情一再上演。

投资有风险，在投资路上有大大小小的“坑”，投资是一门必修的功课，害怕风险过于保守自然是赚不了钱，只有在懂得识别和规避风险的基础上做科学的投资规划，才能让自己的资产真正保值、增值。

三、投资风险管理

1. 风险管理流程

风险管理是经济单位通过对风险的认识、衡量和分析，选择最有效的方式，主动地有目的地、有计划地处理风险，以最小的成本，争取获得最大安全保障的方法。风险管理流程通常分为以下五个流程①（见图8-1）：

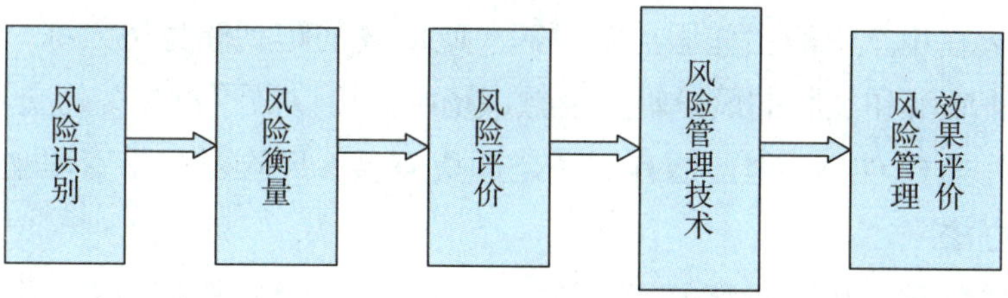

图8-1　风险管理的基本流程图

（1）风险识别。风险识别是指对企业、家庭或个人面临的和潜在的风险加以判断、归类和对风险性质进行鉴定的过程，即对尚未发生的、潜在的和客观存在的各种风险系统地、连续地进行识别和归类，并分析产生风险事故的原因。识别风险主要包括感知风险和分析风险两方面内容。

（2）风险衡量。风险衡量是在风险识别的基础上，通过对所搜集的大量资料进

① 王媛：《保险原理与实务（第二版）》，北京交通大学出版社2019年版。

行分析，利用概率统计理论，估计和预测风险发生的概率和损失幅度。

（3）风险评价。风险评价是指在风险识别和风险估测的基础上，对风险发生的概率、损失程度，结合其他因素进行全面考虑，评估发生风险的可能性及其危害程度，并与公认的安全指标相比较，以衡量风险的程度，并决定是否需要采取相应的措施。

（4）选择风险管理技术。其分为控制型和财务型两大类。控制型的目的是降低损失频率和减少损失幅度，重点在于改变引起意外事故和扩大损失的各种条件。财务型的目的是以提供基金的方式，对无法控制的风险做财务上的安排。

（5）风险管理效果评价。风险管理效果评价是指对风险管理技术适用性及收益性情况的分析、检查、修正和评估。风险处理对策是否最佳，可通过评估风险管理的效益来判断。

效益＝安全保障÷成本＝对策减少的损失÷所需费用＋机会成本

2. 分险管理策略

（1）风险分散。在进行投资选择时，尽可能地将投资类型分散于几个不同的领域，这样可以防止因过于集中某一类领域出现收益下跌时所带来的资金风险。"不要将鸡蛋放在同一个篮子里"形象地说明了这一策略。比如，我们可以合理地将投资资金分散于债券、基金、股票、外币等不同的投资项目上，进行风险分散。

（2）风险对冲。风险对冲是指通过投资或购买与标的资产收益波动负相关的某种资产或衍生产品来冲销标的资产潜在损失的一种策略性选择。买入一种金融产品的同时，卖空另一个和它价格变动相连的产品来规避风险。这个词听上去很专业，实际上你天天在用。喝酒会先服点解酒药，吃大餐前跑到健身房大练一场，不都是为了对冲防止喝醉和长胖的风险吗。金融市场中，可以做"对冲"的交易有很多种，如外汇对冲、期权对冲，但最适宜的还是期货交易。风险对冲是管理金融投资风险非常有效的办法。

（3）风险转移。风险转移是指一些单位或个人为避免承担损失，有意识地将损失或损失有关的后果转嫁给另一些单位或个人去承担的风险管理方法。如购买保险、购买保险就是投保人与保险公司订立保险合同，投保人交纳保费，将个人面临的财产风险、人身风险和责任风险转移给保险公司。这种风险管理方法，有许多优越之处，是进行风险管理最有效的方法。

（4）风险补偿。风险补偿是指事前（损失发生以前）对风险承担的价格补偿。对于那些无法通过风险分散、风险对冲或风险转移进行管理，又无法规避、不得不承担的风险，投资者可以采取在交易价格上附加风险溢价，即通过提高风险回报的方式获得承担风险的价格补偿。

拓展园

P2P的金融逻辑

P2P网络借贷是指个体和个体之间通过互联网平台实现的直接借贷。概念中的个体包括自然人、法人和组织，P2P网络借贷平台上发生的直接借贷行为属于民间借贷范畴，P2P网络借贷平台为投资方和融资方提供信息交互、撮合、资信评估等中介服务。

在2013年到2014年一年多时间里，中国金融市场出现了3000多家P2P平台，那时市面上充斥着各种P2P理财产品。2015年以后，像e租宝、大大集团等平台暴雷，投资者损失惨重，互联网金融监管趋严。2016年有1700多家停业退出或跑路清盘了，剩下了1300多家，P2P经历了一个大浪淘沙的过程。

P2P平台为什么会频繁出事呢？有监管的问题，更为关键的是它背后的金融逻辑问题。P2P做的是个人对个人的贷款业务。贷款业务的核心是什么？是了解借款人的资质，包括还款能力、还款意愿。那么这个业务通过线上完成是否真实安全？通过借款人的填表或者通过借款人在网上留下的数据信息来分析完成，目前在我国征信体系不完善的情况下是非常困难的，有三个原因：第一，互联网没有办法自动甄别信息的真伪；第二，P2P作为信息中介，只收取信息中介费，这个费用和存贷差比微乎甚微，很难覆盖贷款业务的成本；第三，P2P做的小额和微额贷款，通常是传统银行不愿意做的高风险、高成本业务。目前很多P2P平台缺乏互联网征信技术和金融专业人才，所以无征信数据无风险控制，怎么可能不出问题呢？

互联网金融的本质还是金融，而金融的核心是风险控制。风险控制是要非常专业的人员在十分规范的操作下才能完成。以为P2P代表互联网金融核心新业态亟须严格监管，正因为政府对互联网金融的监管不力，才使互联网金融在我国迅速崛起，同时由于无门槛、无标准和无监管，让像e租宝等无良平台借机坑蒙拐骗，因此监管部门必须通过严格的监管标准来去伪存真来保护行业的发展。投资也是一门专业的技能，作为普通的投资者，没有一定专业的金融投资知识，盲目地参与高回报的投资而忽视风险是非常危险的。

【体验与思考】

一、小组讨论

1. 投资者在选择购买理财产品时，应重点注意哪些信息？

2. 登录互联网金融门户、网贷之家等网站，查阅我国互联网金融发展现状及并预测我国互联网金融未来的发展趋势。

二、技能实训

以小组为单位，测量各自的风险偏好，并且讨论不同的风险偏好该如何选择投资品。

风险偏好测试表

1. 投资 60 天后，价格下跌 20%，假设所有基本情况不变，你将怎么做？		
a. 为避免更大损失，抛掉再重新选择	b. 什么也不做，静等收回投资	c. 再买入，这正是投资的好机会
2. 投资 60 天后，投资下跌了 20%，但它是资产组合的一部分，用来在不同的时间段上达到投资目标。		
2–1. 如果投资目标是 5 年以后，你怎么做？		
a. 抛出	b. 什么也不做	c. 买入
2–2. 如果投资目标是 15 年以后，你怎么做？		
a. 抛出	b. 什么也不做	c. 买入
2–3. 如果投资目标是 30 年以后，你怎么做？		
a. 抛出	b. 什么也不做	c. 买入
3. 在你买入退休基金 1 个月后，其价格上涨了 25%，同样，基本条件没有变化，沾沾自喜之后你怎么做？		
a. 抛出并锁定利润	b. 保持卖方期权并期待更多收益	c. 更多的买入，因为可能还会上涨
4. 你的投资期限长达 15 年以上，目的是养老保障，你更愿意怎么做？		
a. 投资于货币市场基金或保证投资合约，放弃主要所得的可能性，重点保证本金安全	b. 一半投入债券基金，一半投入股票基金，希望在有些增长的同时，还有固定收入保障	c. 投资于不断增长的共同基金，其价值在该年可能会有巨幅波动，但在 5 年或 10 年之后有巨额收益的潜力
5. 你刚刚获得一个大奖，但具体哪一个由你来定？		
a. 2000 美元现金	b. 50% 的机会获得 5000 美元	c. 20% 的机会获得 15000 美元
6. 有一个很好的投资机会，但是你需要借钱你会接受贷款吗？		
a. 绝对不会	b. 也许	c. 会的
7. 你所在的公司要把股票卖给职工，公司管理层计划在 3 年后上市，在上市之前，你不能出售手中股票，也没有任何分红，但上市时你的投资可能会翻 10 倍，你会投资多少钱买股票？		
a. 一点也不买	b. 两个月的工资	c. 四个月的工资
风险容忍度评分： 按照以下方法将你的答案乘以不同的系数相加，就会得出测试结果。		
a:1 分	b:2 分	c:3 分
评分标准：		
9—14 分 保守的投资者	15—21 分 温和的投资者	22—27 分 激进的投资者

三、调研报告

请分组对学生进行微信理财通中理财产品投资情况的调查，并根据结果为同学编写一份合理投资，防范风险的材料。

主题九

基本生存与生活品质的保证

——社会保障与商业保险

风险无处不在、无时不在。社会保障和风险管理可以实现风险对冲。社会保障是国家惠及民生而建立的社会保障制度，强调社会效益；商业保险是基于商业经营而建立的个别契约经济关系，是经济的“助推器”和社会的“稳定器”。

案例导入

无时不在的风险，无处不在的保险

2008年5月12日，四川汶川发生大地震，造成的损失在8000亿元左右。据保监会发布的《“5·12”汶川特大地震保险理赔工作基本完成》显示，保险业合计支付地震赔款16.6亿元人民币；仅平安产险一家公司赔付汶川地震最大的一笔赔款达7.2亿元人民币。

太空探索风险巨大，中国人寿保险公司为杨利伟个人提供了500万元的人身保险，为所有入选的宇航员及其配偶和子女以及宇航专家提供了高达1390.8万元的人身保险。其中，宇航员训练期间100万元/人，执行任务期间200万元/人，飞行期间500万元/人，航天专家100万元/人。

第一节 风险有多险——风险与保险

天有不测风云，人有旦夕祸福，风险无处不在；居安思危，有备无患，保险是最为典型的风险管理制度，是现代社会应对风险的常用手段之一。

一、风险——天有不测风云，人有旦夕祸福

1. 风险不确定，具有客观性

风险是偶然事件的发生引起损失的不确定性，是不以人的主观意志为转移的客观存在，风险发生与否、损失多少、何时何地发生都是不确定的。随着科技进步和经营管理的改进，人们认识、管理和控制风险的能力在不断增强，人们在社会经济活动中所面临的自然灾害、意外事故、决策失误等风险可以得到一定程度的有效控制；但是，从总体上说，风险是客观存在的，不可能完全消除。人可以预测地震发生，却不能抑制它发生，虽不能控制其造成的损失，但可以通过投保等风险管理来补偿个体的损失。

风险的存在会给人们带来利益损害，这是所有保险产生的基础。任何事物如果没有任何风险自然也就用不着保险。导致风险产生的因素主要有自然风险、社会风险、政治风险、经济风险等。

风险事件一旦发生，就会引起损失，也就是说，风险是通过风险事故的发生来导致损失的。而风险因素是引起或增加风险事故发生的机会或扩大损失幅度的原因和条件。风险因素引发风险事故，而风险事故导致损失。

2. 风险管理可以对冲风险

人类面临种种风险，但可以不断地认识风险、管理风险、减少或降低风险造成的损失并有可能使收益最大化。人类的发展史就是风险管理的历史。在一定程度上说，为应对生存风险，群居与劳动工具的生产就是人类最原始的风险管理方式。

知识窗

风险管理的起源

企业风险管理的理论与实践在19世纪50年代产生于美国。第二次世界大战后，美国和世界许多国家一样经济发展迅猛，随着市场竞争加剧、各种社会政治和法律不断变化等，经济社会各种变数不断增多，各种不确定因素增加，导致组织面临的风险日益增多，损失后果日益严重。于是，美国铁路和钢铁行业的一些大企业开始加强风险管理，出现了专业“保险经理”的职位，保险成为人类选择的有效风险管理方式。

风险管理就是每一个经济单位通过对风险的认识、衡量和分析，以最小的成本谋取最大安全保障的管理方法。这里的各个经济单位，可以是社会上的每一个人、家庭、企业，以及其他法人团体。进行风险管理，就是在风险事故发生之前，识别面临的各种风险以及分析风险事故发生的潜在原因，衡量风险的大小（如测量风险导致损失的频率、损失大小情况等），对风险做出合理评价，进一步选择适当的风险管理方法，以达到降低风险损失。

人类面对多种风险，保险是个人和家庭的有效风险管理手段。但并不是所有的风险都可以通过保险的方式来转移。

3. 不是所有的风险都是可保的

可保风险是指符合保险人（即通常所说的保险公司）承保条件的特定风险。尽管保险是人们管理风险的一种方式，能为人们在遭受损失时提供经济补偿；但并不是所有破坏物质财富或威胁人身安全的风险，保险人都愿意承保。它必须符合一定的条件：一是只能是纯粹风险。有损失的可能又有获利可能的风险叫“投机风险”，如炒股风险，只有损失的可能而无获利可能的风险叫“纯粹风险”，如人身意外风险。保险人可承保的风险都是纯粹风险；二是风险的发生必须具有偶然性；三是风险的发生纯属意外，不是人的主观故意行为所导致的，任何故意行为引起的风险都不可以通过保险来转移，如赌博、故意伤害等；四是风险必须是大量同质（同样）的对象（标的）均有遭受损失的可能性；五是风险的损失必须是可以用货币计量的，就是人身受到的伤害或死亡，也只能是医治等所引起的经济损失或按约定给予的经济补偿（保险金）。

二、保险——居安要思危，有备则无患

保险本意是稳妥可靠的保障，后来延伸成一种保障机制，成为用来规划人生财务的一种工具，市场经济条件下风险管理的基本手段，成为现代金融体系和社会保障体系的重要支柱。

1. 花小钱防大难——保险是什么？

俗话说得好："人在江湖漂，难保不挨刀，事先投有保，消灾化解了。"既然许多风险是不可避免的，具有保险意识的人就可以通过事先交纳一定额度的保险费，来换取保险事故发生给自己带来的损失补偿，哪怕这种损失是不确定的。交纳保险费就是投保，造成损失了保险公司进行赔偿就是理赔，这就是"精明人"的"笨"办法：之所以"笨"是要出资投保，之所以"精明"是因为不得不花呀，"花钱消灾""花小钱防大难"。

知识窗

保险的起源

自有人类以来，各种自然灾害、意外事故就时常威胁着人类的生存与发展，为了寻求防灾避祸、安居乐业之道，萌生了对付各种自然灾害、意外事故的保险思想和一些原始形态的保险做法，中外历史上对此均有记载。我国的仓储制度，历史悠久，就是古代原始保险的一个重要标志；镖局走镖就是我国特有的一种货物运输保险的原始形式。

春秋时期的一耕三余

镖局——以小保大

国外最早的保险思想产生于处在东西方贸易要道上的古代文明国家，如古巴比伦、古埃及、古罗马、古希腊等。《汉谟拉比法典》是一部有关保险的最早法规，基尔特制就是一种原始的合作保险形式，这种行会制度在中世纪非常盛行，欧洲各国城市都有各种行会组织，在此基础上又产生了相互合作保险组织。在各类保险中，起源最早、历史最悠久的是海上保险。正是海上保险的发展，带动了整个保险业的发展，共同海损分摊制度是海上保险的萌芽。

资料来源："保险发展历程"，搜狐网，2018年10月9日。

保险产生和发展的过程表明，保险是基于风险的存在和对因风险的发生所引起的损失进行补偿的需要而产生和发展的。保险是指投保人根据合同约定向保险人支付保险费，保险人对于合同约定的可能发生的事故因其发生所造成的财产损失承担赔偿保险金责任，或者被保险人死亡、伤残、疾病或者达到合同约定的年龄、期限等条件时承担给付保险金责任的商业保险行为。

2. 保险是个宝 ——保险的功能特性

保险从多个方面来看，都应该说是人类生存发展过程中，应对风险而创设出来的一种最具理性、最有亲情、最有高度，又有温度的管理方式。从经济角度看，保险是分摊意外事故损失的一种财务安排，通过事先交纳一定保险费而获得补偿损失或给付保险金的一种经济保障活动，因而具有经济性；从法律角度看，保险是一种合同行为，是双方约定，在一定条件下，一方同意补偿另一方损失的一种合同安排；从社会角度看，保险在一定条件下分担了个别单位和个人所不能承担的风险，体现了"一人为众、众为一人"的互助特性，是社会经济保障制度的重要组成部分，是社会生产和社会生活"精巧的稳定器"，具有主观上明确的"自助性"和客观上事实存在的"互助性"；从风险管理角度看，保险是风险管理的一种方法，现代保险经营是以概率论和大数法则等科学的理论为基础的，保险费率的厘定、保险准备金的提取等都是以数理计算为基础的，具有一定的科学性，是一种相当科学合理的风险防控措施和手段。

3. 保险有差别——保险的分类

保险因保险经营的性质、对象、目的、实现方式以及保险法规规定、历史习惯等不同而划分不同的保险类别，如人身险、财产险、商业险、社会险、自愿保险与强制保险等。

（1）财产险和人身险——按风险管理对象分。财产保险是以财产及其相关的经济利益（如运费、预期利润、信用等）和损害赔偿责任为保险标的保险，主要有海上保险、货物运输保险、工程保险、航空保险、火灾保险、汽车保险、家庭财产保险、农业保险等。人身保险是以人的寿命和身体健康为保险标的，主要有人寿保险、健康保险、意外伤害保险等。

（2）政策险和商业险——按保险经营性质分。政策保险是政府为维护社会秩序或促进特定部门发展按有关法令或政策规定开办的不以盈利为目的的保险，多为贯彻政府的某一项经济或社会政策服务；商业保险是以盈利为目的的商业行为，由商业保险公司经营。

（3）强制险和自愿险——按保险实施方式分。自愿保险是投保人和保险人在平等互利和自愿协商的基础上，通过签订保险合同而建立的保险关系；法定保险又称“强制保险”，在法律规定的范围内，单位或个人都必须依法参加的保险，如旅客人身意外伤害险等。

第二节 惠及每个需要的人——社会保障制度

社会保障制度是现代国家最重要的社会经济制度之一，建立以社会保险、社会救助、社会福利为基础，以基本养老、基本医疗、最低生活保障为重点，以慈善事业、商业保险为补充的社会保障制度体系是体现社会公平正义，满足人民群众差异化需求的需要。

一、社会保障制度——国家顶起那片天

案例导入

没有劳动合同就可以不为员工交社保吗？

广东韶关某公司因劳动争议被仲裁裁决其应为员工阿德补交养老保险22819元，该公司以其未与阿德签订书面劳动合同为由诉至法院。经法院审理查明，阿德在该公司工作了7年半，期间单位既没和他签订劳动合同，也一直没为他缴纳养老保险。双方虽未签订书面劳动合同，但双方事实劳动关系成立。原告作为用

人单位应为其单位职工缴纳社会保险。因此，法院判决原告应按相关规定对被告予以补偿。

资料来源："以未签订劳动合同为由不给职工缴纳保险败诉"，找法网，http://china.findlaw.cn/info/baozhangfa/bzal/1173868.html，2014年12月1日。

养老保险是对员工在老年时失去劳动收入时可以领取养老金的一种社会保障制度安排。社会保障是国家依据一定的法律和法规，对公民在暂时或永久丧失劳动能力以及由于各种原因而导致生活困难时给予物质帮助，以保障其基本生活的制度。其目的是满足全体社会成员基本生活水平保障的需要，本质是通过国民收入再分配，体现社会公平。社会保障是一种普惠制的制度安排。

知识窗

社会保障的产生

现代意义上的社会保障制度是工业化时代推动的社会产物。在大机器生产下，劳动者以工资收入为生，一旦收入中断则生活陷入困境，难以对抗各类风险。19世纪70年代至80年代，世界经济长期萧条，工人的基本生活得不到保障，工人运动风起云涌，以19世纪80年代德国俾斯麦政府颁布并实施的一系列社会保险法令为标志，开启了制度化的社会保障发展改革。经历了发展、成熟、完善、改革等不同时期，各国根据各自的政治、经济和人口环境等因素，形成了各具特色的社会保障制度模式。

1. 社会保障体系怎么建

社会保障制度是现代国家最重要的社会经济制度之一。其目的在于保障全社会成员基本生存与生活需要，特别是保障公民在年老、疾病、伤残、失业、生育、死亡、遭遇灾害、面临生活困难时的特殊需要。这种由国家通过立法、颁布政策而制定的有关社会保险、救助、补贴等一系列制度，统称为"社会保障体系"。

国际上各国社会制度、发展状况等不同因而社会保障体系结构并不完全一致。我国作为处于初级阶段的社会主义国家，社会保障体系虽然还未最终完善，但体系轮廓已经清晰，如图9-1所示。

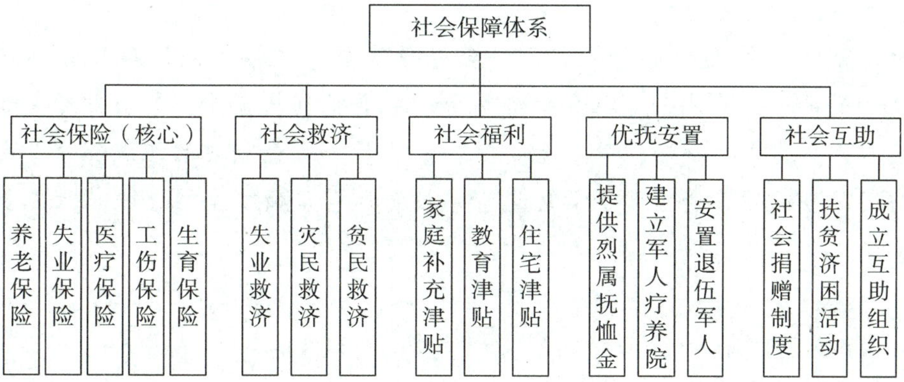

图9–1　我国社会保障体系

在图9–1所示的社会保障体系中，社会保险是面向劳动者的基本保障制度，建立在劳资分责、政府支持的基础上，负责解除劳动者在养老、医疗、工伤、失业等方面的后顾之忧。目前，我国建立起的养老保险、基本医疗保险等是覆盖全社会的社保制度，构成我国社会保障体系的核心内容；社会救济是基础性保障制度，由财政负责供款，面向低收入或贫困阶层，负责为符合条件者提供生活救助、灾害救助及其他专项救助，是政府责无旁贷的职责。当前，我国实行的精准扶贫就是保障那些贫困地区和贫困人口在共同富裕路上不掉队；社会福利主要面向特定群体提供福利津贴、福利设施与社会服务，是需要政府主导、社会参与的社会保障；社会优抚安置是社会保障的特殊构成部分，优抚的对象主要是军人、烈士及其家属等，目的是对做出重大贡献、重大牺牲、无私奉献的特殊人员体现出一定的优待和抚恤；社会互助是指在政府鼓励和支持下，社会团体和社会成员自愿组织和参与的扶弱济困活动，这是我国扶危济困的传统美德和“一方有难，八方支援”互助精神的集中体现。

知识窗

社会保障基金

全国社会保障基金是国家社会保障储备基金，用于人口老龄化高峰时期的养老保险等社会保障支出的补充、调剂。该基金并不是直接向社会保险、养老保险的缴费单位和缴费个人筹集的基金。按照《全国社会保障基金条例》规定：国家设立全国社会保障基金。全国社会保障基金由中央财政预算拨款、国有资本划转、基金投资收益和以国务院批准的其他方式筹集的资金构成。社会保障基金一般按不同的项目分别建立，如社会保险基金、社会救济基金、社会福利基金等，各项目资金专款专用。其中，社会保险基金是社会保障基金中最重要的组成部分。由全国社会保障基金理事会管理运营。投资运营坚持安全性、收益性、长期性。

资料来源：《全国社会保障基金条例》，中华人民共和国中央人民政府网。http://www.gov.cn/zhengce/content/2016-03/28/content_5059035.htm，2016年3月10日。

2. 社会保障中政府责任边界

政府作为公共权力机关，一个很重要的职能就是提供公共产品和公共服务。社会保障作为保障和改善公民基本生活的制度设计，属于公共产品和公共服务的范畴，需要政府参与其中，并发挥领导、引导、主导、监督等重要作用。

政府在社会保障中的责任主要体现在以下几方面：一是制度设计，政府应对社会保障制度、标准、模式、主体责任的划分等做好顶层设计，从源头上体现社会公平；二是健全法制，完善有关社会保障的立法、执法、司法体系，建立良好的法制环境，是社会保障顺利运行的基础；三是财政支持，政府通过固定的财政机制支持社会保障项目运行，是社会保障资金的主要来源，专项支持以及转移支付；四是监督管理，监督管理是保证社会保障体系良性运行的必要条件，要有健全的监督机制和管理机制；五是基金管理，选择合理的社会保障基金筹集模式和投资运营模式，以达到对基金良好高效的管理运用，从而确保基金的安全和保值增值。

需要政府干预，但要有边界。政府过度干预会导致“政府失灵”。在社会保障中政府应当发挥主导作用，应当“有所为”，正视自己的责任，积极承担自己的责任，扮演更为积极的角色；但同时也应当“有所不为”，不要“大包大揽”。

知识窗

最低生活保障

最低生活保障，是指国家对家庭人均收入低于当地政府公告的最低生活标准的人口给予一定现金资助，以保证该家庭成员基本生活所需的社会保障制度。最低生活保障线即贫困线，对达到贫困线的人口给予相应补助以保证其基本生活。

1993年，上海市在全国率先建立最低生活保障制度，1999年10月《城市居民生活最低保障条例》在全国施行，2002年党的十六大提出“有条件的地区探索建立农村低保制度”，特别是党的十六届五中全会提出建设社会主义新农村以后，农村最低生活保障制度迅速在全国各地推广开来。到2007年年底，全国31个省区市的所有涉农县（市、区）都出台了农村低保政策，普遍建立和实施了农村最低生活保障制度。

二、社会保险——谁为我撑起这把伞

社会保险是国家举办的，以解决社会问题，确保社会安定为目的而建立的一种社会保障制度。它保障的对象是劳动者，保险基金来源于用人单位和劳动者的缴费及财政的支持。

1.“五险一金”谁来交

社会保险的对象是劳动者及其家属。在现代社会中，劳动者及其家属面临的风险包括：生、老、病、死、伤、残、失业和家庭困难等，对这些风险的经济保障都是社会保险的范围。但由于各国经济发展水平不同，社会保险实施的范围和内容也有差别，我国的社会保险主要包括养老保险、医疗保险、生育保险、工伤保险、失业保险，合称为“五险”。

（1）谁为我养老——养老保险。养老保险是社会保障制度的重要组成部分，是社会保险五大险种中重要的险种之一。养老保险是国家和社会根据一定的法律、法规，为解决劳动者在达到国家规定解除劳动义务的劳动年龄界限，或因年老丧失劳动能力退出劳动岗位后，按规定每年获得一定收入的一种保障制度。其包括三层含义：第一，养老保险是在法定范围内的老年人完全或基本退出社会劳动后才自动发挥作用的；第二，养老保险的目的是为保障老年人的基本生活需要，提供稳定可靠的生活来源；第三，养老保险是以社会保险为手段来达到保障目的。

（2）我不是药神——医保不可少。医疗保险是一种以职工和单位缴纳的税（费）及政府补助为经费来源的社会保险制度，这种保险负责支付患病职工及退休人员的医疗费用，职工的直系亲属也可享受一定的医疗补助。医疗保险具有社会保险的强制性、互济性、社会性等基本特征。医疗保险制度通常由国家立法强制实施，建立基金制度，费用由用人单位和个人共同缴纳，医疗保险费由医疗保险机构支付，以解决劳动者因患病或受伤害带来的医疗风险。

(3) 丢了饭碗怎么办——失业保险是关键。失业保险是国家通过立法强制实行的，由社会集中建立基金，对由于各种原因中断工作，暂时失去生活来源的劳动者提供一定时期物质帮助，并通过转岗训练和生产自救使其重新就业的社会保险制度。失业保险基金由单位、个人和国家三方共担，在统筹地区统一调度使用，以发挥互济功能。

(4) 善待母亲就是关爱未来——生育保险。我国生育保险待遇主要包括两项：一是生育津贴，用于保障女职工产假期间的基本生活需要；二是生育医疗待遇，用于保障女职工怀孕、分娩期间以及职工实施节育手术时的基本医疗保健需要。关爱母亲，就是关爱我们的未来。

(5) 我不是钢铁侠——我也需要工伤保险。工伤保险是指国家和社会为在生产、工作过程中遭受意外事故和患职业性疾病的劳动者，如受伤、残疾而暂时或永久丧失劳动能力的，失去正常工资收入来源时，生活难以为继，享受工资、医疗救治、伤残补助、生活保障和职业康复等物质帮助的一种社会保障制度。

知识窗

缴纳“五险一金”的用处

“五险一金”是用人单位给予劳动者的几种保障性待遇的合称，“五险”指的是养老保险、医疗保险、失业保险、工伤保险、生育保险，“一金”指的是住房公积金。其中，养老保险、医疗保险、失业保险这三种险及住房公积金是由单位和个人共同缴纳的；工伤保险、生育保险完全是由单位承担的；“五险”是法定的，而“一金”不是法定的。

养老保险是为了老有所养，劳动者交满15年，到了法定退休年龄可以领取退休金；医疗保险是职工生病，用来看病，作为医疗报销、买药使用的；失业保险是职工失业后，领取生活费的，需前提交满一年失业保险；生育保险是职工生育作为生育报销和享受有关待遇的；工伤保险是在职工出现工伤，支付医疗费用或者赔偿有关工伤待遇；住房公积金是符合提取条件可以提取，可以在购买商品房时享受更低的住房贷款利息。

2. 社保基金谁来管

社会保险基金是为了保障保险对象的社会保险待遇，按照国家法律、法规，由缴费单位和缴费个人分别按缴费基数的一定比例缴纳以及通过其他合法方式筹集起来的专项资金。按照保险项目，我国已分别建立了基本养老保险基金、基本医疗保险基金、失业保险基金、工伤保险基金、生育保险基金，各项社会保险基金分别单独核算。社会保险基金按照保险类型确定资金来源，逐步实行社会统筹，基本养老保险基金逐步实行全国统筹，其他保险基金则逐步实行省级统筹。用人单位和劳动者必须依法参加社会保险，缴纳社会保险费。按照《社会保险费征缴暂行条例》规定，社会保险基金不计征税费。

社会保险基金集起来了，但谁来管理是个大问题，它涉及社会保险的管理体制、社会保险基金的营运与监控管理等。各国社会保险管理体制模式差异很大。例如，英国、新加坡等国是实施集中统一社会保险管理模式，德国等实行的是分散管理模式，美国、加拿大、日本等国家采取集散结合的模式管理。我国社会保险的组织管理模式也属于集中管理模式，由人力资源和社会保障部门统一管理，可以更好地发挥制度优势和政府部门管理服务职能。

三、社保改革怎么改——全面建成多层次社会保障体系

社会保障是民生安全网、社会稳定器，与人民幸福安康息息相关，关系着国家长治久安。全面建成多层次社会保障体系，就是要坚持全覆盖、保基本、多层次、可持续的基本方针，按照兜底线、织密网、建机制的基本要求，实现覆盖全民、城乡统筹、权责清晰、保障适度、可持续的目标，更好体现社会公平正义，努力满足人民群众差异化需求。

目前，我国已经形成了以社会保险、社会救助、社会福利为基础，以基本养老、基本医疗、最低生活保障为重点，以慈善事业、商业保险为补充，包括社会优抚、军人保险、住房保障等多层次保障的社会保障制度体系。

第三节　基于契约的多重保障——商业保险

商业保险是社会经济保障制度的重要组成部分，社会保险和商业保险要协调搭配，家庭保障，社保先行，商保殿后。

一、商业保险——以小博大值得买

商业保险是保险公司和被保险人之间，基于契约关系，通过订立保险合同，以营利为目的的保险形式，由专门的保险公司经营。

按双方保险的对象不同，有财产保险和人身保险 。财产保险是以物质财产或可期待利益作为标的，如财产损失险、责任保险等；人身保险保障的是人的生命或身体健康，如人寿保险、意外伤害保险和健康保险等。

二、商业保险的原则——在商言商有底线

现象思考

带病投保该不该理赔

香港某流行歌后2002年的时候，在得知自己得了肿瘤的情况下买了一份巨额保险，保额高达1000万港元。可能由于顾及自己的巨星身份，怕患癌的秘密泄露，所以在买保险时没有如实申报自己病情。2003年歌后去世，保险公司以当时没有告知病情为由而拒赔。

资料来源：保险岛网，2015年8月11日。

1. 最大诚信原则

商业保险有一个金科玉律就是最大诚信原则，即“保险应绝对恪守诚实”。最大诚信原则的内容主要包括告知、保证、弃权和禁止反言。其中，告知与保证主要是对投保人、被保险人和保险人进行约束的规定，弃权与禁止反言则主要是对保险人约束的。

2. 近因原则

近因原则是指保险赔偿以保险风险为损失发生的近因为要件的原则。这里所讲的近因是指造成保险损失事件的最直接起决定作用的原因，而不是指在时间或空间上最接近的原因。

3. 保险利益原则

保险利益是指投保人对保险标的具有的法律上承认的利益。保险利益是保险合同成立的前提。在签订保险合同时或履行保险合同过程中，投保人和被保险人对保

险标的必须具有保险利益的规定。如果投保人对保险标的不具有保险利益，签订的保险合同无效；保险合同生效后，除人身保险合同外，投保人和被保险人失去了对保险标的的保险利益，保险合同随之失效。

4. 损失补偿原则

保险合同生效之后，当保险标的发生保险责任范围内的损失时，保险人给予被保险人的经济赔偿数额，恰好弥补其因保险事故所造成的经济损失，但不能因损失而获得额外收益。损失补偿原则只适用于非寿险。

三、社会保险与商业保险——双保险巧搭配

小案例

学会用商保补充社保

张大姐参加工作23年了，一直在某大型国企担任生产管理干部，公司为她办有五险一金，她个人还在保险公司购买了意外险。2019年3月，张大姐不幸遭受交通事故，肇事方逃逸，张大姐住院两个多月，医疗费共花费9.2万元。不幸中的万幸是，张大姐并没有为此背上任何经济负担。虽然由于交通事故而产生的医疗费在社会保险里得不到报销，但张大姐购买的商业保险可以赔付。

资料来源："商业保险PK社会保险，三大案例看你适合什么保险"，新浪博客，2010年3月17日。

1. 为什么有了社保还需要商业保险

很多人说："我已经有社保，不用再买保险了！"是否正确呢？其实商业保险和社会保险并不是对立的，社会保险是基础，提供的是基本的医疗和生活保障，但社会保险并非万能的，有比较多的限制，比如社保没有生命保额，没有豁免保费的功能，社保只报销《社保药品目录》中的药品，并且起付线比较高、报销比例高低不等、最高限额有限等。因此对于社保不承担

报销责任的医疗费用，参保者仍需自费。“社保能保小，却保不了大”，而商业保险则是在社会保险之外发挥补充，甚至有时候发挥着重要的支撑作用，商业保险能够对社保无法报销的费用以及无法保障的部分进行补充，从而以更大力度帮助人们减轻经济压力。所以说，购买商业保险很有必要。

2. 社会保险与商业保险有啥不一样

实施方式不同。商业保险的实施方式大多采用自愿原则，而社会保险则是法律或行政法规规定的强制性行为。

运营目的不同。商业保险公司经营是要追求利润的，而国家举办的社会保障则是以保障公民生活为目标，不刻意追求盈利。

权利义务关系不同。商业保险遵循等价原则，保险金的给付多少与保费关系密切，一般是多缴多得，而社会保险中的权利和义务并不完全对等。

保障程度不同。商业保险的保障程度可以由投保人自己与保险人协商，可高可低，比较灵活，社会保险的保障程度是由政府决定的，只能保障最基本的生活水平。

社会保险是多层次社会保障体系的主体，商业保险可以作为对社会保险的补充，是社会保障体系的一个组成部分。当资金有限时，要先满足社会保险，因为它的性价比比较高。如果经济条件许可的情况下，还可以再通过商业保险进行补充。不论社会保险还是商业保险，都是抵御风险的一个手段，一个完备的家庭保险计划，社保和商保一个都不能少。

3. 投保的选择顺序：家庭保障，社保先行，商保殿后

社会保险作为政府强制性提供的最基本的社会保障，是每个家庭必备的，是要首先购买的，其次再考虑商业保险。而商业保险种类繁多，在选择时要有先后顺序。人们买保险是为保障“生老病死”，而“生老病死”四个字反过来“死病老生”，恰恰就是买保险的正确选择顺序。放在第一位的就是身价保障高，但是保费又比较低的意外险，几百元的保费就能拥有几十万元的身价；其次是健康险；再次是商业养老保险和孩子的教育成长险。

四、商业保险合同你会签吗

保险合同是投保人与保险人约定保险权利义务关系的协议。根据保险合同的约定，收取保险费是保险人的基本权利，赔偿或给付保险金是保险人的基本义务；与此相对应，交付保险费是投保人的基本义务，请求赔偿或给付保险金是被保险人的基本权利。

1. 保险合同的形式

保险合同的形式，通常有保险人提供固定的格式和内容，其中保险单就是保险人在合同成立后，向投保人或被保险人签发的正式书面保险合同。除此之外，投保单、暂保单、批单、保险凭证也是保险合同的具体形式。

知识窗

投保单：是投保人向保险人申请订立保险合同的书面要约，一经投保人做出承诺即成为保险合同的组成部分。投保人在投保单中所填的内容会影响合同效力。

暂保单：即临时保单，是保险人在正式保险单签发之前，出立给投保人的临时保险凭证。暂保单与正式保险单具有同等法律效力，有效期一般30天，但不是订立保险合同的必经程序，一般用在财产保险中。

保险凭证：是保险人向投保人签发的证明保险已经成立的书面凭证，是一种简化的保险单，又称“小保单”，与保险单具有同等效力，如乘车时购买的意外保险凭证。

批单：是保险双方当事人协商修改和变更保险单内容的一种单证。是保险合同变更时最常用的单据凭证。可以在原保险单或保险凭证上批注（背书），也可以另外出立一张变更合同内容的附贴便条。

2. 保险合同看什么

（1）保险合同当事人。保险合同也就是保单，一般涉及三个“人”：投保人、被保人、保险人。投保人就是出钱购买保险的人，被保人是指保单上保障的人，保险人就是保险公司。

（2）保险责任。保险公司保障什么、在什么情况下可以进行赔付以及如何赔付，是一款保险合同的核心内容。

（3）责任免除。在哪些情况下，保险公司不理赔？一般包括自杀、患艾滋病等，还有保险公司规定的一些其他情况。这些条款会直接影响出险之后的理赔。

（4）合同中加粗部分。保险合同中比较重要的内容，一般都会加粗提醒。比如，被保人需要承担的义务为如实告知、按时缴费等。

保险公司的理赔，都以保险合同为准，购买保险前务必仔细阅读保险合同。

拓展园

“万能险”真的“万能”吗？

在这个上有老，下有小，房贷、车贷都“压力山大”时代，我们都在拼命工作，努力生活，面对“不得不拼的工作”与不能不顾的身体，该如何平衡呢？同步做好财富规划与健康保障应显得尤为重要了。一份投资型保险理财产品，除了生活保障、管理风险，还能获得投资收益，实现财富保值、人身保险等一举多得，其中的“万能险”便具有上述功能。

当然，这个万能险也并不是万能的，首先万能险的收益是不确定的，不知道究竟能赚多少钱，其次会有一些费用产生，不长期持有很难获得收益，如果提前退还会扣除初始费用、风险管理等诸多的费用，将产生巨大损失。

【体验与思考】

一、小组讨论

结合实际，讨论我国社会保险的开展及全社会保障体系的运行状况。

二、技能实训

小王夫妻两人都是某企业职工，两人均有齐全的社会保险，家有一个10岁的女儿，上有两位老人，均已年过60年。请你为该家庭设计一组家庭保险规划方案。

三、调研报告

调查、了解你所在社区居民家庭和个人参保商业保险的情况，并撰写一份调查报告。

主题十

现代人需要的财经法律智慧

——常用的财经类法律法规

经济离不开法律，生活在经济大棋局下的每个人更离不开法律，买房、买车、投资理财、创业就业等，都会遇到各种矛盾和纠纷。无论你是经营者、劳动者、消费者还是财产所有者，法律都会是每一个人的靠山。财经法律常识是每一个人都应该掌握的知识。

案例导入

不良商家藏猫腻，法律为消费者伸张正义

西安奔驰女车主在4S店内，坐在奔驰车上哭诉维权，在网上引起轩然大波，是女车主无理取闹，还是奔驰4S店欺人太甚在先呢？

事件的来龙去脉是这样的：一位女士在奔驰4S店购买的一台新车，还没出店就出现发动机漏油的问题。经多次交涉却被告知不退款不换车、只能更换发动机。被逼无奈的车主只好以“哭闹”的方式维权。事件发酵后，车主拿起了法律武器，拨打“12315”热线投诉，当地工商和质监机构及时介入，奔驰公司也派出工作组进行调查。随着调查深入，新车PDI检查、购车贷款金融服务费等一连串问题浮出水面，发现了不良商家藏猫腻。

假如有一天遇到类似的产品质量问题，是不是也必须坐在汽车引擎盖上哭才能解决？如果一些商家真的奉行“大闹大解决，小闹小解决，不闹不解决”的处事之道，老实人岂不就要吃亏？可以说，在一台漏油的发动机面前，在消费者的合理诉求面前，没有一个商家是局外人，没有一个品牌是旁观者。法律就是维护自身权益的法宝！

资料来源：《人民日报》，2019年4月19日。

第一节　法律为经营者保驾护航

一、公司法——与企业经营息息相关

小案例

三个“臭皮匠”的创梦空间

豆豆、岗岗、菲菲于2016年3月共同出资设立创梦空间有限责任公司。公司章程规定：①公司注册资本100万元。②豆豆以自己名下的一套房屋作价32万元出资；岗岗以自己新型专利作价35万元出资；菲菲以货币33万元出资，2016年12月前缴足。③由于创立之初规模较小，创梦空间不设董事会和监事会，设1名执行董事和1名监事。④豆豆、岗岗、菲菲按照1∶1∶1行使股东会表决权。创梦空间设立后，三人也按照公司章程的规定实际缴纳了出资，并依据公司法办理了相关手续。经历了“十月怀胎”，三个“臭皮匠”的创梦空间终于合法产生了。

什么是公司呢？公司是以营利为目的的、具有独立人格的、按照公司法律规定进行组织活动的企业法人。一个公司从成立到消亡，主要靠公司法来保驾护航。公司法是规定公司法律地位、调整公司组织关系、规范公司在设立、变更与终止过程中的组织行为的法律规范的总称①。

拓展园

一人有限责任公司：我国《公司法》中规定的公司形式有股份有限公司和有限责任公司，在有限责任公司中有一类特殊的形式——一人有限责任公司，既是我们常说的“独资公司”，而我国市场法律主体中还有一类企业名叫“独资企业”。

① 《中华人民共和国公司法》。

股东大会：由全体股东组成的，决定公司经营管理的重大事项的机构。它是公司最高权力机构，其他机构都由它产生并对它负责。

公司章程：公司的“宪法”，是指公司依法制定的，规定公司名称、住所、经营范围、经营管理制度等重大事项的基本文件，也是公司必备的规定公司组织及活动基本规则的书面文件。

资料来源：《中华人民共和国公司法》。

二、专利法——推动发明创造的“灵丹妙药”

小案例

2017年5月创梦空间有限责任公司（以下简称创梦空间）向国家知识产权局申请了一种实用新型专利，2018年5月，在依法缴纳了专利登记费、授权当年的年费、公告印刷费等费用并办妥登记手续后，创梦空间成功获得了专利证书。2018年9月，创梦空间发现一家名为“创想设计”有限公司正在销售的一款产品，与“创梦空间”已申请的实用新型专利的产品一模一样，但“创想设计”有限公司并没有申请该产品类似的专利。“创梦空间”认为“创想设计”有限公司存在侵权行为。

2018年10月27日，创梦空间向市中级人民法院起诉，请求判令“创想设计”有限公司：①立即停止侵权行为，即停止生产、销售创梦空间拥有专利权的产品；②销毁用于生产侵权产品的模具、侵权产成品、半成品及其零部件，销毁许诺销售的侵权产品宣传资料；③连带赔偿其经济损失20万元。

专利法是什么呢？它是确立专利权人的各项权利和义务的实体法，又是调整申请、取得、利用和保护专利过程中发生的各种社会关系的法律规范的总和。为了保护专利权人的合法权益，鼓励更多的人投入到发明创造中，推动发明创造的应用，提高创新能力，促进科学技术进步和经济社会发展[①]，专利法应运而生。

① 《中华人民共和国专利法》。

知识窗

专利权：是指法律赋予权利人对其发明创造在一定期限内享有的专有权利，但并非所有的发明创造都能被授予专利权，《中华人民共和国专利法》所指的发明创造包括发明、实用新型和外观设计三类。在专利有效期内，未经专利权人的许可，以营利为目的的实施他人专利就是侵犯专利权的行为，通常有未经专利权人许可实施专利和假冒专利两类。

专利权的主体：是指依法享有专利权并承担与此相应义务的专利权获得者。

专利权的客体：获得专利法所保护的发明创造。

资料来源：《中华人民共和国专利法》。

小案例

5G时代，中国华为开始挑大梁了

2019年第一季度，中国5G专利数占比高达34.02%，遥遥领先于其他国家。在其他国家中，美国仅占14%，韩国占24%，日本占5%。光是华为一家企业，5G专利占比就高达15.05%，比整个美国还要多。未来即便是华为的手机不卖到美国，美国仍然要给华为缴纳专利费。如今国产手机在3G、4G领域仍然需要向高通缴纳巨额的专利费，美国打压华为设备，但打压不了专利，打压不了正在崛起的中国科技！在5G技术专利申请上，中国遥遥领先于其他国家，展现了一个技术强国的风采。相信以后中国崛起的速度将会更快！在越来越多的领域，中国都可以成为引领者和主导者。

现象思考

《我不是药神》——救命“假药”背后的思考

2018年徐峥主演的新片《我不是药神》持续刷爆朋友圈。徐峥饰演的“药贩子”程勇，卖“印度神油”，事业一无所成，离婚了还能在

律师面前打老婆。就在程勇穷途末路时，一个骨瘦如柴、形容枯槁的白血病病人吕受益，请程勇代购便宜的印度仿制药（和正版药效果差不多），价格相差10倍的“格列宁”，于是引发了无数法律和伦理的挣扎。为什么印度的仿制药品比国内便宜那么多？专利恐怕又要当“背锅侠”了。

三、合同法——商事交易中重要而基础的契约规则

小案例

创梦空间遭遇骗局

创梦空间成立后，豆豆大学好友小丁找到了他，说手头有一批价廉物美的办公桌椅可以用超优惠价卖给豆豆。小丁要求豆豆先支付2万元定金，豆豆问起什么时候签合同时，小丁说：“咱俩这么好的兄弟，还要签什么合同呀？”豆豆虽然觉得说不出的不对劲，但又放不下面子。于是在没有签订合同的情况下，豆豆将2万元转至小丁的账户。接下来，办公桌椅并未如期送来，小丁也消失了。豆豆这才发现被骗了，追悔莫及。

评析：豆豆遭遇骗局的一个重要原因是法律意识薄弱，期望用信用来解决问题。开公司做生意，买东西需要正规的流程和签订购销合同，用法律手段维护自身权益更是不可缺少。

什么是合同呢？合同（Contract），又称为契约、协议，是当事人或双方之间设立、变更、终止民事关系的协议[①]。依法成立的合同从成立之日起生效，具有法律约束力。合同法是为了保护合同当事人的合法权益，维护社会经济秩序。大学生创业初入社会，有时会落入“人情”陷阱，提醒大家要签订正规的合同，学会用法律手段维护自身权益。

① 财政部会计资格评价中心：《经济法》，中国财政经济出版社2016年版。

拓展园

经济活动有哪些常见的合同

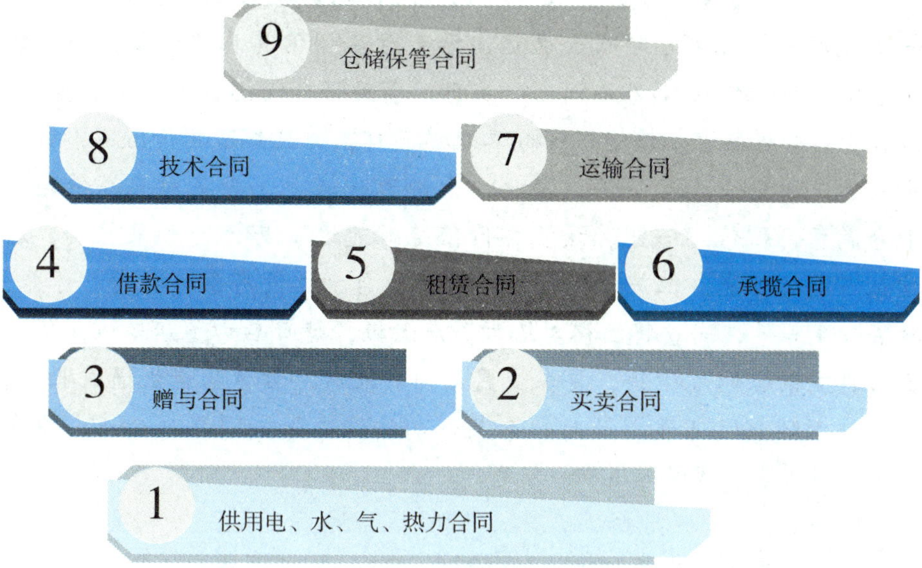

知识窗

定金与订金

定金：是在合同订立或在履行之前支付的一定数额的金钱作为担保的担保方式。对于买卖双方来说，定金具有两个作用，不但可以作为合同成立的证明，还对合同起到担保作用。例如，双方合同对违约的处理方法没有明确约定时，若给付方违约时，无权要求接受方返回定金；若接受方违约，应双倍返回给付方所支付的定金。

订金：一般被视为预付款，即使认定为一种履约保证，这种保证也是单方的，它只对给付方形成约束，即给付方对接受方的保证。若接受方违约，只能退回原订金，得不到双倍返还；若给付方违约，接受方会以种种理由把订金抵作赔偿金或违约金而不予退还。

小案例

该古董买卖合同是否有效

李某本人专爱收藏，并且具有相当的古玩鉴赏能力。其家中收藏有一商代酒杯，但由于年代太久远，李某无法评估其真实价值，而只能大略估计其价值在10万元以上。某日，李某将其酒杯带到一家古董店，请古董店老板鉴赏。店老板十分喜欢该酒杯，并且知道其价值不下百万元，于是提出向李某买下该酒杯，出价为50万元。李某对此高价内心十分满意，但仔细一想，该酒杯价值绝对超过50万元，如果拍卖，超过百万也有可能。但苦于拍卖成本过高，自身也没有条件拍卖。于是，李某心生一计，同意将酒杯卖给古董店老板，待日后古董店老板高价卖出后再主张合同可撤销，要求变更合同。果然，古董店老板通过拍卖，酒杯被卖到1000万元。此后，李某便向法院主张合同显失公正，要求古董店老板至少再补偿其900万元。

试分析：

（1）李某与古董店老板的合同是否成立？是否有效？

（2）李某的请求是否具有法律依据？为什么？

（3）法院应如何处理？

解析：

（1）李某与古董店老板的买卖合同已经成立，双方意思表示真实并且一致，合同有效。

（2）没有法律依据。《中华人民共和国合同法》规定，显失公正的合同属于可撤销或可变更合同。本案中的买卖合同不属于此种情况。首先，李某具有相当的古玩鉴赏能力，虽然他不知道酒杯的真实价值，但内心已经知道其价值绝对超过50万元，在此情况下，他仍然将酒杯卖给古董店老板，法律上就应该推定其意思表示真实有效，而不属于因缺乏经验导致判断失误的情形；其次，李某将酒杯卖给古董店老板的时候，就已经准备事后主张合同变更，因此当然不存在被骗或者失误的情形，相反，李某心知肚明。因此，本案不属于合同显失公正；最后，李某主张合同显失公正属于恶意，不应得到支持。

（3）根据上面分析可知，法院不应支持李某的请求，应认定合同有效。

四、证券法——你投资，我保护

对于公司企业来讲，资金如同其命脉、血脉，仅仅依赖自身留存利润获得的资金支持毕竟有限，想要发展壮大则需要更多的外部资金支持。与此同时，社会上部分持有闲散资金的人也希望通过一定的途径更有效地利用资金。如果在该种情况下资金供求双方等能够完美匹配，就可达成融资交易。证券就是一种典型的融资工具，包括发行股票——以股权换取投资者出资，以及发行公司债券——以债权筹集资金，都是《中华人民共和国证券法》中规定的最主要的证券形式。

证券法如何保护投资人和融资者呢？融资者或资金需求方相对投资者来说往往具有信息优势，比投资者更了解证券的价值和风险，尽管有证券监管机构的监管，但仍需法律来规范融资者行为、保护投资者权益。因此现代的证券法主要被用来解决这种信息不对称的问题。例如，《中华人民共和国证券法》第十一章中对发行人未经核准发行、欺骗手段发行、未按照规定披露信息等行为都由明确的法律责任。

知识窗

证券发行：是指证券发行人以筹集资金为目的，在证券发行市场依法向投资者以同一条件出售证券的行为。

证券交易：是一种已经依法发行并经投资者认购的证券的买卖，是一种具有财产价值的特定权利的买卖，也是一种标准化合同的买卖。

中国证监会（CSRS）：是国务院直属事业单位，其依照法律、法规和国务院授权，统一监督管理全国证券期货市场，维护证券期货市场秩序，保障其合法运行。

证券交易所：是为证券集中交易提供场所和设施，组织和监督证券交易，实行自律管理的法人。目前，中国大陆有两家证券交易所，即1990年11月26日成立的上海证券交易所，1990年12月1日成立的深圳证券交易所。

资料来源：《中华人民共和国证券法》；胡志民：《经济法》，上海财经大学出版社2006年版。

五、税法——有税才有国，有国才有家

小案例

企业要交哪些税

“创梦空间”的财务主管交来了财务报表并告知需要进行纳税申报了。豆豆带着财务主管来到了诚信会计师事务所，找到了注册会计师孙立，仔细地咨询公司应纳税的问题。会计师孙立先是询问了公司的身份，明确了是有限责任公司、增值税一般纳税人后，会计师说：“贵公司注册资本金需要缴纳印花税，购买小汽车需要缴纳车辆购置税，在接下来使用小汽车过程中，每年都要缴纳车船税，贵公司如果买房买地，需要缴纳契税，随后自己的房产在使用过程中每年都要缴纳房产税。每个月初需要按照上个月的流转额进行增值税的纳税申报，如果你从事的是应税消费品的生产等，还需要缴纳消费税，这时候需要为实际缴纳的增值税和消费税之和缴纳城建税和教育费附加。按照月份或季度为企业的应纳税所得额预缴企业所得税，还要为本公司员工工资代扣代缴个人所得税。”

什么是税法？税法是各种税收法规的总称。是税收机关征税和纳税人据以纳税的法律依据。美国著名政治家富兰克林曾经说过：“人生中只有两件事不可避免，那就是死亡和纳税。”从古至今，税收都是随着一个国家的诞生而诞生——“有税才有国”。当初李自成以无税的诺言深得人心，却终究败在了无税这条政策上。税收是国家财政收入的重要来源，没有收入的政府只是个空壳，即使胸怀大志也无法给社会创造财富。

我国现行税法体系主要由实体法体系和程序法体系构成。实体法体系是指规定税收法律关系主体的实体权利、义务的法律规范的总称。包括增值税、消费税、关税、资源税、土地增值税、城镇土地使用税、企业所得税、个人所得税、房产税、车船税、印花税、契税、城市维护建设税、车辆购置税、耕地占用税、烟叶税、船舶吨税等税收法律法规和条例。程序法体系指的是征收管理制度。我国税收征管制度，是按照税收管理机关的不同而分别规定的。一是由税务机关负责征收的税种的征收管理，按照全国人大常委会发布实施的《中华人民共和国税收征收管理法》执行；二是由海关负责征收的税种的征收管理按照《中华人民共和国海关法》和《中华人民共和国进出口关税条例》等有关规定执行。

第二节　法律赋予劳动者合法权益与责任

一、劳动合同法——跟你无法分离

小案例

口头合同有效吗

岗岗大学毕业后，和一家物流企业口头约定，在该公司试用三个月，一次性发薪6000元，试用合格后再签订就业合同。岗岗的勤奋和好学博得了同事的好感，岗岗心里很高兴。但就在试用期将满时，公司负责人明确告诉岗岗，由于他是大专生，不符合公司的招聘条件，公司决定终止与他的口头协议，并说终止协议的责任方在岗岗，所以公司没有义务支付岗岗两个多月的"劳务费"。

在遇到此类问题，作为求职者，应该采取相应的措施维护自己的权益。①必须清楚用工单位不与新劳动者签订书面《劳动合同》是违法的；②如果已经陷进"口头约定"的陷阱，应赶紧向企业雇主提出补签劳动合同的要求；③如果不幸已经中了"口头约定"的圈套，试用期满了既得不到企业应付给的薪水，还转不了正，为了挽回个人损失，不让企业雇主的"剥削"得逞，就要用相关的法律来维护自己权益。

作为企业，应该严格按照劳动法中关于试用期的相关规定来履行自己的义务，不与劳动者签订书面劳动合同是违法行为。

什么是劳动合同呢？它指劳动者同企业、国家机关、事业单位、社会团体、民办非企业单位、个体经济组织等用人单位之间订立的明确双方权利和义务的协议①。为了维护合法权益，预防劳动纠纷的发生，要树立"先合同、后就业"的观念。合同是通过"君子协定"的方式，将双方的权利和义务以契约的方式先期固定下来，

① 《中华人民共和国劳动合同法》。

是解决纠纷的最佳工具。法规规定“劳动合同应当以书面形式订立”。“应当”二字是刚性的，也就是说，劳动合同必须以书面形式订立，不得以其他形式替代。所以，口头约定的劳动合同无效。这样的规定，既有利于劳动合同的履行，避免劳资纠纷的产生，也有利于劳动合同争议的解决。

即将大学毕业的学生，可以明确要求用人（实习单位）与其签订劳动合同。国家应尽快制定专门的法律、法规或修改现行的《中华人民共和国劳动法》《中华人民共和国劳动合同法》《中华人民共和国工伤保险条例》《中华人民共和国高等教育法》等，明确规定实习生的合法权益，填补大学生实习、就业法律维权的空白。

知识窗

试用期：是指包括在劳动合同期限内，劳动关系还处于非正式状态，用人单位对劳动者是否合格进行考核，劳动者对用人单位是否符合自己要求也进行考核的期限，这是一种双方双向选择的表现。试用期包含在劳动合同期限内。劳动合同仅约定试用期的，试用期不成立，该期限为劳动合同期限。

经济补偿：是指用人单位依照《中华人民共和国劳动合同法》规定，与劳动者解除或终止劳动合同时，应当向劳动者支付经济补偿。

劳务派遣：又称人力派遣、人才租赁、劳动派遣、劳动力租赁、雇员租赁，是指由劳务派遣机构与派遣劳工订立劳动合同，并支付报酬，把劳动者派向其他用工单位，再由其用工单位向派遣机构支付一笔服务费用的一种用工形式。劳动力给付的事实发生于派遣劳工与要派企业（实际用工单位）之间，要派企业向劳务派遣机构支付服务费，劳务派遣机构向劳动者支付劳动报酬。

非全日制用工：是指以小时计酬为主，劳动者在同一用人单位一般平均每日工作时间不超过4小时，每周工作时间累计不超过24小时的用工形式。在非全日制用工的情况下，小时工资标准是用人单位按双方约定的工资标准支付给非全日制劳动者的工资，但不得低于当地政府颁布的小时最低工资标准。当地政府颁布的小时最低工资标准，含用人单位为其交纳的基本养老保险费和基本医疗保险费。支付工资周期最长不得超过15日。

现象思考

大学生顶岗实习权益受害怎么办

岗岗是2019年7月份从大学正式毕业。2018年12月，北京某投资顾问公司到学校招聘。岗岗通过了面试笔试，1月份被招聘进入该公司工作，职务为投资顾问，负责开发行业市场，吸纳客户。双方约定试用期为一个月，试用期底薪800元，提成另计，第二个月转正，底薪提高到1500元。

2月10日，公司发放工资539元。3月11日，因为公司拖欠工资，岗岗离开公司。由于公司一直拖欠岗岗的工资未付，岗岗遂向北京市劳动争议仲裁委员会提出了仲裁申请。仲裁委员会认为，岗岗属于未取得毕业证书的在校大学生，未完成学业且未取得相关学历证明，在校期间到企业从事工作，仅作为参与社会实践的活动，不属于《中华人民共和国劳动合同法》中规定的劳动者，不是与用人单位订立劳动合同并建立劳动关系的主体，最终裁决驳回了他的仲裁申请。岗岗接到仲裁委的败诉裁决后，又将公司诉至宣武区法院，要求其支付工资并赔礼道歉。你觉得岗岗会胜诉吗?

分析：北京市宣武区人民法院经过审理认为，劳动者与用人单位建立劳动关系，付出劳动，应当从单位取得相应的劳动报酬。本案中，被告承认岗岗于1月8日至3月11日在该公司工作，法院予以确认。北京市宣武区人民法院首次以判决确认大学生的劳动主体地位，明确肯定：大学生亦可就业，属于《中华人民共和国劳动合同法》管辖的范围。

二、个人所得税法——我纳税我光荣

个人所得税，是以个人（自然人）取得的各项应税所得额为对象征收的一种税。什么是个人所得税法？是调整征税机关与自然人（居民、非居民人）之间在个人所得税的征纳与管理过程中所发生的社会关系的法律规范的总称[①]。最新税法改革后，建立了综合与分类相结合的个人所

① 中国注册会计师协会、《税法》，经济科学出版社2019年版。

得税制，并入综合所得纳税的有：工资薪金所得、劳务报酬所得、稿酬所得、特许权使用费所得；经营所得、利息股息红利所得、财产租赁所得、财产转让所得、偶然所得分别纳税。

知识窗

纳税人："纳税义务人"的简称，亦称"纳税主体"，指税法规定直接负有纳税义务的单位与个人。

扣缴义务人：既非纯粹意义上的纳税人，又非实际负担税款的负税人，只是负有代为扣税并缴纳税款法定职责的义务人。

居民纳税义务人：个人所得税的纳税义务人，既包括居民纳税义务人，也包括非居民纳税义务人。在中国境内有住所，或者无住所而在境内居住满1年的个人，是居民纳税义务人，应当承担无限纳税义务，即就其在中国境内和境外取得的所得，依法缴纳个人所得税。

非居民纳税义务人：在中国境内无住所又不居住或者无住所而在境内居住不满1年的个人，是非居民纳税义务人，承担有限纳税义务，仅就其从中国境内取得的所得，依法缴纳个人所得税。

现象思考

微信红包要征个人所得税吗

逢年过节，大家都会发个红包，数目有时候也不小，在微信上发的红包是否要缴纳个人所得税？

个人之间互送的红包是不征收个人所得税的。对个人取得企业派发的且用于购买该企业商品（产品）或服务才能使用的非现金网络红包，包括各种消费券、代金券、抵用券、优惠券等以及个人因购买该企业商品或服务达到一定额度而取得企业返还的现金网络红包，属于企业销售商品（产品）或提供服务的价格折扣、折让，不征收个人所得税。

但是，涉及以下情况就要交税了。如果公司在网络上给你发送红包，而且你属于公司员工，那么就应按照"工资、薪水"代扣个人所得税，若你不属于公司员工。那么应按照"偶然所得"代扣个人所得税。

资料来源：《国家税务总局关于加强网络红包个人所得税征收管理的通知》，税总函〔2015〕09号。

第三节　法律让消费者放心消费

一、消费者权益保护法——消费者维权“利器”

小案例

“谨慎购买，概不退换”

2016年10月8日，菲菲到附近一家超市购买生活用品。一进这家超市大门，她就看到一块显眼的告示牌上面写着“谨慎购买，概不退换”八个大字。菲菲在食品柜挑选了一袋奶粉，又挑选了一些其他日常生活用品。当天下午，菲菲发现这袋奶粉已经过了保质期。菲菲立即来到这家超市要求退货。值班经理认为不能退货，因为商店已经以告示牌的形式向广大顾客声明，而且告示牌放在十分显眼的地方，每位顾客一进门就会发现。菲菲认为奶粉过了保质期，已不能食用，商店当然应该退货，这是常识。在双方争执不下，菲菲便投诉到工商局，要求这家超市退货并且赔礼道歉。

分析：该超市以店堂告示的形式试图免除其对消费者应当承担的退换货物的责任，实际上，是要免除自己对出售货物的质量保证责任，内容当然无效。菲菲要求该超市赔礼道歉，也是合理合法的。《民法通则》第一百三十四条规定，赔礼道歉为承担民事责任的方式之一。此外，工商局对该超市应当给予适当的行政处罚。

《中华人民共和国消费者权益保护法》1993年10月31日颁布、1994年1月1日起施行，是为保护消费者的合法权益，维护社会经济秩序，促进社会主义市场经济健康发展制定的一部法律。该法调整的对象是为生活消费需要购买、使用商品或者接受服务的消费者和为消费者提供其生产、销售的商品或者提供服务的经营者之间的权利义务[①]。

① 《中华人民共和国消费者权益保护法》。

知识窗

作为消费者，我们依法享有做出一定行为或者选择不作出一定行为，或者要求他人做出一定行为的权益。根据《消费者权益保护法》的规定，消费者享有以下权利：真情知悉权；自主选择权；安全保障权；公平交易权；依法求偿权；接受消费教育权；建立消费者组织权；批评监督权；知识获取权。

拓展园

网上购物消费者维权途径

随着互联网技术的迅猛的发展，越来越多的人选择足不出户地解决吃喝玩乐，用一部手机或一台电脑搞定一切，这要归功于网上购物。但也有部分消费者被不良商家欺骗，买到了不合格产品。如果在网购中遇到诈骗或者交易中产生纠纷怎么办？可以选择以下的途径来维护自己的权益。

1. 网站平台投诉：购物网站有自己的客户服务部门。例如，淘宝有天猫客服、京东有在线客服和电话客服、美团有投诉举报等。

2. 网上报案：消费者可向各地公安局网监处报案，也可电话报警。

3. 向消协投诉：省、市消协投诉，维权热线12315。

4. 向快递公司查询投诉：如果商品受损是由快递环节出现问题，则由快递公司承担责任，可以打电话投诉快递公司。在国家邮政局等网站上专门有投诉平台，可以及时得到处理。

5. 向行政管理部门投诉：可向工商部门（12315）、质监部门（12365）、食品药品监管部门（12331）、物价部门（12358）、省邮政部门（12305）等投诉。

二、产品质量法——让“三无”产品无路可逃

案例导入

菲菲是一位“80后”网购达人，在某网上购物商城中找到了某品牌旗舰店销售的原装进口的韩国面膜，查看了证书及产品详情后，一次性买了10盒，共消费3400元。谁知，收到面膜时，菲菲却傻了眼：“打开包装发现什么中文标签都没有，也没有卫生证书，像这种进口的东西都应该有一个出入境检疫检验的证书的，它也没有，连生产日期都找不到，它就是“三无”产品。我找买家协商退货，客服都以面膜包装盒已经开封为由拒绝，也从来不回应任何赔偿的要求，态度很差……”菲菲感觉自己是上当受骗了，找到卖家的信息后，将该公司告上了法庭，要求退回所付款项并支付10倍的赔偿金。而被告公司负责人称：无中文标签才说明它是原装进口的。但当法官问到进货渠道时，该负责人却无法回答。法院认为，该公司的做法显然是欺骗消费者的行为，经过调解，达成协议：除去已拆封的两盒面膜，其余的都以原价退款，该公司也同意支付补偿款。

法官提醒：消费者在购买商品的时候，一定要谨防“三无”产品。特别是在网购时，也要对产品信息的真实性进行鉴别。一旦发现有违规商品，可以依据《中华人民共和国产品质量法》向商家索要赔偿以维护自身合法权益。如遭拒绝，要敢于提起诉讼。维权的同时，也能对商家起到监督的作用。

产品质量法是为了加强对产品质量的监督管理，提高产品质量水平，明确产品质量责任，保护消费者的合法权益，维护社会经济秩序而制定的。产品或者其包装上的标识必须真实，并做到有产品质量检验合格证明；有中文标明的产品名称、生产厂厂名和厂址；根据产品的特点和使用要求，需要标明产品规格、等级、所含主要成分的名称和含量的，用中文相应予以标明。任何单位和个人有权对违反本法规定的行为，向市场监督管理部门或者其他有关部门检举[①]。

① 《中华人民共和国产品质量法》。

知识窗

产品质量认证：也称为“产品认证”，国际上称为“合格认证”。产品质量认证是依据产品标准和相应技术要求，经认证机构确认并通过颁发认证证书和认证标志来证明某一产品符合相应标准和相应技术要求的活动。产品质量认证分为安全认证和合格认证。

产品质量标准：规定产品质量特性应达到的技术要求，称为产品质量标准。产品质量标准是产品生产、检验和评定质量的技术依据。我国现行的产品质量标准，从标准的适用范围和领域来看，主要包括国际标准、国家标准、行业标准（或部颁标准）和企业标准等。

损害赔偿：是指违约方用金钱来补偿另一方由于其违约所遭受到的损失，损害赔偿范围包括人身伤害、财产损失、精神损害及产品自身损害四种。

第四节 法律保护所有者合法财产

物权法——你的就是你的

小案例

2019年4月1日，豆豆将其一部全新手机出租给岗岗，租期1年。7月1日，岗岗将该手机以市价3000元卖给不知情的第三人菲菲，岗岗向菲菲交付了手机，但菲菲尚未支付价款。在本例中：①承租人岗岗基于租赁合同对该手机有权占有（该手机为委托物），但无权处分；②岗岗、菲菲之间的买卖合同有效；③菲菲基于善意（善意且无重大过失、合理对价、已经交付）获得了该手机的所有权（与是否已经付款无关）；④由于豆豆已经丧失了该手机的所有权，豆豆无权请求菲菲返还手机，但豆豆有权要求岗岗承担损害赔偿责任。

资料来源：郭守杰：《经济法》，北京科学技术出版社2019年版。

人是权利的主体，物是物权的客体。物权法是调整因物的归属和利用而产生的民事关系的法律规范的总称①。

在物权法中，善意取得是指无权处分他人动产的占有人，在不法将动产转让给第三人后，如果受让人在取得该动产时出于善意，就可依法取得对该动产的所有权。受让人在取得动产的所有权以后，原所有人不得要求受让人返还财产，而只能请求转让人（占有人）赔偿损失。

知识窗

物权：依法对特定物享有直接支配和排他的权力，包括所有权、用益物权和担保物权，其中所有权是自物权，即物权是对于自己之物所享有，而用益物权和担保物权都是他物权，是在他人所有之物上设定的物权。

所有权：对自己的不动产或者动产，依法享有占有、使用、收益和处分的权利。

用益物权：对他人所有的不动产或者动产，依法享有占有、使用和收益的权利。

担保物权：在债务人不履行到期债务或者发生当事人约定的实现担保物权的情形，依法享有就担保财产优先受偿的权利。

资料来源：《中华人民共和国物权法》；中国注册会计师协会：《经济法》，中国财政经济出版社2019年版。

现象思考

拾得遗失物——“天上掉馅饼”能捡吗

2018年12月，豆豆的钻石手表不慎丢失，被恰巧路过的岗岗拾得。岗岗的朋友菲菲得知他有块钻石手表，表示十分喜欢该手表，岗岗便以5000元售之。后来，豆豆从家人那里得知岗岗捡到了自己的手表，并低价卖给了菲菲，

① 《中华人民共和国物权法》。

豆豆要求岗岗返还自己的钻石手表但遭到了拒绝。豆豆便把岗岗和菲菲告上了法庭。你觉得豆豆的手表会失而复得吗？作为第三人，菲菲要承担责任吗？

案例解析：①即使菲菲善意、支付了合理对价而且手表已经交付，菲菲也不能取得该手表的所有权，因为赃物、遗失物不适用善意取得制度；②豆豆有权要求岗岗赔偿损失或者自知道受让人菲菲之日起2年内要求菲菲返还该手表；③豆豆是基于其所有权要求菲菲返还原物的，在一般情况下，菲菲应当向豆豆无偿返还原物，但菲菲可以向岗岗追偿5000 元的手表价款。

拾金不昧是中华民族的传统美德。中国俗语也常说“君子爱财，取之有道”“不义之财不能取”，倡导人们拾金不昧、诚信仁义高尚品质。物权法也倡导，没有无义务的权利，也没有无权利的义务。

【体验与思考】

一、小组讨论

1. 以组为单位（2—4人），讨论日常生活中消费的商品或服务各负担哪些税？

2. 谈一谈为什么创业者必须学法、懂法、守法？

3. 日常生活中是否遭遇过侵权，你是如何维权的？

二、技能训练

1. 组建团队模拟成立公司，并结合《中华人民共和国公司法》，起草一份有限责任公司的公司章程。

2. 以身边亲戚朋友的收入为例，计算其应缴纳的个人所得税。

三、调研报告

针对网购用户的消费者维权意识调研报告。自行设计问卷，利用新媒体手段：QQ群、微信群、微博等方式对你身边的网购消费者进行维权意识的调查。

主题十一

中国走向世界，世界走进中国

——国际贸易与发展趋势

如今，本国企业生产需要的原材料、零部件、先进设备和技术，家庭消费想得到的货物或服务，不会再局限于本国，而是从全球购买；本国出产的货物以及提供的服务，也不只是在本国卖或仅提供给本国人，而是想方设法将货物或服务卖到国外去，赚取收入。主动、自觉融入世界贸易体系和推动自由贸易向纵深发展，是实现“全球买、全球卖”的保障，是提高本国生产力和人民生活消费水平的关键。

案例导入

美国商场打折引华人代购疯狂扫货：在衣服堆上“霸占抢货”

近日一段视频，就充分说明了海外代购扫货已经到了何等疯狂地步，内容是美国某地一家Costco超市刚刚开门，就有几名华人代购抢先冲入，朝着衣服售卖区域冲去。

另外一段视频内容更夸张：一名华人女子直接趴在堆成小山的衣服上，表明这些都是自己抢下的，生怕别人给抢走了。

原来，美国品牌Tommy Hilfiger在Costco超市推出特价冲锋衣。由于价格较低又是名牌，吸引了许多华人代购。

很多华人代购都在衣服上市第一天（即10月4日），冲进美国各地的Costco超市，将货架上的冲锋衣抢购一空，场面夸张。

这已经不是华人代购第一次在该超市引起骚动。之前，一些大牌化妆品在该超市价格较低，很多代购甚至是一箱箱往自己车上搬，使营业员看得目瞪口呆。

也是在加拿大一家Costco超市内，几名代购疯狂抢购一款化妆品。周围工作人员都在提醒他们“小心些，注意安全”，但代购们还是忘我地抢货，几分钟内就把所有货品抢光了。

Costco超市针对代购，制定过每人限购几套的政策，并规定所售商品不得出口，要不然就无法享受退换货服务。但依然阻挡不了代购们的“热情”。

资料来源：https://new.qq.com/omn/20181005/20181005A1ME3L.html。

第一节　“全球买，全球卖”的国际贸易

对于今天的中国人来说，农民养的虾蟹或种植的蔬菜大蒜出口到国外，大学生从“全球购”等跨境电子商务平台购买喜欢的化妆品或包包等，已经不稀奇。中国经济早已深度融入世界经济，国际贸易更是成为中国经济不可或缺的一部分，“全球买，全球卖”已成为中国家庭和企业的日常。

一、对外贸易依存度——经济发展对国际贸易的依赖程度

全球买卖得如何，对于一个国家的经济而言，显示其对外贸的依赖程度不一样。2017年，中国、日本、韩国的对外贸易依存度分别约为34%、23%和69%；而不同外贸依存度的国家，经济发展受外贸影响程度不同，中日韩三国比较而言，韩国所受影响最大。中国香港、新加坡等经济体，长期以来的对外贸易依存度都超过100%，有时甚至接近200%，因此这些经济体受外贸影响相当大，往往美国、中国等大经济体稍微出现一些经济波动，中国香港、新加坡等小经济体就会出现剧烈反应。

就我国的对外贸易依存度来说，1978年不到10%，1988年约为25%，1998年约为32%，2008年约为56%，2018年约为34%。改革开放以来的前30年，中国经济对外贸的依赖程度是不断提高的，但是2008年之后的10年，到2018年，中国经济对外贸的依赖明显降低（降了约12个百分点），但仍比美国高，美国2018年约为21%（中国比美国高13个百分点）。国际贸易对于当今中国的重要性仍要比美国高，也说明中国发掘国内市场的空间依然很大，有机会不断增加内销对中国经济增长的拉动作用。

知识窗

1.对外贸易依存度：是一国国民经济对进出口贸易的依赖程度，是以本国对外贸易总额（进出口总额）占GNP（国民生产总值）或GDP（国内生产总值）的比重来衡量。又叫对外贸易系数。

2. 出口依存度：出口总额占GNP或GDP的比重。

3. 进口依存度：进口总额占GNP或GDP的比重。

二、国际贸易对象——哪些东西可以在全球买卖

可以在全球买卖的对象，大致有三类：一是货物、二是服务、三是技术，分别对应着三种国际贸易形式：国际货物贸易、国际服务贸易和国际技术贸易。

中国香港、新加坡、东京、纽约、巴黎等国际大都会，是全世界的著名购物天堂，到这些城市的外国游客，总是要进到商场逛逛、买买，有的买珠宝首饰，有的买巧克力、曲奇等食品，有的买流行的时装或礼物，这些看得见摸得着的物品被外国人购买，这是国际货物贸易的一种形式。国际货物贸易，更多是出口商与进口商签订国际货物交易合同，再通过海运、航运、陆运等方式，将装载的货物从一国运到另一国，从而完成国际货物贸易的实物交付。出口空调的中国企业，将生产出的空调运出中国，比如运到印度，这是中国出口企业与印度进口商开展的一项国际货物交易。中国进口企业从新西兰进口一批奶粉，这同样是一笔国际货物交易。

广西阳朔对外国游客很有吸引力。外国游客在阳朔住宿、坐车、请导游、买门票逛景点、饿了到餐馆吃饭等，这些都是中国企业或个人提供给外国游客的服务，这也就是中国出口服务给外国，是典型的国际服务贸易。我们中国人去国外旅游，同样要住宿、坐车、买门票逛景点、饿了去餐馆吃饭，但这些服务的提供是由外国企业或个人提供给中国游客的，这是中国从外国进口服务，也是一种国际服务贸易。国际服务交易往往与国际货物交易紧密相连，出口货物。一般需要装卸、运输、仓储、保险、融资、结算、法律、会计等服务，如果这些服务由外国企业提供，就是一笔笔国际服务交易。

跨国进行的许可贸易（专利许可、商标许可、计算机软件许可和专有技术许可等形式）、技术服务与咨询、特许专营、合作生产以及含有知识产权和专有技术许可的设备买卖等，称为“国际技术贸易”。

知识窗

特许专营：指由一家已经取得商业成功的品牌企业，将其商标、商号名称、服务标志、专利、专有技术以及经营管理的方式或经验等有偿

转让给另一家企业使用，由后一企业（被特许人）向前一企业（特许人）支付一定金额特许费的技术贸易行为。

国际货物贸易、国际服务贸易和国际技术贸易，是依据贸易对象区分的，在实践中，国际货物贸易可能也会同时涉及国际服务贸易或国际技术贸易。

现象思考

在中国生产并在中国销售的许多国外品牌企业的产品，如麦当劳、肯德基、汉堡王、星巴克、可口可乐、宝矿力等，所使用或雇佣的设备、工厂、场所、员工等，可能都来自中国，但用的技术、品牌、设计、包装、营销方式等，来自国外品牌企业的特许或转让。对于这些现象，我们该如何看待？为什么我们不自创品牌？外资品牌企业，为什么不自己生产和经营，而是特许给中国企业加工、生产和销售？这属于国际货物贸易、国际服务贸易还是国际技术贸易？为什么？

三、贸易顺差和逆差——国际贸易也会有失衡

小案例

外汇局公布2019年5月我国国际货物和服务贸易数据

2019年5月，我国国际收支口径的国际货物和服务贸易收入15719亿元，支出13886亿元，顺差1834亿元。其中，货物贸易收入14363亿元，支出11017亿元，顺差3346亿元；服务贸易收入1357亿元，支出2869亿元，逆差1512亿元。

按美元计值，2019年5月，我国国际收支口径的国际货物和服务贸易收入2294亿美元，支出2026亿美元，顺差268亿美元。其中，货物贸易收入2096亿美元，支出1608亿美元，顺差488亿美元；服务贸易收入198亿美元，支出419亿美元，逆差221亿美元。

资料来源：http://www.gov.cn/xinwen/2019-06/28/content_5404080.htm。

国际贸易也就是进出口贸易，出口贸易额大于进口贸易额是贸易顺差，出口贸易额小于进口贸易额是贸易逆差。如果再分细一些，国际货物贸易出口额大于其进口额是国际货物贸易顺差，国际服务贸易出口额大于其进口额是国际服务贸易顺差，国际技术贸易出口额大于其进口额是国际技术贸易顺差。反之，则是国际货物贸易、国际服务贸易和国际技术贸易的逆差。

国际贸易出现顺差或逆差是经常的，但是顺差过大或逆差过大，国际贸易就会出现严重失衡，从而造成贸易问题。一个国家出口较多（顺差过大），意味着外汇收入较多，从而增加较多的外汇储备，使得该国具有很强的国际购买力，如果一个国家贸易顺差持续多年，越积越多，国际购买力无疑在持续增强，另外，也表明国际购买力被一国储存了起来，闲置不用，从而造成国际市场的有效需求不足。再者，一国贸易顺差往往是与之贸易的其他国家的逆差，因而导致贸易摩擦增多，国际压力增大，影响长期贸易的进行。一国进口较多（逆差过大），则意味着外汇支出较大，消耗了该国较多的国际购买力，长此以往，该国外汇储备就会耗尽，需要借入外债支撑其外汇支出，极容易导致该国的信用危机和政权不稳。

四、资源禀赋差异和比较优势——国际贸易为什么会发生

国际贸易发生的原因，经济学家研究得比较多，出现很多有说服力的理论，其中最基础的是大卫·李嘉图的比较优势理论。比较优势理论是说，两个国家，其中一个国家即使生产任何产品都不具有优势，但这两个国家仍可以进行贸易，并使两个国家都能从中获益。比如墨西哥与美国，都生产玫瑰和航空飞机，但相对而言，墨西哥生产玫瑰比墨西哥生产航空飞机更有优势，而美国生产航空飞机比美国生产玫瑰要更具优势。此时，墨西哥可以专注于玫瑰的生产而从美国进口航空飞机，美国则可以专注于航空飞机的生产而从墨西哥进口玫瑰，两国都因专注于自己更具有优势的产品生产，玫瑰和航空飞机的生产力都会因此提高，从而提高两国福利。这就是所谓的“两利相权取其大、两害相权取其轻”的国际贸易原理，即比较优势原理。

要素禀赋理论则认为，如果一个国家劳动力资源丰富（如改革开放初期的中国，现在的越南、印尼等国），该国就应出口密集使用劳动力资源所生产出的产品（如衣帽鞋袜等），如果一个国家资本比较充裕（如欧盟、日本），该国就应出口密集使用资本资源所生产出的产品（如机床、生产线、汽车等），如果一个国家科技资源比较丰富（如美国、以色列），该国就应出口密集使用科技知识所生产出的产品（如智能手机芯片、操作系统等）。相反，一个国家如果某一资源比较稀缺，密集使用稀缺资源生产的产品，就不应该依靠本国生产，而是依靠进口。

五、一般贸易和加工贸易——国际贸易的两种典型

外资企业及港澳台资企业主要做加工贸易，中资企业主要做一般贸易。外资企业及港澳台资企业和中资企业在做进出口贸易方面出现的差异，主要原因是，外资企业及港澳台资企业，利用中国大陆廉价劳动力及其他便宜的生产要素和优惠政策，来料或进料在大陆工厂进行加工或装配，产成品也主要销往国外，即所谓“两头在外、中间在内”，也就是工厂在中国大陆，而市场在国外的“大进大出”模式。中资企业生产制造的出口产品，主要使用国产的原辅材料和零部件（除非国内没有或成本过高才会进口一些），其产品一般由国内出口公司（外贸公司）采购后，再出口国外，当然该中资企业也可选择自己联系外国客商，发展自营出口业务，这都属于一般贸易出口。

在国外购买的耐克鞋、苹果手机等多为中国制造，其实这种所谓的中国制造，只不过是在中国大陆加工或装配，真正的中国制造必须是中国品牌，而且在加工装配之外，必须有中国自己的研发、技术、设计和品牌营销等。相较于依靠外资或港澳台资的加工贸易出口，依靠中资的一般贸易出口才是真正显示中国国际竞争力的出口。

现象思考

广东和江苏都是我国的外贸大省，为什么过去一直是加工贸易占比最高，而近年来，一般贸易出口占比在提高？两省为什么要将一般贸易出口占比超过加工贸易出口占比，写成新闻，欢欢喜喜地通告天下？

六、进出口交易会——国际贸易平台

知识窗

中国进出口商品交易会

中国进出口商品交易会（The China Import and Export Fair）即广州交易会，简称“广交会”，英文名为Canton Fair。其创办于1957年春季，每年春秋两季在广州举办，由商务部和广东省人民政府联合主办、中国

对外贸易中心承办。它是中国目前历史最长、层次最高、规模最大、商品种类最全、到会采购商最多且分布国别地区最广、成交效果最好的综合性国际贸易盛会，被誉为“中国第一展”。自2007年4月第101届起，广交会由中国出口商品交易会更名为“中国进出口商品交易会”，由单一出口平台变为进出口双向交易平台。广交会展馆坐落于广州琶洲岛，总建筑面积110万平方米，室内展厅总面积33.8万平方米，室外展场面积4.36万平方米。

进出口生产企业、进出口贸易商作为国际贸易主要参与者，它们通过电话、传真，甚至直接去往对方所在地，从而直接相互联系和洽谈，以完成它们之间的进出口贸易，这样的进出口交易方式是每天都在发生的。但是，这种分散沟通开展进出口贸易的方式，往往效率不高，尤其是根本无从知晓可能的交易伙伴是在哪个国家，更难知道是在外国哪个城镇的厂商，即使好不容易联系上了，是不是能洽谈成功，也是未知。

所以，国际贸易是需要平台的，该平台能在特定时间特定地点针对特定类别的产品或服务，能集中多个国家成百上千甚至成千上万家进出口生产企业和进出口贸易商。这种进出口贸易平台，有的称为“进出口交易会”，有的则称为“进出口博览会”，还有的称之为“进出口商品展销会（展示会）”等。这样的平台，往往不只是出现在一两个国家，而是可能在多个国家都有举办，它们之间既竞争也互补。

现象思考

我国最著名的进出口商品交易会，非“广交会”莫属。不过，除“广交会”外，我国重要的进出口交易会还有：中国国际高新技术成果交易会（简称“高交会”，1999年创办，在深圳）；中国（北京）国际服务贸易交易会（简称“京交会”，2012年创办，在北京）；中国国际进口博览会（简称“进博会”，2018年创办，在上海）。四个著名的交易会各有什么特色、各自起什么作用？为什么我国最重要的进出口交易会集中在“北上广深”？为什么我国举办的进出口交易会越来越多？在我国各地方兴未艾的会展经济，这反映了怎样的趋势？

第二节　开放的中国主动融入国际贸易体系

中国对外开放已经走过40年。从1978年“三来一补”起步到2001年加入世界贸易组织（WTO），中国正主动、自觉地融入国际贸易体系中。

一、“三来一补”——中国利用外资发展加工贸易的起点

小案例

太平手袋厂

加工贸易的源头来自东莞在全国首创的“三来一补”模式。所谓“三来一补”是指来料加工、来样加工、来件装配和补偿贸易。

1978年7月15日，国务院颁布《开展对外加工装配业务试行办法》，允许广东、福建等地试行“三来一补”。广东将东莞确定为五个试行县之一。

试点确定下来十几天，香港商人张子弥便来到了太平镇（后并入虎门镇）的太平服装厂。他带来一个黑色人造革女士手袋和一批原材料，让服装厂复制手袋。

“经过一整夜熬夜赶工，我们在第二天早上就交出了一个和样品一模一样的手袋。”时任太平服装厂业务负责人唐志平回忆，当时张子弥对手袋十分满意，当即决定将手袋厂落户虎门。

同年9月15日，东莞太平手袋厂获得了国家工商总局颁发的第一个牌照，编号“粤字001”，成为全国首家“三来一补”企业；唐志平则成了太平手袋厂的第三任厂长。

为了提高外资企业投资办厂的效率，1978年12月，东莞组建了“对外来料加工装配领导小组”，下设办公室。在当时东莞县政府的授权下，全权审批150万美元以下对外加工项目，所有手续在该部门全部办妥。随后，“三来一补”的模式在东莞、珠三角乃至全国遍地开花。

资料来源：http://www.huaxia.com/tslj/rdqy/gd/2018/04/5710603.html。

1978年12月18日至22日，中国共产党第十一届中央委员会第三次全体会议在北京举行，自此中国开始对外开放，把党的中心工作转向经济建设。不过，改革开放伊始，广东、福建等沿海省份的经济底子仍然很薄，缺少原材料、零部件、机器设备和外销市场，更缺资金和技术，要发展经济，谈何容易。“三来一补”恰好解决了改革开放初期家底很薄的问题，由港澳台资企业或外资企业提供原材料、零部件、加工设备、技术图纸、员工培训等，产品生产出来后，也由他们销售到国际市场，中国内地只需提供厂房、劳动力及政策。“三来一补”在广东、福建等改革开放先行省份迅速发展起来。这种以赚取“工缴费”为目的的“三来一补”加工贸易方式（贴牌生产方式），正是中国融入国际贸易体系的第一步。“三来一补”为沿海省份积累了资金、技术和人才，也使得中国沿海省份的许多城镇、乡村初步接触、了解国际市场，走出对外贸易最关键的一步。

知识窗

工缴费：指企业以原料及主要材料或半成品委托外单位加工而付给的加工费用，或因完成外界委托的来料加工业务而取得的收益，亦称“加工收益”。由产品的加工成本、利润和税金构成。

贴牌：又称“代工”，指某一品牌厂商委托某一加工制造厂，为其生产产品，加工制造厂只负责按委托加工合同加工制造产品，赚取加工费，而生产出的产品贴上的是委托方的品牌标识。

国际贸易体系：当前主要是指以世界贸易组织（WTO）为中心形成的国际多边贸易体系，即一个运作良好、基于规则、开放、公平、可预测、无歧视、能够促进世界经济和贸易不断发展的国际多边贸易体系。

二、加入“WTO”——中国融入国际贸易体系的里程碑

1995年1月1日，世界贸易组织正式开始运作，它的前身是1947年订立的关税及贸易总协定。1996年1月1日，WTO正式取代关贸总协定临时机构。中国自1986年申请重返关贸总协定以来，为复关和加入世界贸易组织累计进行了长达15年的努力，2001年12月11日，中国正式加入世界贸易组织，成为其第143个成员。

根据中国国务院新闻办公室2018年6月28日发布的《中国与世界贸易组织》白

皮书，中国切实履行了加入WTO时的承诺，对世界经济与贸易做出了重要贡献，从而表明中国已经自觉、主动、深度融入世界贸易体系中。

三、中国自由贸易试验区——超越“WTO”开放度的新尝试

2013年以来，国务院先后批复成立18个中国自由贸易试验区。

2013年8月，国务院正式批准设立中国（上海）自由贸易试验区，9月29日正式挂牌成立，总面积为28.78平方公里。2014年12月28日，上海自贸区扩大到120.72平方公里。

2014年12月12日中国（天津）自由贸易试验区经国务院批准设立，试验区总面积为119.9平方公里。

2014年12月31日中国（广东）自由贸易试验区经国务院正式批准设立，实施范围116.2平方公里。

2014年12月31日，国务院正式批复设立中国（福建）自由贸易试验区，总面积118.04平方公里。

其他还有：中国（辽宁）自由贸易试验区、中国（浙江）自由贸易试验区、中国（河南）自由贸易试验区等。2018年11月5日，习近平总书记在上海中国国际进口博览会演讲时提出：海南分步骤、分阶段建设中国特色自由贸易港政策和制度体系；增设上海自贸区的新片区（位于临港新城）。

2019年8月30日，国务院新批的6个自由贸易试验区正式揭牌，新设的6个自贸区即山东、江苏、广西、河北、云南和黑龙江。

知识窗

自由贸易试验区：是指在贸易和投资等方面比世贸组织有关规定更加优惠的贸易安排，在主权国家或地区的关境以外，划出特定的区域，准许外国商品豁免关税自由进出。实质上，它是采取自由港政策的关税隔离区。狭义的自由贸易试验区仅指提供区内加工出口所需原料等货物的进口豁免关税的地区，类似出口加工区；广义还包括自由港和转口贸易区。

四、“一带一路”——习近平新时代的对外开放新篇章[①]

2013年9月7日，在哈萨克斯坦纳扎尔巴耶夫大学，习近平发表题为《弘扬人民友谊 共创美好未来》的重要演讲，倡议用创新的合作模式共同建设“丝绸之路经济带”。此即后来人们说的“一带”。

2013年10月3日，在印度尼西亚国会，习近平发表题为《携手建设中国—东盟命运共同体》的重要演讲，倡议筹建亚洲基础设施投资银行，共同建设21世纪“海上丝绸之路”。由此，“一带一路”的概念被人们所熟悉。

截至2019年3月底，中国政府已与125个国家和29个国际组织签署173份合作文件。共建“一带一路”国家已由亚欧延伸至非洲、拉美、南太等区域。

五、多边和双边自由贸易区——深度融入国际贸易体系的新探索

国内在不断推进自由贸易试验区建设，海外则加快多边、双边的自由贸易区谈判，签订更加开放的自由贸易多边或双边协定。根据商务部主办的中国自由贸易区服务网，已签协议的自由贸易区达18个，其中多数为双边自由贸易区，如中国—澳大利亚、中国—韩国、中国—新西兰等。正在谈判的自贸区有《区域全面经济伙伴关系协定》（RCEP，2019年11月4日，RCEP谈判取得重大突破，15个成员国准备明年签署协议），中国—海合会，中日韩等13个，正在研究的自贸区也有8个。

现象思考

我国自由贸易区建设，既有国内的18个自由贸易试验区，也有18个国际的多边和双边自由贸易区，还提出了建设中国特色自由贸易港，这反映了中国在加入WTO的10多年之后，中国怎样的政策取向？中国是在加快融入国际贸易体系还是渐进地探索融入国际贸易体系的路径？WTO与多边或双边的自由贸易协议是一种怎样的关系？

① 新华网，“这就是‘一带一路’简史”，2019年4月26日，http://www.xinhuanet.com/politics/2019-04/26/c_1124418156.htm。

第三节　国际贸易的未来

虽然中国在自由贸易的道路上，越走越坚定、越走越自信，但国际贸易发展至今，自由贸易与贸易保护的对抗不仅没有消失，反而渐趋加重。

一、国际贸易新格局——新贸易保护主义发生的背景

国际贸易格局的最重大变化是中国的崛起，尤其是在国际货物贸易方面。根据世界贸易组织的统计数据，2001年中国进出口总额5097亿美元，占世界贸易总额的4%，居全球第6位，不过到2008年，中国进出口总额25616亿美元，占世界贸易总额的8.1%，跃居全球第2位。近几年，中国进出口总额占世界贸易额的比重，约为11%，已经占据世界第一的位置。2013年，中国首次成为全球第一货物贸易大国，超过了美国。2013—2018年，除了2016年，中国基本都坐稳全球货物贸易第一的位置。如今，我国多达1400个商品的出口份额居全球第一的位置，出口比例最高的是电器机械设备，而不是资源型的初级产品。

国际贸易格局的另一重大变化是国际贸易商品结构，在世界贸易额中，产成品国际贸易额仅占约30%，70%是零部件、原材料、中间品的国际贸易，且贸易主要是在互有竞争或彼此互补的几十个跨国产业链上的国家之间进行，此外，为国际货物贸易服务的国际服务贸易发展迅速，占了世界贸易额的30%。所以，在国际贸易新格局下，国际货物贸易主要是零部件、原材料和中间品的贸易，且由此派生了国际服务贸易的发展①。

按理说，贸易保护主义是逆潮流而动，应该不为利益攸关的各国所实际采取。但现实往往比较吊诡，一向崇尚自由贸易的美国如今却不断使用关税等贸易保护手段，对付与之贸易关系密切的中国、欧盟、日本甚至其近邻加拿大、墨西哥，当然，美国最主要针对的对象则是我们中国。究其根本，不得不说，中国在国际贸易中的崛起，使得一向注重自由贸易的美国，竟然需要采取一些贸易保护手段，来平衡中美之间的贸易。

---

① 黄奇帆："新时代国际贸易新格局、新趋势、新规则"，光明网，http://topics.gmw.cn/2019-05/06/content_32809488.htm，2019年5月6日。

知识窗

关税壁垒：以高额关税作为限制商品进口的一种措施。对外国商品征收高额进口关税，以提高其成本和削弱其竞争能力，从而达到限制这些商品进口，保护本国产品在国内市场上竞争优势的目的。

非关税壁垒：是指一国或地区在限制进口方面采取的除关税以外的所有措施。它是相对于关税而言的。这种措施可以通过国家法律、法令以及各种行政措施的形式来实现，如通关环节壁垒、进口税费、进口禁令、进口许可、技术性贸易壁垒、卫生与植物卫生措施、反倾销、反补贴和保障措施等。

二、全球化和逆全球化——自由贸易与贸易保护的争拗

世界经济的发展，有一个基本判断，就是全球化在不断加速且全球化趋势不可阻挡，自由贸易正被越来越多国家所理解、接受，甚至自觉推动。然而，全球化不是没有阻碍和非议，全球化既带来国际贸易的繁荣和国际分工的深化，但全球化也加剧了国与国之间贸易、分工的不平衡、不平等，逆全球化始终与全球化相伴随、相抗争，试图纠正全球化引起的不平衡、不平等。长期以来，以美国为首的世界发达国家是推动全球化的主要力量，占据了国际贸易、国际投资的主要份额，在全球产业链、价值链中，欧美为主的发达国家处在全球产业链、价值链的高端和有利位置，研发、设计、物流、品牌等环节被欧美企业所控制，发展中国家则处在全球产业链、价值链的低端和不利位置，主要从事加工、装配，并成为欧美品牌企业产品的重要销售市场。然而，自2008年美国次贷危机引发全球金融危机之后，以美国为首的不少发达国家开始逆全球化而为，大搞贸易保护主义。2017年7月，英国经济政策研究中心（CEPR）发布的《全球贸易预警》报告显示，在2008年11月至2017年6月期间，二十国集团（G20）的19个成员国（不包括欧盟）总计出台了6616项贸易和投资限制措施，相比而言，贸易和投资自由化措施仅为2254项。其中，美国成为全球保护主义的主要推手。数据显示，金融危机后，美国累计出台贸易和投资限制措施1191项，居全球首位，占G20成员国家保护主义措施总数的18%，比排名第二的印度多462项，是中国的4.5倍之多[①]。

① 徐秀军："全球化vs逆全球化：砥砺前行的全球经济"，《环球》，2017年第26期。

尽管如此，经济全球化仍是必然趋势，正如习近平同志所言："历史地看，经济全球化是社会生产力发展的客观要求和科技进步的必然结果，不是哪些人、哪些国家人为造出来的。经济全球化为世界经济增长提供了强劲动力，促进了商品和资本流动、科技和文明进步、各国人民交往。"①在新的历史时期，中国勇立全球化潮头，主张并推动全球化进一步向前发展，让全球化的正面效应、积极意义充分发挥作用，让全球更多国家融入全球化，并共享全球化的积极成果，让世界发展更加均衡、平等。

三、贸易摩擦和贸易战——自由贸易和保护贸易之争的激烈表现

国与国之间的贸易不平衡，尤其是出现一国对另一国的持续巨额贸易顺差或逆差，两国之间就会出现严重的贸易摩擦，甚至贸易战。贸易顺差国希望自由贸易，反对政府人为干预进出口贸易，而贸易逆差国往往指责贸易顺差国是因实施了不公平贸易行为，才导致两国间出现严重的贸易不平衡，贸易逆差国往往就会对贸易顺差国采取贸易保护措施，如征收高额关税或采取一些非关税壁垒手段。此时，贸易顺差国也不会坐以待毙，往往采取一些针锋相对的贸易报复手段，对有争议的贸易摩擦，进行还击，如果彼此互不相让，贸易纠纷和贸易报复不断升级加码，贸易摩擦就很可能升级为贸易战。

中国在主动融入国际贸易体系的过程中，尤其是中国自2001年加入世界贸易组织后，与不少WTO成员贸易摩擦明显增加，贸易纠纷和争议趋于频繁，给我国的国际贸易事业带了严峻挑战。而美国自特朗普上台后，美国针对中国的贸易保护行动一个接一个，中美从贸易摩擦演化到贸易战。

知识窗

贸易摩擦：是指在国际贸易中，国与国之间在进行贸易往来的过程中，在贸易平衡上所产生的摩擦，一般是由于一国的持续顺差、另一国的持续逆差，或一国的贸易活动触及或伤害另一国的产业所引起的。贸易摩擦主要包括一国对另一国实施的反倾销措施、反补贴措施和保障措施三种形式。

贸易战：一些国家通过高筑关税壁垒和非关税壁垒，限制别国商品进入本国市场，同时又通过倾销和外汇贬值等措施争夺国外市场，由此引起的一系列报复和反报复，称为"贸易战"。

① 习近平：《习近平谈治国理政》(第2卷)，外文出版社2017年版，第477页。

【体验与思考】

一、分组讨论

1. 中国对外贸易总额越来越高，占世界贸易额比重也越来越大，中国对外贸易依存度也会越来越高吗?

2. 为什么会发生中美贸易摩擦? 焦点是什么? 结局可能会怎样?

二、技能实训

计算并比较分析中国、美国的世界贸易额比重。

三、调研报告

在本市主要商业中心区调查进口消费品商店或品牌进驻情况，并为同学们购买进口消费品提供建议。

主题十二

不能把什么都设计好了才行动

——创业与财务管理

“大众创业 万众创新”被誉为实现中国经济提质增效的重要引擎。企业是创业的起点和基本形式，是个人或者团队创新的基本载体，如何设立企业？经营企业？又如何评价企业？是创业者需要关注的。财务管理是企业经营管理的核心要素之一，关于资产的购置、资金的融通、利润分配等，是创业者需要了解和具备的基本知识。

案例导入

褚橙与75岁创业者

75岁高龄他再创业，成为褚橙商业神话的缔造者。

褚时健身上有很多标签，传奇糖王、褚橙、75岁再创业，他是曾经的丧父少年，晚年丧女的失意老人；但是他也是亚洲第一烟草企业“红塔山”的管理者，75岁再创业的勇敢企业家，褚橙商业神话的缔造者。

1928年褚时健出生在云南玉溪一个小乡村，15岁时丧父。于是他不得已辍学，种地维持生计。30岁的褚时健开始经历人生第一次跌谷，被打成右派开始农场改造生活。35岁时，褚时健实现人生第一次巅峰。他接下濒临倒闭的戛洒糖厂的重任，上任仅一年，糖厂总共盈利28万元。51岁时，他被调进濒临倒闭的玉溪卷烟厂担任厂长。当时的玉溪卷烟厂，破败不堪、萧条落后、设备陈旧。上任以后，不到20年的时间，他使一个濒临倒闭的小卷烟厂成长为亚洲第一、世界第五的现代化烟草企业。

75岁高龄的褚时健决定再创业，开始种橙子，研究橙子。力求把全凭农家经验的一门产业改造成工业化发展模式。

2008年，一个叫“褚橙”的橙子品牌开始在云南上市，2012年褚时健种橙的第10个年头，褚橙首次大规模进入北京市场，5天里，20吨褚橙一售而空。

如今，褚时健已经离我们而去，他的儿子褚一斌接过了父亲的事业，虽然褚一斌已是中年，但无论对他还是褚橙，这仅仅只是一个年轻的开始。

第一节　青春与双创——创新赢得未来

创新是一个民族进步的灵魂，创业是一个国家发展的不竭动力，青年是创新创业的有生力量，接受创新创业教育，储备创新创业知识，迎接创新创业挑战。

案例导入

汪滔，1980年出生于浙江杭州，2003年，就读香港科技大学电子及计算机工程学系。2005年，与两位同学开始研究无人驾驶飞行技术，2006年创办了深圳市大疆创新科技有限公司。目前，大疆是全球领先的无人飞行器控制系统及无人机解决方案的研发和生产商，客户遍布全球100多个国家。汪滔在学生时期，把个人兴趣爱好提升到技术上的创新，又把技术上的创新转化成为成功的创业，最终造就了知名的科技企业。

一、创新创业创青春——掌声送给年轻人

1. 创新与创业

创新创业是指基于技术创新、产品创新、品牌创新、服务创新、商业模式创新、管理创新、组织创新、市场创新、渠道创新等方面，其中某一方面或几个方面创新而进行的创业活动。2014年李克强总理提出，要掀起“大众创业”“草根创业”的新浪潮，形成“万众创新”“人人创新”的新势态。“双创”的提出与部署，在很大程度上是为了调动全社会的积极性，积极投身于服务国家创新驱动战略。推进大众创业、万众创新，是培育和催生经济社会发展新动力的必然选择；是扩大就业、实现富民之道的根本举措，是激发全社会创新潜能和创业活力的有效途径。

创新和创业是相辅相成的关系。创新是创新创业的特质，创业是创新创业的目标。创新是创业的手段和基础，而创业是创新的载体。创业者只有通过创新，才能使所开拓的事业生存、发展并保持持久的生命力。

2. 创新创业教育

推进“双创”，离不开人才，人才的培养离不开教育。创新创业教育是以培养具有创业基本素质和开创型个性的人才为目标，以培育在校学生的创业意识、创新精神、创新创业能力为主的教育。创新创业教育本质上是一种实用教育。个人扎实的知识储备和深厚的综合素养是创新创业能力孕育和产生的重要基础。某种程度上讲，整个教育过程就是一个不断创新、不断推动创新的过程。

知识窗

“互联网+”大学生创新创业大赛

中国互联网大学生创新创业大赛，自2015年开始举办。大赛采用校级初赛、省级复赛、全国总决赛三级赛制。大赛旨在激发大学生的创造力，培养造就“大众创业、万众创新”的生力军；推动赛事成果转化和产学研用紧密结合，服务经济提质增效升级。通过组织该项大赛，促进和提高高校学生创新精神、创业意识和创新创业能力，进一步推动高校教育教学改革探索，切实增强高校创新创业精神和素质培育水平。大赛自2015年创办以来，累计有490万名大学生、119万个团队参赛，目前已举办五届：

第一届（2015年）：“互联网+”成就梦想　创新创业开辟未来

第二届（2016年）：拥抱“互联网+”时代　共筑创新创业梦想

第三届（2017年）：搏击“互联网+”新时代　壮大创新创业生力军

第四届（2018年）：勇立时代潮头敢闯会创　扎根中国大地书写人生华章

第五届（2019年）：敢为人先放飞青春梦　勇立潮头建功新时代

二、政策支持——红包送给创业者

（一）优惠政策

1. 税收优惠

持人社部门核发《就业创业证》（注明“毕业年度内自主创业税收政策”）的高校毕业生在毕业年度内创办个体工商户、个人独资企业的，3年内按每户每年8000元为限额依次扣减其当年实际应缴纳的增值税、城市维护建设税、教育费附加和个人所得税。

2. 创业担保贷款和贴息支持

对符合条件的高校毕业生自主创业的，可在创业地按规定申请创业担保贷款，贷款额度为10万元。鼓励金融机构参照贷款基础利率，结合风险分担情况，合理确定贷款利率水平，对个人发放的创业担保贷款，在贷款基础利率基础上上浮3个百分点以内的，由财政给予贴息。

3. 免收有关行政事业性收费

毕业2年以内的普通高校毕业生从事个体经营（除国家限制的行业外）的，自其在工商部门首次注册登记之日起3年内，免收管理类、登记类和证照类等有关行政事业性收费。

4. 享受培训补贴

对高校毕业生在毕业学年内参加创业培训的，根据其获得创业培训合格证书或就业、创业情况，按规定给予培训补贴。

5. 免费创业服务

有创业意愿的高校毕业生，可免费获得公共就业和人才服务机构提供的创业指导服务，包括政策咨询、项目开发、风险评估等“一条龙”创业服务。

6. 取消落户限制

取消高校毕业生落户限制，允许高校毕业生在创业地办理落户手续（直辖市按有关规定执行）。

（二）创业贷款

1. 贴息创业贷款

对从事微利项目的创业企业的小额担保贷款在贷款期内由财政部据实全额贴息，

贴息最长不超过两年，延期不贴息。

2. 大学生创业贷款

国家专门设立了用于支持科技型中小企业技术创新的政府专项基金。该基金以贷款贴息、无偿资助、资本金投入等方式予以支持，符合条件的大学生可按要求申请。

第二节 创业路上——大学生创业必备

你想创业吗？你有创业的计划吗？有创业的知识储备吗？创业公司如何筹备？创业公司又如何注册呢？

一、创业认知

1. 创业需要具备的基本知识

（1）专业知识。创业者需要掌握尽可能多地掌握创业所涉及行业的专门知识，掌握行业发展现状和市场供需关系，具备研判行业发展方向的能力。

（2）管理知识。创业者必须掌握经营管理知识，具备人力资源、市场营销、财务、生产组织等管理知识。

（3）财务知识。如企业怎样申请开业登记，怎样办理税务登记，纳税申报有哪些规定和程序，如何领购和使用发票，银行开户程序和有关结算规定等必要的财务知识。

（4）法律知识。企业合法合规经营是生存下去的首要条件。创业者一定要熟悉我国《公司法》《合同法》《专利法》《商标法》《税法》《劳动法》等。

（5）社会知识。社会知识对于创业者来说，是一种重要引领。无论是融资、销售还是宣传、合作，都需要各种社会资源来支持，因此创业者应具备公共关系、人际交往、社会生活等方面的社会知识。

2. 创业者应具备的品格

（1）自主。具有独立人格，不受传统和世俗偏见制约，能自由创造，自立自强，善于设计和规划未来，执行力强。

（2）自信。对自己的创业项目充满信心，相信自己能力，在遇到挫折时百折不挠，正确面对。

（3）自律。自觉接受社会公德和职业道德的约束和监督，合规合法经营，依法办事。

（4）合作。围绕共同目标，凝聚共同意志。创业者要具备非常强的“结网”能力，学会合作和交往，善于沟通交流，化解矛盾。

（5）诚信。创业者待人处事要真诚，讲信誉，言必信，行必果。当讨债人蜂拥而至时，史玉柱庄重承诺：“欠的钱一定要还”，也正是出于这种讲诚信的动力，史玉柱东山再起。

（6）自省。创业是一个不断摸索和修正的过程，必然会出现一系列的问题，自省是主动的认识问题，不断自我完善和革新。

3. 创业者应具备机会捕捉能力

19世纪中叶，美国加州传来发现金矿的消息。许多人认为这是一个千载难逢的发财机会，于是纷纷奔赴加州。17岁的小农夫亚默尔也加入了这支庞大的淘金队伍。经过一段时间的努力，和大多数人一样，没有发现黄金，反而被饥渴折磨得半死。一天，望着水袋中一点点舍不得喝的水，亚默尔忽发奇想：淘金的希望太渺茫了，还不如卖水呢。结果，淘金者都空手而归，而亚默尔却在很短的时间靠卖水赚到几千美元，这在当时是一笔非常可观的财富了。所以，善于捕捉机会，还敢为机会冒险，才是创业者的真本性。

二、创业筹备

1. 编制创业计划

在激烈的市场竞争条件下，好的创意付诸实践需要一份好的创业计划。

（1）一个好的创业名称。好的名称既要有丰富的内涵，能体现创业的属性和内容，又要形象直观、引人关注。如“阿里巴巴”“可口可乐”“娃哈哈”等。

（2）一项可行的论证报告。包括市场预测、政策环境、对手分析、风险评估等。

（3）一份投资回报分析。创业的主要目的就是获取投资回报，因此在编制计划书时，要综合分析市场的发展，清晰地提出利润产生点。

（4）一套创业运作方案。创业计划书应包括如何组织生产、如何市场营销、如何经营管理、设置好近中远期发展行动计划和目标体系。

2. 组建团队

一般而言，创业团队需要从管理、技术和营销三个方面互补组建。

（1）目标。团队共同目标引导着团队发展，是团队凝聚力和持续发展的基础。一个成功的团队必须有一个共同的目标。

（2）成员。充分考虑团队成员的能力、性格等方面的因素，把合适的成员放在合适的岗位上，发挥最大效能。

（3）定位。创业团队中的骨干成员在创业过程中必须要有清晰的角色定位。创业活动的成功，不仅需要寻找合适的商机，也需要团队成员各司其职，互相协同，形成发展合力。

（4）权责。赋予每个成员清晰的权利和责任，团队运作层次明显，执行力贯穿始终。

现象思考

锁和钥匙斗法

锁埋怨钥匙："我天天辛辛苦苦为主人看守家门，而主人喜欢的却是你，天天把你带在身边。"而钥匙也不满地说："你每天待在家里，舒舒服服！而我天天跟着主人，风吹日晒，多辛苦啊！"一次，钥匙为过一过锁的安逸生活，就偷偷藏了起来。主人出门回家后，找不到开锁的钥匙，一气之下把锁砸了扔进垃圾堆。主人进屋见到钥匙，气愤地说："锁已砸了，留着你还有什么用？"说完，把钥匙也扔进了垃圾堆。锁和钥匙在垃圾堆里相遇，非常感叹："今天我们落得如此可悲的下场，都是因为我们相互妒忌和猜疑，不相互配合的后果！"

团队成员之间的关系是相互的，和则双赢，斗则两败俱伤，唯有互相信任、沟通、配合、换位思考和相互协作，才能互利共赢、共同繁荣。

资料来源：由建勋，《创新创业实务》，高等教育出版社2016年版。

3. 筹措资金

筹集资金可以通过哪些方式呢？第一，可以采用自有资金或者众筹资金；第二，可以进行小额担保贷款；第三，可以使用天使投资资金。

三、创业公司注册

1. 企业名称核准

（1）拟定企业名称。企业名字本身就是品牌，公司的名字是财富的密码，它代表一个企业的生命（见表12–1）。

表 12–1　　企业命名示例表

企业名称命名法	特　点	举　例
象征命名法	行业习惯偏好用字	光明（眼镜店）、同仁堂（药店）、互惠（超市）、美加净（洗发水）、可口可乐（饮料）
吉利命名法	吉利词语	兴隆、茂业、发达、旺旺
特征命名法	经营特征或主营业务	万里（鞋业）、百草堂（药店）
幽默命名法	幽默化民间口语	大脚（鞋业）、傻子（瓜子）、狗不理（包子）
几何形状命名法	容易被记住	双环、五菱、方圆
地名命名法	产地、名胜地	茅台、九寨沟、大前门、嘉陵
象声词命名法	模拟某种声音	娃哈哈、滋滋烤鱼、喀嗞餐饮
洋化命名法	取自英文翻译或取外文名	雅戈尔、比亚迪、奥克斯
角色命名法	经营者形象定位	老干妈、康师傅
吉祥物命名法	吉祥动植物	春兰、熊猫、猴王、富贵鸟
数字命名法	易记、谐音	555、999、3721、3158

完整的企业名称应由四部分组成：行政区划、字号（商号）、行业和组织形式。其格式为：行政区划+字号（商号）+行业+组织形式。企业名称格式如图12–1所示。

行政区划	字号（商号）	行业	组织形式
北京	龙腾盛世	模具制造	有限责任公司

图 12–1　企业命名示例图

（2）拟定产品名称。好的产品名称能带给创业者持久的自信和毅力，要站得高、看得远，要有超前意识和发展眼光。

（3）拟定商标名称。除了要符合商标命名的法定要求外，还有注意易认、易读、易懂、易记、易写，把握特征，突出重点，最好名称要有美感，有寓意。

2. 公司登记注册

（1）领取营业执照。在工商行政管理部门申请注册登记，领取营业执照。

（2）刻制公章。刻制印章单位（含个体工商业户）必须持上一级单位出具的证明或营业执照，到县以上公安机关申领刻章许可证，凭刻章许可证到公安机关指定的印章刻制店刻制。

企业其他专用印章（包括经济合同章、财务专用章等），在名称、式样上应与单位正式印章有所区别。

（3）开立银行基本账户。企业只能在银行开立一个基本存款账户，开立基本存款账户是开立其他银行结算账户的前提（见图12–2）。

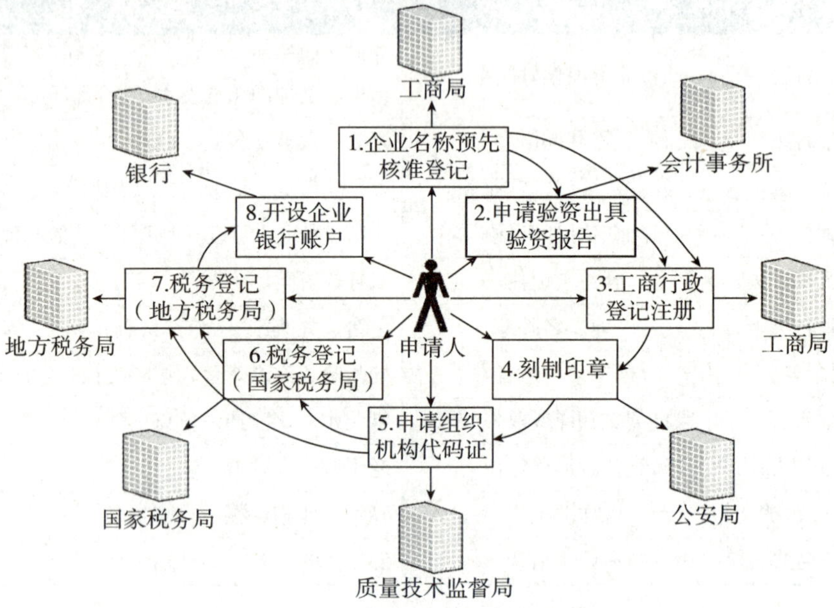

图12–2　基本存款账户设立流程图

3. 准备启动运营

企业的初创阶段必须把内部建设放在首位，准备运营阶段主要抓制度建设、员工培训及企业文化建设。

（1）制度建设。制度建设的过程要注意民主性、现实性、明确性、时变性。制度执行当中应注意的问题是高层管理人员必须带头执行企业制度，执法必严且执行要考虑到实际情况。

（2）员工培训。员工培训是指一定的组织为开展业务及培育人才的需要，采用各种方式对员工进行有目的、有计划地培养和训练的管理活动，其目的是使员工不断更新知识、开拓技能，改进员工的动机、态度和行为，使员工能适应新的要求，较好地胜任现职工作或担负更高的职务，从而促进组织效率的提高和组织目标的实现。

（3）文化建设。企业文化一般指企业基本价值观、工作作风和行为规范的总称，是企业在经营管理过程中创造的具有本企业特色的精神财富的总和，能把众多人的兴趣、目的、需要以及由此产生的行为统一起来，包含价值观、最高目标、行为准则、管理制度、道德风尚等内容。

拓展园

微信营销

微信营销是伴随着微信社交软件使用而兴起的一种网络营销方式。微信不存在距离的限制，用户注册微信后，可与微信中的“朋友”形成信息上的沟通交流，而这种开放式的信息沟通交流，可以成为产品信息的推介渠道，也可成为用户需求信息的提供媒介，综合利用微信的沟通交流功能，实现产品的销售和订购，从而实现点对点的营销。

第三节　创业财务知识——不可不知的企业三张表

财务报告是对企业财务全景的描述，能为投资者、债权人、管理层以及政府管理部门提供决策信息。其中最重要的是资产负债表、利润表和现金流量表。三张表是一个企业财务管理和动态的缩影。企业主要管理者应当懂得财务管理的基本常识，应当看懂这三张表，根据三张表提供的财务信息为管理决策服务。

案例导入

一笔业务读懂三大表

A. 某公司通过贷款买门店。房价150万元，首付50万元，100万元贷款。此时，资产负债表可表达为：资产（150）＝负债（100）＋所有者权益（50）

B. 正式经营门店，把它租出去，月租金2.2万元，缴税0.2万元。此时，利润表可表达为：利润（2）＝收入（2.2）－成本税费等（0.2）。

C. 2万元现金到账后，则资产负债表就可表达为：资产（152）＝负债（100）＋所有者权益（52）。资产的2万元是收到的现金，权益的2万元是赚到的利润。

如果这现金2万元尚未到账，则资产负债表可表达为：资产（152）=负债（100）+所有者权益（52）。资产2万元是应收现金，权益2万元是赚到的利润。这里应收现金虽然尚未到账，但在法律上已经是属于该公司，所以放进资产中。

D.接下来还贷款，为简单起见，不考虑利息，每月还0.5万元。则资产负债表可表达为：资产（151.5）=负债（99.5）+所有者权益（52）。资产减少0.5万元是因为你拿现金去还债了，同时负债也减少了。

所有的经济业务都可以在资产负债表、利润表和现金流量表中反映出来。因此，识读三大表并不难，理解了资产、负债、所有者权益、收入、费用、利润六个会计要素之间的关系就能看懂报表。

资料来源：由建勋：《创新创业实务》，高等教育出版社2016年版。

一、解读资产负债表——你的公司有实力吗？

企业实力如何？看资产负债表，资产负债表反映了企业在某一特定日期所拥有或控制的经济资源，所承担的现时义务和所有者对净资产的要求权。查阅资产负债表，可以帮助财务报表使用者全面了解企业的财务状况，获得资本结构是否稳定、资源配置是否合理、偿债能力是否有保障等经济决策信息。

（1）资产告诉你，钱的去处；细分一下后，资产负债表的资产部分，是按照变现的难易度进行排列的。

流动资产，是指预计能在一年内产生收益的资产，如现金、应收账款、存货以及各种类型的有价证券等。

非流动资产，是指那些需要一年以上时间才能产生收益的资产，如地产、厂房、设备、长期投资以及大部分无形资产。

（2）负债告诉你，公司的家当里，有多少是借的钱。

（3）所有者权益则告诉你，有多少是股东的钱。当企业终止经营时，股东（投资者）可收回多少投资净额。资产负债表是配平的，也就是说企业的所有资产=负债+所有者权益。

拓展园

资产负债表分析

资产负债表是分析企业资源效率的报表，主要记录企业募集的各种资源的来源以及运用状况和效率。比如通常用固定资产周转率来分析机器设备的运用效率；用货币资金周转率和应收账款周转率来分析资金的运用效率；用资产负债率（财务杠杆）来分析募集和使用资金的效率。分析负债和所有者权益的构成，可以看出资本结构是否稳定，即资金来源是否合理。整体分析资产负债表，还能评估债务风险。通过这些项目分析，可以帮助管理者了解和掌握企业资源的运用效率和状态，从而进一步提高资源利用效率。

二、解读利润表——你的公司有能力吗？

企业是否有能力要看利润表，增强企业的盈利能力，是企业管理的重点和根本。利润表又叫损益表，就是记录这段时间你的收支状况的报表，收大于支，就是利润，否则就是亏损。收入可以把它拆分成日常经营的常规收入和临时发生的非经常性收入。支出也可以把它再细分，支出可以分为工资、原料、销售费用等。

当“净利润”为正数，体现为盈利，属于企业可自由支配的净收益，会带来企业所有者权益和资产的同步增加。一家企业若能保持良好的持续盈利能力，说明企业的管理是有效的，企业的资产具备获利能力。

当“净利润”为负数，体现为亏损，反映为企业经营不善，会蚕食所有者权益和资产，长期的亏损会影响企业的持续经营能力。

查阅利润表，财务报告使用者可以全面了解企业在一定会计期间的经营成果，分析企业的获利能力及盈利趋势，为经济决策提供依据。

三、解读现金流量表——你的公司有活力吗？

“现金是企业的血液”，要保持企业活力，要有充足的现金。现金流量表是从现金的视角描述企业的经济活动，反映企业在一定会计期间的现金和现金等价物流入和流出的情况，弥补了其他报表中现金信息的不足。

知识窗

现金流量表分析

根据企业经济活动的性质和现金流量的来源，企业一定期间产生的现金流量分为三类：经营活动产生的现金流量、投资活动产生的现金流量和筹资活动产生的现金流量。现金流量表主要从这三个方面描述企业的经济活动，提供企业现金支付能力、营收质量、现金筹措能力等信息。

分析现金流量表，能够确定在一定会计期间内，企业现金来源的主渠道。企业现金主要来源于日常的经营活动收益，经营活动中收现比率越大，说明收入的质量越好，企业的活力越足。如果企业主要是靠借贷类筹资活动或变卖“家底”的投资活动来补充现金，就要注意企业是否存在资金健康问题了。

现金及现金等价物净增加额为正数，说明一定会计期间的现金流入大于流出，说明企业有“钱”可花；现金及现金等价物净增加额为负数，说明一定会计期间的现金流入小于流出，企业可能在“啃老本”了。

拓展园

财务外包解决小公司财务之忧

财务外包是企业将财务管理过程中的某些事项或流程外包给外部专业机构代为操作和执行的一种财务管理模式。财务外包根据其外包形式可分为传统财务外包和现代网络财务外包。

财务外包不同于代理记账。代理记账的服务内容为需求方的全盘账务处理，代账、报税。而财务外包主要是将整个财务管理活动根据企业的需要分解成若干模块，如总账核算、往来账款管理、工资管理、固定资产管理、系统报表、纳税申报等模块，将这些模块中企业不擅长管理或不具有比较优势的部分外包给专业机构处理，如将财务资金管理外包给银行等金融机构管理、将应收账款外包给收账公司去管理等。

随着经济全球化的到来和互联网技术的高速发展。财务外包领域开始不断地拓展，不仅限于交易管理，还包括了财务分析、风险管理等。财务外包逐渐成为增强企业活力的方式和进行业务转变的战略武器。

第四节　有效财务管理——事关企业兴衰的内控制度

成功的企业，各有所长；失败的企业，一定在内控方面出了大问题。建立、健全和有效执行内部控制制度，事关企业的兴衰和存亡。充分运用预算管理、成本管理、价值管理等工具和管理理念，加强企业内部控制，能为企业经营保驾护航。

一、预算管理——为企业经营目标效力

1. 全面预算管理

“凡事预则立，不预则废”。全面预算，是全员参与、涵盖全业务、覆盖全流程的综合性预算。全面预算管理是为数不多的几个能把组织的所有关键问题融合于一个体系的管理工具之一，在企业内部控制中发挥着经济活动导向的作用。

（1）全面预算体系。完善的全面预算体系，以市场为起点，以业务活动为基础，以现金流为主线，将所有经济事项纳入预算管理，为实现企业长期战略目标和短期经营目标服务（见图12–3）。

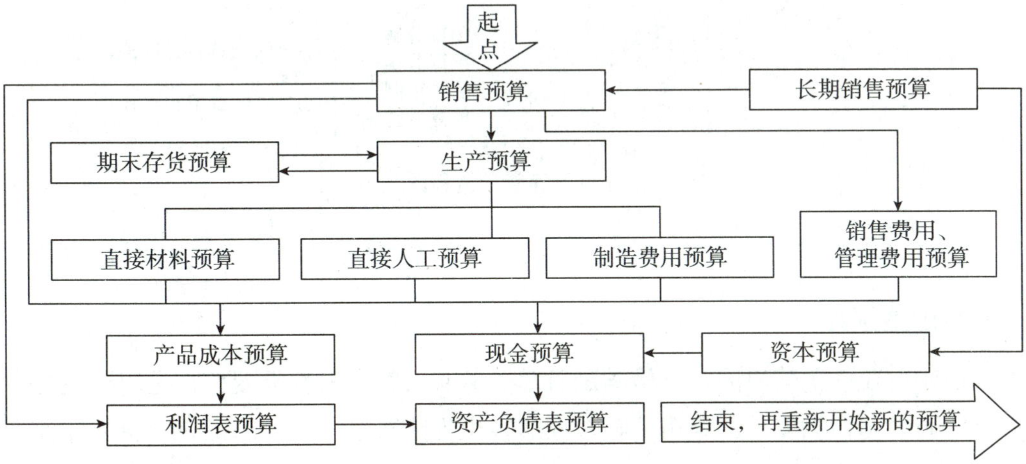

图12–3　全面预算体系关系图

（2）全面预算内容。全面预算的内容涉及企业经营、资本运营、财务预测、人员管理等方方面面（见图12–4）。

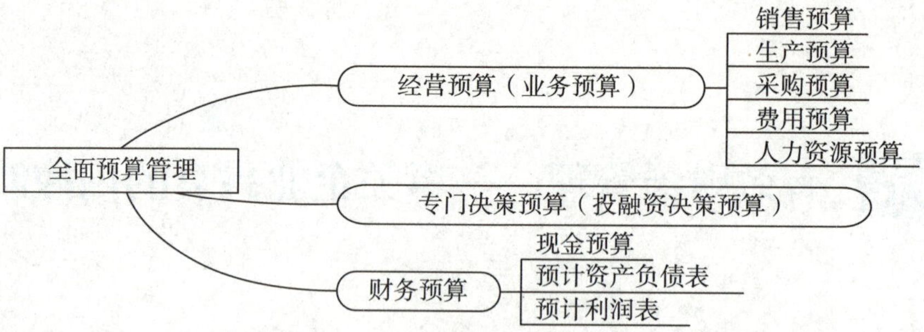

图12-4　全面预算管理的内容

专门决策预算服务于经营预算，保证经营具有必需的财产物质基础，财务预算是经营预算和专门决策预算的综合和总结。

拓展园

全面预算管理流程

全面预算管理在战略目标的指导和经营目标的约束下，以全员的双向沟通为辅助手段，完成预算管理的“三步曲”，如下图所示。

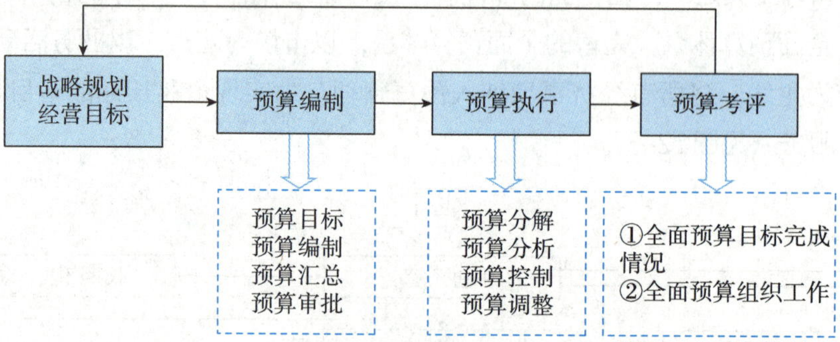

全面预算管理流程图

2. 现金预算

企业置存现金的原因：一是满足日常业务支付的交易性需要；二是以防发生意外支付的预防性需要；三是用于临时性的投机性购买需要。一般而言，企业账面上现金（含现金等价物）的余额要能够满足6个月的日常业务支付的需要。在现金管理中，要做最坏的打算，最安全的准备。通过编制现金预算，汇总反映资金活动，描绘现金流动的全貌，防范资金链断裂的风险（见表12-2、图12-5）。

表 12-2　　现金预算的编制理论

现金预算分类	营业活动现金预算	投资活动现金预算	筹资活动现金预算
编制基础	营业预算，包括销售预算、生产预算、销售费用和管理费用等	资本预算，包括固定资产投资预算、无形资产项目开发预算等	已有融资活动的本期预算和新增资本预算等
编制目的	现金不足时筹措资金，现金多余时及时处理现金余额，并提供现金收支的控制限额，发挥现金管理的作用		
现金预算表的组成	可供使用现金、现金支出、现金多余或不足、现金的筹措和运用		

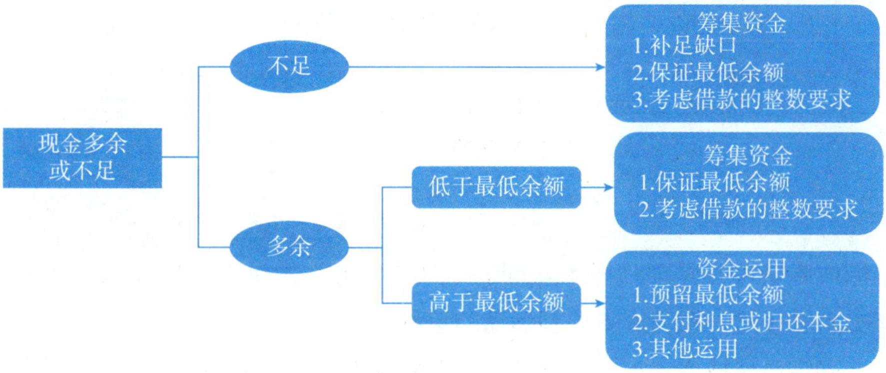

图 12-5　现金预算编制原理示意图

二、成本管理——提质增效的法宝

广义的成本是指可以用货币单位来衡量，为达到特定目的而发生的价值牺牲。有效的成本管理是企业获取竞争优势，提质增效的重要法宝。

1. 现代成本管理

现代成本管理，已由纯粹财务导向的成本控制转向以顾客为导向、着眼于竞争优势的战略成本管理，由事后的成本核算管理转向事前、事中的与资源消耗相关的成本过程管理。现代成本管理对象从关注企业内部活动拓展到企业外部，拓宽了成本管理的“空间”，现代成本管理的内容从基于日常经营控制而转向基于长期的战略管理层面，延伸了成本管理的“时间”。

（1）现代成本观念的转变。现代成本管理与传统成本观念相比较有“四个转变”：一是从注重成本核算向成本控制转变；二是从成本的经营性控制向成本的规划性控制转变；三是从产品制造成本管理向产品总成本管理转变；四是从静态成本管理向动态成本管理转变。

（2）现代成本管理基本流程。成本管理制度和方法，要因地制宜，与企业生产经营特点和目标相适应，与企业发展战略或竞争战略相适应。

不同的成本管理目的和不同的企业会有不同的成本管理方法，常用的现代成本管理方法有作业成本法、目标成本法等。虽然现代成本管理的方法呈现“百花齐放，百家争鸣”的局面，但万法归一，都要遵循以下的成本管理基本流程（见图12-6）。

现代成本管理通过事前规划设计、事中跟踪控制、事后分析评价，实现全面成本管理，向成本管理要效益。

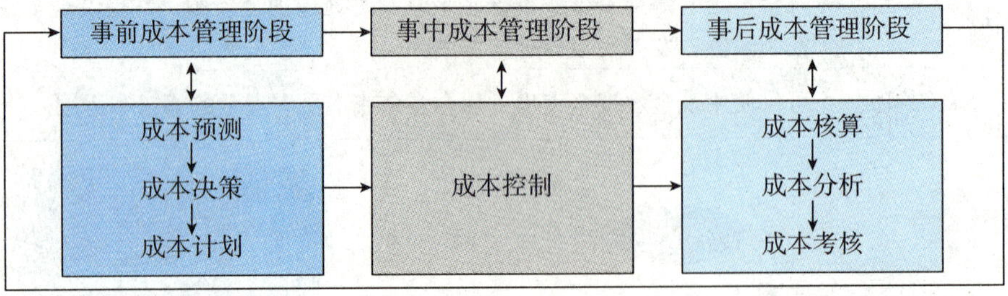

图12-6　成本管理基本流程

2. 目标成本管理

目标成本管理，是现代成本管理的一种重要方法，是确定目标成本及围绕目标成本落实而展开的一系列成本控制活动的总称。

（1）确定目标成本。产品目标成本=产品竞争性市场价格-产品的必要利润。在综合考虑市场竞争性售价和预期利润的情况下，设计出目标成本。例如，某产品在公开市场的售价是100元，企业要求的最低销售净利率是10%，那么该产品的目标成本为90元。

（2）梳理目标成本控制流程（见图12-7和图12-8）。

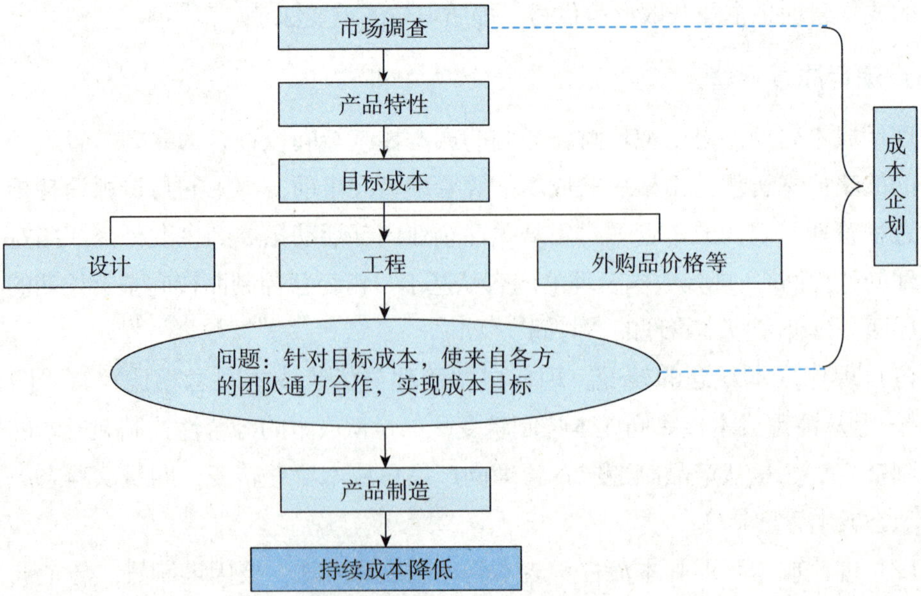

图12-7　目标成本控制流程图

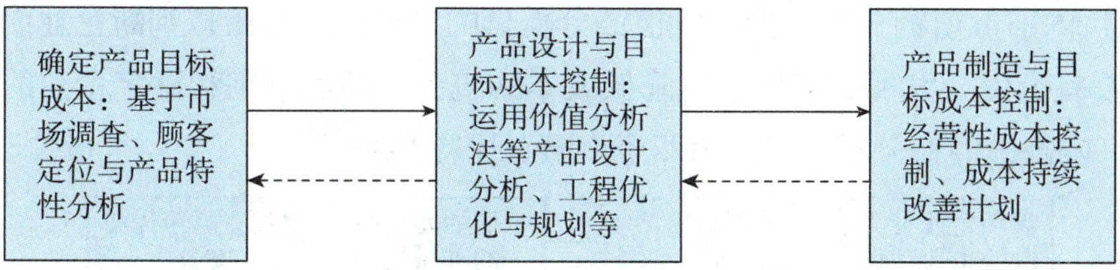

图12–8　目标成本管理核心流程

目标成本管理的核心程序是：首先，进行市场调查，了解顾客的需求，在此基础上进行产品特性分析，确定目标成本；然后，组建跨职能团队，进行价值分析，以目标成本为约束条件，使得产品设计、工程优化、工艺流程设计等符合目标成本要求；最后，按设计方案进行产品制造，并进行成本控制和成本分析，以达到持续降低成本，提质增效的管理效果。

三、价值管理——增值和贡献要大于成本

价值就是可交换、可衡量的成果。公司要生存、要发展，必须实现增值和贡献大于成本！价值管理就是增值的管理。

1. 增值从何而来

增值从何而来？有盈利就有增值，但是所有的成本投入都能实现盈利吗？显然，只有当客户觉得实现了自身的增值时，才会选择购买他人提供的产品或服务。因此价值创造的来源就是为客户服务，客户利益最大化才能带来企业经济效益和社会效益的双丰收。每一家企业都应分析怎样以最低的成本为顾客创造价值，并且通过价值管理确立自身的竞争优势。

2. 价值链管理

现代企业是研发、设计、生产、营销和售后服务等一系列价值活动所构成的经营系统，这一系列相关联的活动构成了价值链（Value Chain）。

（1）识别增值作业。企业成功的关键是要增加价值或降低成本，而企业的各类活动对价值贡献的大小不一，因此，需要识别增值作业。可通过成本分析等鉴别出价值贡献大的活动（即增值作业）、价值增值作用不大的活动（即非增值作业），并将那些非增值作业从企业价值链中剔除，突出企业的核心能力与竞争优势。例如，某企业增值主要来源于创新的、领先于同行的产品设计以及特色营销，产品生产属于非增值作业，因此将生产业务外包给其他加工企业，集中资源和精力进行新产品的研发、产品性能的提升和市场开拓等，强化企业的竞争优势，实现企业价值最大化。

（2）内部价值链分析。内部价值链分析目的在于通过分析以判断企业内部各项作业是否有价值，发现增加价值或降低成本的机会，从而识别和确定企业的关键成功因素。内部价值链分析可以分为四个步骤（见图12–9）：

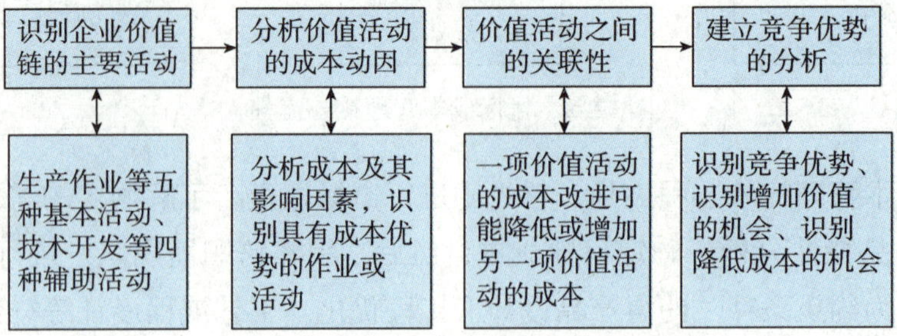

图12–9　企业内部价值链分析流程图

3. 向价值管理要效益

好的管理似如虎添翼，能起到1+1>2的增值作用。围绕价值管理这个目标，企业要在组织结构、产品设计、流程制度等所有经济活动上进行优化设计，避免无效的、资源浪费的行为。例如，怎样让员工有作为，让岗位实现增值和贡献呢？这就要求岗位设置、考核的标准是对企业有贡献，如果不能产生增值和贡献，这个岗位就可以撤销，以降本增效。

【体验与思考】

一、小组讨论

1. 创业可能遇到的问题和困难有哪些？

2. 怎样加强企业内部控制，向管理要效益。

二、技能实训

1. 以组为单位（5—8人）模拟注册一家公司，类型不限，搜集注册所需资料，整理成报告上交。

2. 根据创业计划书的设计和写作要求，以组为单位组建一个虚拟创业团队（5—7人），选择一个创业项目，撰写一份规范的《创业计划书》。

三、调研报告

关于小企业成本管理的调研报告。

请在当地找数家线上线下经营的各行业小企业，自行设计调查问卷，进行成本核算、成本分析、成本控制的调查。

主题十三

无限需求，有限资源
——稀缺性与资源配置

资源是有限的，而人类对资源的需求不断膨胀。人类中心主义驱使人类生产活动和社会活动的范围不断扩大，资源开发利用突破了区域界限和国界，资源配置向国际化和全球性发展，人口、资源、环境与发展的矛盾愈来愈突出，可持续发展成为当今世界主题。

案例导入

自然资源：取之不竭吗？

地球表面积5.1亿平方公里，陆地面积仅占29%，约1.5亿平方公里。只有约30%可以耕种。地球上大约有14亿立方公里的水，其中不适宜人类饮用的海水占97%以上，淡水只占3%；淡水中有77.2%和22.4%分别被储藏在冰川和地下，可以利用的地表水仅占0.35%。地球上有1000万个动植物物种，其中被分类和命名的物种资源约160万个。已发现的矿物有3300多种，其中有工业意义的1000多种，被列为矿产资源的有160多个矿种，对人类经济有重要价值的有煤、石油、天然气等40多种。目前全球有76余亿人口，全球每年净增人口在8600万以上，却有1700万公顷森林消失，600万公顷土地因沙漠化和水土流失而失去生产能力；每天有100多种，全年有5万种物种灭绝；全世界1/15的人口生活在水荒中，现在全球每年开采各种矿产150亿吨以上，包括废石约1000亿吨；人类每年从海洋中的捕鱼量约1亿吨。我们人类每年消耗的资源比地球能够再生的资源多出70%，人类在“透支”地球。资源开发利用突破了区域界限和国界，资源配置向国际化和全球性发展，由此而引起了一系列的全球性问题。

资料来源：联合国，《2019年世界人口展望》；世界自然基金会（WWF）《地球生命力报告2018》。

第一节　资源稀缺——欲望无限的经济后果

人活着就有欲望，经济学把满足人欲望的手段，叫“资源”。资源的特点与欲望相反，与人无穷的欲望比起来，资源总是稀缺的，稀缺性也叫有限性，是指现实中在某时间内所拥有的资源数量不能满足人们欲望的一种状态。

案例导入

清代文人胡澹庵编辑、钱德苍增辑的《解人颐》一书，收录了一首关于人生欲望的趣诗，叫作《不知足诗》：

终日奔波只为饥，方才一饱便思衣。
衣食两般皆具足，又想娇容美貌妻。
娶得美妻生下子，恨无田地少根基。
买得田园多广阔，出入无船少马骑。
槽头拴了骡和马，叹无官职被人欺。
县城主簿还嫌小，又要朝中挂紫衣。
若要世人心里足，除是南柯一梦西。

这首词把人欲望无穷的特征写得栩栩如生。

想一想，是这样吗？

一、欲望——动力还是束缚

欲望是人们为了满足生理或心理上的需要而产生的渴望。饿了想吃饭，冷了要穿衣，困了想睡觉，孤寂时候想要交流。想致富，想升迁，想被人尊敬，想干一番事业等，这些都是欲望。我国古代思想家荀况说过：“人生而有欲，欲而不得，则不能无求，求而无度量分界，则不能不争。争则乱，乱则穷。”说明了欲望导致纷争，纷争导致贫乱。但人类欲望的满足是相对的，原有的欲望满足了，又会产生新的、更高层次的欲望。正是人类在不断产生新的欲望和需求，人类社会和文明才会不断进步。

知识窗

美国著名心理学家马斯洛（1908—1970）在《动机与人格》一书中把人的需要分为五个层次。低层次的需要满足了，会产生高层次的需要：

（1）生理需要（衣食住行用）——最低级的需要；

（2）安全需要（生活稳定、人身安全）——比较低级的需要；

（3）社交需要（情感需要、亲情友情）——中级的需要；

（4）受人尊重需要（利他行善、助人为乐）——较高级的需要；

（5）自我实现需要（献身理想、价值发现）——最高级的需要。

尽管同一个人在一定时期内对同一种物品的需要是有限的，但从整体来看，人类的欲望是无限的。但是，欲望并不是贪婪。欲望是人的正当要求，它与人满足欲望的能力应该是匹配的。换句话说，欲望是以自己的能力可以满足的，或者通过正当途径的努力可以实现的。贪婪则是满足无法实现的欲望。例如，在现实中，一个有能力、辛苦挣钱的人想买一套大房子是正当的欲望，但是一个工资微薄的人想通过不法途径贪污受贿购买豪宅就是贪婪，属于不切实际地做自己根本做不到的事。

现象思考

畸形的欲望导致了很多社会问题

过去有一句话叫：腰缠十万贯，骑鹤下扬州。说明财富、权势、知名度这三者都是人所希望得到的。比如经商之人，就可能会有财富；政府官员，就会有权势；学者、艺术家，就会有知名度。但很多人由于欲望的驱使，不守本分，想要的可能就会越位。

官员想拥有像商人那样的财富、学者艺术家那样的知名度，他就会越位，就会搞权力寻租，贪污腐化，这就是由于他的欲望，越过了他的本位所致；商人想要点知名度，还想要很高的政治待遇，那么他也越位了；艺术家、学者用名誉去谋取财富、官位，尤其是为谋取财富，替某些利益集团去说话，也就失去作为一个专家、学者应有的公正态度。

由于欲望的越位导致了很多的社会问题，越位会使自己原本拥有的东西，由于过分的贪欲而失去了。

二、稀缺性——物以稀为贵

人类要生存，社会要发展，必须需要资源。资源是指在一定时间地点条件下，能够产生经济价值，以提高人类当前和未来福利的自然环境因素和条件①，它是资财之源，财富的来源。资源既包括土地、水、空气、矿藏等自然资源，也包括劳动、资本、技术、信息等社会经济资源，是人类社会财富推动社会经济发展的源泉。

相对于人类无穷无尽的欲望而言，在一定时间与空间范围内，可用于满足人类欲望的资源总是有限的，相对不足的资源与人类绝对增长的需求相比造成了资源的稀缺性。从这里可以看出，稀缺性具有两个特征：一是相对性，即稀缺性是一个相对的概念，相对稀缺就是资源的总供给能够满足总需求，但分布不均衡会造成局部的稀缺；二是动态性，即稀缺性是一个动态的概念，即使某些商品在某一时期供给充足，但随着消费的扩张，这些商品也会变得相对不足，如水资源、环境资源等。先秦《鹖冠子·学问》中有一段名言："贱生于无所用，中流失船，一壶千金，贵贱无常，时使物然"。意思就是：物品的价值取决于它的用途大小，比如过河行到河中翻了船，这时一个便宜但可救命的葫芦就价值连城了，贵贱本无标准，而是时机使然。这说明物品的贵贱不取决于"物"的本身，而是取决于"宜"与"欲"，正如《墨子·经说下》指出："贾也，宜不宜，在欲不欲。"也就是说，商品的价格是否适宜，取决于消费者的购买欲望。适合时宜，为人急需的"物"就贵；不适合时宜，对人无用的"物"就便宜，需求各异，涨跌随势，差别很大。

面对资源的稀缺，需要对资源进行合理配置，整个社会经济各个层面，包括个人、家庭、厂商、政府，都要面对资源的稀缺与需求的无限及由此引起的选择问题。

现象思考

美好的爱情也是稀缺资源

爱情是人类最古老而又新鲜的话题，古往今来，多少痴男怨女谱写了无数可歌可泣的爱情诗篇：仙女下凡，梁祝化蝶，宝黛木石前盟，白蛇等待千年。

宝黛初见，一见如故："这个妹妹我曾见过的。"

郭襄初见杨过，一见钟情，"风陵渡口初相遇，一见杨过误终身。"

为什么美好的爱情总是让人沉醉向往，从经济学的角度分析，就是因为其稀缺性。

---

① 联合国环境规划署：《自然资源保护大纲》，1972年。

无论是“金风玉露一相逢，便胜却人间无数”的美丽邂逅，“一日不见，如三月兮”的无尽思念；还是“曾经沧海难为水，除却巫山不是云”的情有独钟，“执子之手，与子偕老”的平淡幸福；抑或是“人面不知何处去，桃花依旧笑春风”里的伊人宛在，却觅之无踪的哀伤，爱情的感人之处在于：世人万千种，斯人若彩虹，一生一世一双人，ta才是最好的唯一。

现实中的“白富美”“高富帅”，不仅是稀缺的，也是相比较而存在的，比尔·盖茨富可敌国，但不爱讲个人卫生；贝克汉姆风度翩翩，但不时有风流花边新闻。金无足赤，人无完人，正是因为美好爱情可遇而不可求，才让人们倍加憧憬。

董卿说：“世间一切，都是遇见。冷遇见暖，就有了雨；冬遇见春，有了岁月；天遇见地，有了永恒；人遇见人，有了生命。”当爱情遇见了美好，便印证着那句亘古名言：问世间情为何物，直教生死相许？

第二节 资源配置——人们面临的成本和效益取舍

案例导入

奥巴马的邻居

奥巴马当上美国总统的时候，他的邻居觉得自己可能会因此发财，接下来他标价300万美元来出售紧邻总统的住房，他想很多人一定会因此感到荣耀而抢购，但他想错了。

虽然很多人对这套住房感兴趣，但没人敢买，因为大家都担心生活在严密的监控之下，生活中毫无隐私可言。最后，这位邻居在无奈之下只能大幅度降低价格，最后以140万美元的价格卖给了一个叫丹尼尔的小伙子。

这个小伙子非常有经商的头脑，他立刻把这所房子改成了幼儿园，并号称是全美最安全的幼儿园，吸引了无数富豪把孩子送到这里来就读，不仅如此，他还把自己的外墙给拍卖出去了，因为这外墙上的广告可是会经常会被拍上电视的，于是丹尼尔发了大财。这说明合理的资源配置，才能创造财富。

一、资源配置——市场起决定性作用

资源的稀缺性决定了任何一个社会都必须通过一定的方式把有限的资源合理分配到社会的各个领域中去，因为稀缺，才产生了如何有效配置和利用资源问题。在理论界，根据资源配置的主体有两种类型：一种是政府配置，通过对各种社会资源配置的流向、结构和退出等进行合理引导，以形成有效的资源配置秩序；一种是市场配置，我国曾长期实施计划经济，社会上所有资源完全由政府配置。十一届三中全会后，实施改革开放，开始走建设有中国特色社会主义的新道路，提出“应该坚决实行按经济规律办事，重视价值规律的作用”；2012年十八大提出“要在更大程度、更广范围发挥市场在资源配置中的基础性作用”；党的十八届三中全会上正式确立“发挥市场在资源配置的决定性作用”。要求政府将手中配置资源的权力部分让渡于市场，涉及政府的重大“角色”转变，即从市场“权力者”“支配者”转变成市场“服务者”“义务人”。

知识拓展

市场不同经济周期变动时的资产配置

据美国近30年资产和市场行业回报率的数据报告，在不同经济周期中，市场与资产配置的比例则不同。经济总是从衰退走向复苏，再走向过热，然后进入滞涨，再度进入衰退、复苏的循环。在不同的经济周期下，各类的资产表现是不同的。比如，在复苏期，最好的资产是股票；在过热期，最好的资产是大宗商品；在衰退期，最好的资产是债券；而在滞涨期，最好的资产则是现金。当然，这仅仅是大概率事件下的分配机制。

二、帕累托改进——有人收益而无人受损

经济学要求资源配置以促进社会福利最大化。最大社会福利是资源配置所能达到的最高目标，也就是资源最优配置所能达到的理想状态。19世纪的意大利经济学家帕累托发明了“效率”这个概念。他认为，社会是由众多的人员组成的，社会福

利必须同时考虑每个人的感受。因此，有效率的情况是指，社会无法进一步组织生产或消费，在不减少其他人福利的前提下增进某个人的满足程度，即所谓的“帕累托最优”。如果资源在重新分配后可以使人们生活得更好，那么它们就应该重新分配，这就是“帕累托改进”。

知识窗

帕累托法则

又称80/20法则，是帕累托发现的，最初只限定于经济学领域，后来这一法则也被推广到社会生活的各个领域，帕累托法则是指在任何大系统中，约80%的结果是由该系统中约20%的变量产生的，因此又称“二八定律”。

例如，在企业中，通常80%的利润来自于20%的项目或重要客户；经济学家认为，20%的人掌握着80%的财富；心理学家认为，20%的人身上集中了80%的智慧等。具体到时间管理领域是指大约20%的重要项目能带来整个工作成果的80%，并且在很多情况下，工作的头20%时间会带来所有效益的80%。

帕累托法则与唯物辩证法中的“抓主要矛盾”有异曲同工之妙。在工作中，应该将时间花在重要的少数问题上，因为掌握了这些重要的少数问题，只花20%的时间，即可取得80%的成效。

假设一个资源不存在稀缺性的社会，假设能无限量的生产出各种物品，或者如果人类的欲望能够完全得到满足，那么会产生什么样的后果呢？既然人们拥有了自己想要拥有的一切东西，也就不必再担心花光其目前有限的收入，而企业也不必为劳动成本和医疗保健问题犯愁，政府则不用再为税收、支出和环境污染等问题而大伤脑筋。在这个丰裕而理想的伊甸园里，所有的物品都实行免费，所有的价格都变成了“零”。

拓展园

华为：新帕累托曲线——企业发展更依赖优质人才的创新

AI时代的这一人才发展趋势，在华为智能制造上已经体现得比较明显，基础工人在减少，工匠科学家在增加，学历结构也在逐步优化变成以硕士和博士为主。

面对世界第二次人才大迁移的机会，华为如何建立自己的筛选机制和导入方法？黄卫伟说：“高端人才重视的是机会，华为正在加大投资，不仅在创造平台和机会，并且在增加工作机会的挑战性；其次，华为的人才待遇已达到世界最高级水平，与Google、微软、苹果等实现对齐，高端人才到华为没有后顾之忧。华为通过这两个条件的创造来让人才自己做筛选。”2017年，华为研发投入为人民币896亿元，用于研究的投入占20%左右，还会逐步加大到30%左右，这为华为吸引高端人才创造了条件。

AI时代，企业要进一步敞开人才的喇叭口，华为的经验，一是鼓励吸收各专业的杂家进入各体系，比如招聘测绘博士进GTS，招聘生物学、医学人才进入电气学，将新的思维方式和新的方法应用于业务。任正非将此比喻为“人工智能煮饭的时候，就像东北那个乱炖，管他什么都炖进去，不知道谁能炖出味道来。瞄准未来，生物学的萝卜拿来炖一下，牙医的萝卜拿来炖一下，还有好多学科的萝卜，只要他们愿意转行，他带来的思维方式都会使我们的人工智能更成熟”。二是要能容忍“歪瓜裂枣”，容忍一些不太合群的人，允许他们的思想能在公司发酵。因为很多优秀人才都是歪才。贝多芬是一个聋子，但不妨碍他是一个伟大的音乐家，如此，才能一代代将星闪耀。三是在业务转折过程中，通过“转人磨芯”，磨砺人，转换人，筛选人。企业不对每个人负无限责任，但给每个人公平的机会进步。

资料来源：黄卫伟：“华为AI战略与人才发展观”，2018年10月。

三、资源利用——效率为王，节约至上

在古代，人们具有一些朴素的环境资源观，如倡导“天人合一”“顺应天时”；《孟子》中有论述：“不违农时，谷不可胜食也，数罟不入洿池，鱼鳖不可胜食也。斧斤以时入山林，材木不可胜用也。谷与鱼鳖不可胜食，材木不可胜用，是使民养生丧死无憾也。养生丧死无憾，王道之始也。”北魏贾思勰的《齐民要术》一书进而提出：“地势有良薄，山泽有宜异。顺天时，量地利，则用力少而成功多。任情返道，劳而无获。”这样的论述把合理利用资源的生态经济原理提到了规律性的高度。我国古代协调人与自然、合理开发利用自然资源的观点，即使到了科学技术高度发达的

今天，仍然不失为指导资源利用和生产的基本原则和方针。资源利用问题包括这样几个相关的问题：第一，在资源既定的情况下，如何使稀缺资源得到充分的利用，使产量达到最大；第二，为什么产量不能始终处于生产可能线上，而是时高时低，也就是说现实中经济为什么会经常发生波动；第三，货币实际购买力的变动会对产量产生什么样的影响。

知识窗

要大力节约集约利用资源，推动资源利用方式根本转变，加强全过程节约管理，大幅降低能源、水、土地消耗强度。要控制能源消费总量，加强节能降耗，支持节能低碳产业和新能源、可再生能源发展，确保国家能源安全。要加强水源地保护和用水总量管理，推进水循环利用，建设节水型社会。要严守耕地保护红线，严格保护耕地特别是基本农田，严格土地用途管制。要加强矿产资源勘查、保护、合理开发，提高矿产资源勘查合理开采和综合利用水平。要大力发展循环经济，促进生产、流通、消费过程的减量化、再利用、资源化。

——“习近平总书记在十八届中央政治局第六次集体学习时的讲话”，2013年5月24日。

四、生产可能性边界——两害相权取其轻，两利相权取其重

人们都希望自己的欲望能够得到全部的满足，但能够满足人们欲望的经济物品和资源又是稀缺的，生产资源的稀缺，决定了产品产量的有限，这就产生了一个社会的生产可能性问题。在既定的技术水平和现有资源的条件下，要想增加某种商品的产量，就势必要减少其他商品的产量，各种产量组合所能达到的最高界限，就构成了此时的生产可能性边界。

假定一个社会拥有一定量的资源，如全部生产武器可以生产15万门武器，如果全部生产食物可以生产5万吨食物，在这二种极端的可能性之间，还存在着武器与食物不同数量的组合（见表13–1）。

表 13-1　　　　　　　　　　　生产可能性组合表

可能性	食物（万吨）	武器（万门）
A	0	15
B	1	14
C	2	12
D	3	9
E	4	5
F	5	0

我们可以做出图13-1。在图中，连接A、B、C、D、E、F点的AF线是在资源既定和技术水平不发生重大变化的条件下所能达到的武器与食物最大产量组合，被称为生产可能线或生产可能性边界（Production Possibilities Frontier）。AF线上的任何一点（如C点，代表了2万吨食物和12万门武器）都是资源被充分利用时所能达到的最大产量组合。AF线内的任何一点（如G点，代表了2万吨食物和6万门武器）都是现有资源条件下能达到的产量组合，但是存在着资源浪费的现象。AF线外的任何一点（如H点，代表了4万吨食物和12万门武器）是现有资源和技术水平条件下无法达到的产量组合。

"大炮与黄油的矛盾"使得我们面临着选择（Choice）问题，即如何利用有限的资源去生产尽可能多的经济物品，以最大限度上满足自身的各种欲望。图13-1也明确告诉我们，鱼和熊掌是不可兼得的，要想多得到鱼，就必须放弃一部分熊掌，同样，要想多得到熊掌也必须放弃一部分鱼，也就是说鱼和熊掌是互为成本的。同理，在两种利益面前，当然是选择利益较大的那种，在两种损害面前，当然是选择伤害较轻的那种，利弊权衡，自然选利重害轻。

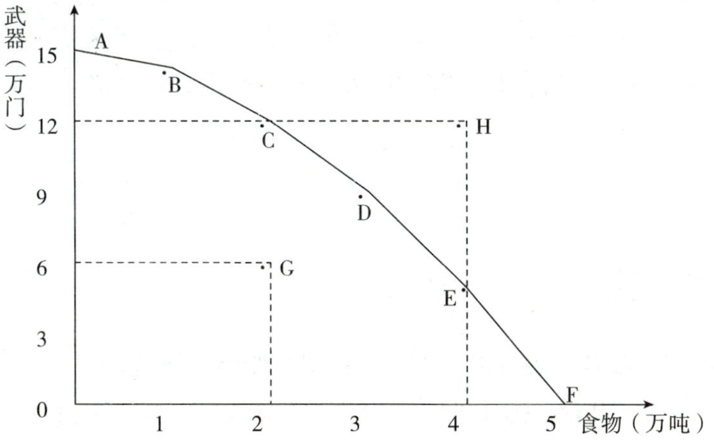

图13-1　生产可能性线

知识窗

生产可能性边界运用

1.生产可能性边界的存在正说明了稀缺性的存在，实际上是把稀缺性具体化了。

2.稀缺性迫使人们做出选择，运用生产可能性边界就可以使选择具体化。

3.选择按生产可能性边界上的哪一点进行生产，也就是决定了生产什么，如何生产与为谁生产。

4.生产可能性边界上各点就是效率的实现，生产可能性边界以内各点则没有实现效率。

5.生产可能性边界向右下方倾斜说明选择的代价就是机会成本，即在资源与技术既定时，多生产一单位某种产品就要少生产某些单位另一种产品。

现象思考

生产可能性边界告诉我们这样一个道理：做事要量力而行，千万不要“不可为而为之”，这样不仅不能把事情做好，而且还会徒增烦恼。在大学期间，总是有许多学生喜欢出去做兼职，有些人也因此耽误了学习，这就是因为每个人的时间和能力都是有限的所致。

同时我们也不可以妄自菲薄，轻视自己的能力，因为有时我们可能处于自己的“生产可能性边界”之内，这个时候就需要你充分发挥自己的潜力，达到“人尽其才”。

五、资源全球配置——经济全球化

“全球经济资源配置”这种能力的强弱，既反映着一国或地区对全球经济走势和发展的影响力，也反映着一国或地区利用全球资源来优化本国或本地区资源配置的能力，保障本国或本地区经济可持续发展的能力。不难看出，提高全球经济资源配置能力是开放型经济国家在发展中追求的一个重要目标。

资源配置全球化表现为经济全球化，资源配置全球化表现为一系列经济要素全球化的组合，即生产制造全球化、贸易全球化、金融全球化、投资全球化、人力资源全球化、消费全球化等。

1. 生产制造全球化

世界各国和地区的生产过程日益形成环环相扣的不可分割的链条，形成了世界性生产网络。表现为：国际分工进一步深化和细化，即各产业部门内部的分工，产品专业化为基础的分工，沿着生产要素界限的分工，出现了协议性分工。

2. 贸易全球化

国际贸易增长速度远远超过同期全球经济增长速度。2014年，全球货物贸易总额达到19万亿美元，占GDP的比重已达24%左右，如果加上近5万亿美元的服务贸易总额，全球货物与服务贸易占GDP的比重则可达到30%左右。全球贸易量的增长速度也往往要高于经济增长速度，如2005—2015年国际贸易量增长速度为5%左右，是经济增长速度的两倍。

3. 金融全球化

生产的全球化和贸易的全球化直接催生了金融的全球化。表现为：银行业务全球一体化，国际证券市场一体化，利率、汇率市场化，放松对各类金融机构业务经营范围的限制。实行资本自由流动，使国内金融市场和国际金融市场日益融合。

4. 区域经济一体化

区域经济一体化是经济全球化的先导和基础，经济全球化又是区域经济一体化发展的必然结果和归宿。地理位置相近，经济上有互补性，关系较好的国家和地区首先通过签订协议联合起来建立区域性经济联合体。

经济全球化对所有的发展中国家来说它是一柄“双刃剑”，即经济全球化让一部分发展中国家抓住了机会，并加速了发展，但是经济全球化给广大的发展中国家带来的还是更多的困难、问题及挑战。进入21世纪以来，经济全球化与跨国公司的深入发展，既给世界贸易带来了重大的推动力，同时也给各国经贸带来了诸多不确定因素，使其出现许多新的特点和新的矛盾。

拓展园

“一带一路”：探索全球经济资源配置新路

习近平主席提出的“一带一路”倡议构想，指出了中国提高全球资源配置能力之路。“一带一路”倡议的实施以基础设施建设为抓手，满足了相关国家和地区的这些内在要求，与传统的国际贸易相比，“一带一路”所展开的基础设施建设投资具有不动产投资的功能，既具有经济建设的性质，又具有民生工程建设的性质，对经济社会发展的持续性影响力远远超过了国际经济中一般的货物贸易，提高了国际贸易和国际经济合作的效能。与前些年中国企业单兵出海相比，“一带一路”倡议所展开的“走出去”战略有三方面特点：一是借助多边机制，形成效率较高、成本较低的群体效应；二是抱团出海的背景下，可以形成抱团取暖效应，有利于相互协调相互推进市场开拓；三是通过多边机制，容易形成利益共同体。与传统资本输出中的金融运作相比，“一带一路”实施过程中的金融支持有着三方面特点：一是“一带一路”借助亚投行、丝路基金等机制，能够同时为众多的实体企业提供具有国际水准的综合金融服务，从而，使得“走出去”的实体企业得到的金融支持更加及时充分；二是“一带一路”的金融服务面对抱团出海的众多实体企业，形成片状立体的综合金融服务格局，有效支持各家相关企业的总体金融服务态势；三是“一带一路”的金融机制是一个创新过程。

上述各项特点，决定了“一带一路”倡议的实施，既有利于打破中国进入国际贸易、国际服务和国际投资等市场的壁垒，在合作共赢、创造和谐世界等方面形成与霸权主义不同的国际经济新规则新秩序，也有利于突破特里芬难题中资本输出国的悖论循环，使中国借助多边投资机制，充分发挥自己的优势，有效提高全球经济资源配置能力，闯出一条新的适合中国扩展对外经济活动的路径。

资料来源：王国刚，《经济参考报》。

第三节　人类中心主义与生态文明——我们只有一个地球

人类中心主义的强大能量刺激着人类的控制欲、占有欲，不得不面对人和自然的关系、人与人的关系、国与国的关系，种族、民族、文化之间的关系等一系列困境。生态文明是世界上不同文明、不同宗教、不同意识形态的人们之间的最大公约数，为淬炼人类共同价值提供了重要参照。

一、人类中心主义——足以毁灭万物，甚至毁掉自身

人类中心主义，是一种以人为宇宙中心的观点。一切以人为中心，或一切以人为尺度，为人的利益服务，一切从人的利益出发。人类中心主义被认为是资源过度开发，环境恶化的“罪恶之源”。人类中心主义观点具体可分为两类：强人类中心主义和弱人类中心主义。

强人类中心主义主张，人是最高级的存在物，认为“人类是宇宙之精华，万物之灵长”，因而他的一切需要都是合理的，只有人才具有内在价值，其他自然存在物只有在它们能满足人的兴趣或利益的意义上才具有工具价值，自然存在物的价值不是客观的，而是由人主观地给予定义。这种观点完全否认了自然存在物的客观价值，人类中心主义也因此饱受争议。

弱人类中心主义认为，应该对人的需要作某些限制，在承认人的利益的同时又肯定自然存在物有内在价值。人类根据理性来调节感性的意愿，有选择性地满足自身的需要。自然存在物的价值并不仅仅在于它们能够满足人的利益，自然物也有内在价值。弱人类中心主义虽然承认人的优越性，但也承认其他有机体意识生命联合体的价值，人类有义务从道德上关心它们。

人类中心主义所代表的是西方文明和工业化历史进程所独有的价值观念和制度精神，它深深地根植于资本主义生产方式及其制度文化的土壤之中，是资本主义生产方式及其制度模式的文化形态和观念体现。人类中心主义的实质是资本中心主义，是资本对自然的支配，是自然被资本化。不是以“人类”为中心，而是以资本为中心，以资本受益者为中心。

二、生态文明——可持续发展战略的思想基础

在中国古代思想体系中，以“和合”为旨归，把天、地、人作为一个和谐统一的整体，出现了儒家的“天人合一”、道家的“道法自然”、释家的“众生平等”相结合的中国生态伦理观，“大哉乾元，万物资始，乃统天”“至哉坤元，万物资生，乃顺承天”，都是从万物生长的意义上来谈天地乾坤的，这些都是质朴睿智的自然观。

文明是人类文化发展的成果，是人类改造世界的物质和精神成果的总和，也是人类社会进步的象征。在漫长的人类历史长河中，人类文明经历了原始文明、农业文明和工业文明三个阶段。生态文明是人类文明发展的一个新的阶段，是人与自然、人与人、人与社会和谐共生、良性循环、全面发展、持续繁荣的文明形态。

资本主义工业文明以“人类中心主义”为出发点，以资本为中心，以利益最大化为根本目标，导致人与自然关系的紧张、人与人关系的异化，生态环境破坏。马克思主义用自然辩证法对资本主义进行了深刻批判，重构了人与人、人与自然、人与自身的存在关系。

拓展园

蓝色经济——我国海洋强国建设的必由之路

蓝色经济，狭义上也称海洋经济，广义上讲也是循环经济。蓝色经济区别于传统绿色经济。绿色经济是指我们通常所说的低碳节能环保型经济，蓝色经济是循环经济，它在低碳节能环保的基础上，更加重视循环经济，重视海洋生态系统的构建，是环境友好型产业形态，相较于绿色经济的区别最主要体现在零排放、无废弃、低成本。它具有四个显著特点：创造就业机会、创造经济价值、仿效生态系统和零排放。在这里，衡量就业岗位的增加与否，也是区别蓝色经济与绿色经济的一个重要指标。因此，蓝色经济与环境产业未来的趋势有着非常高的契合度。海洋是人类食物的重要来源，海洋中的生物多达20余万种，其中动物约18万种，植物2万余种，海洋生物资源的高效、深层次开发利用，将对推动“蓝色”经济的健康发展具有重要的意义，蓝色经济理念将和互联网思维并驾齐驱，掀起一场深度的产业革命。

建设生态文明，实现人与自然的和谐发展。在理论上必须重新思考过去人类对待大自然的态度和立场实现对传统人类中心主义，尤其是对近代人类中心主义的扬

弃，在经济发展模式选择、经济结构调整、消费观念和消费方式等方面实现生态化革命，作为世界上最大的发展中国家和全球生态文明建设的引领者，中国的生态文明建设任重道远。

知识窗

我们既要绿水青山，也要金山银山。宁要绿水青山，不要金山银山，而且绿水青山就是金山银山。我们绝不能以牺牲生态环境为代价换取经济的一时发展。我们提出了建设生态文明、建设美丽中国的战略任务，给子孙留下天蓝、地绿、水净的美好家园。

——2013年9月7日，习近平在哈萨克斯坦纳扎尔巴耶夫大学回答学生问题时讲话。

三、可持续发展——全球趋势与中国选择

1992年联合国环境与发展大会将可持续发展定义为：既符合当代人类的需求，又不至损害后代人满足其需求能力的发展。2002年，联合国可持续发展高峰会报告指出："地球仍然伤痕累累，世界仍然冲突不断。海平面上升，森林遭严重破坏，超过20亿人口面临缺水，每年有300多万人死于空气污染的影响，220多万人因水污染而丧生，气候变化影响日渐明显""世界面临的其他挑战，地区冲突、恐怖主义、霸权主义、跨国犯罪、毒品走私，贫困人口有增无减，世界和平和安全受到威胁"。环境问题、社会问题、政治问题和国际关系问题，可持续发展战略面临严峻局面。

"人类中心主义"观念是造成全球生态危机的思想根源，带给我们的将是日益枯竭的生态资源和不断恶化的自然环境。生态文明是与物质文明、政治文明、精神文明相并列的现实文明之一。可持续发展的目标跟生态文明的理念是一致的，生态文明着重强调人类与自然的协调相处，是可持续发展战略的思想基础。

社会的发展需要以自然资源的供给为支撑，自然资源的有限性引发了对经济可持续发展的思考，资源提供了经济发展的动力，也天然地确定了经济可持续发展的边界。当今世界面临资源短缺的威胁，环境对经济发展的制约也日趋明显。不同的国家根据各自的国情制定了相异的资源战略，以谋求自身经济的可持续发展。我国作为发展中大国，经济快速发展，又面临工业化和城市化的道路，资源约束对经济的制约作用更加明显。推行生态文明建设，实施可持续发展战略，功在当代、利在千秋。

拓展园

供给侧机构性改革——培育经济增长新动力

供给侧结构性改革，就是用增量改革促存量调整，在增加投资过程中优化投资结构、产业结构开源疏流，在经济可持续高速增长的基础上实现经济可持续发展与人民生活水平不断提高。从更高的宏观角度看，供给侧结构性改革实际上是我国参与国际竞争中长期发展的重大战略，是一个大国战略。是为了在更长的时间长度中，在全球化的趋势下，增强自身发展潜力，建立新的中长期发展比较优势，在越来越激烈的国际竞争中掌握主动权。

知识窗

“美国治下的和平秩序”与中国提倡的“人类命运共同体”

美国主导的是20世纪国际秩序，它要把这一套体系概念保持到21世纪末。用奥巴马的话来说，就是美国还要领导世界100年。但是，他不说或不知道如何改变领导方式，如何包容新兴力量，如何适应新的要素结构，这样能保持秩序百年不变吗？中国围绕21世纪世界秩序提出构建“人类命运共同体”，这个共同体是21世纪各种新要素、新特点、新理念的集大成者。我们维护的是现存国际秩序的合理部分，改革的是20世纪国际秩序的不公正、不合理部分，构建的是21世纪出现的，20世纪所没有的世界秩序乃至全球秩序。其核心就是“全球治理”，而这个秩序的基础就是“人类命运共同体”。新的秩序显然不是“美国治下的和平”体系，这不是因为美国的力量衰落了，而是因为美国的国际秩序理念过时了。20世纪英国的帝国体系概念停留在19世纪“不列颠治下的和平”，结果是英国不可避免地退出世界舞台的中心。因此，当代秩序的关键问题是，代表20世纪国际秩序的美国和引领21世纪世界秩序的中国能否携手共建、共治、共享。

【体验与思考】

一、小组讨论

1.欲望是动力还是束缚？

2.请观看《流浪地球》影片，围绕议题“需要拯救的是地球还是人类”进行讨论。

二、技能实训

特朗普上台后，美国对外战略有了一些新的体现，即由注重国家利益变为“美国优先”，表现出了赤裸裸的经济利益倾向，尤其在关税政策方面：

2018年3月，特朗普宣布对进口钢铁和铝分别征收25%和10%的关税；

2018年6月，对中国500亿美元高科技商品加征25%关税；

2018年9月，对中国2000亿美元商品征10%的关税；

2018年8月，对土耳其钢铁和铝产品进口关税分别征收50%和20%的关税；

2019年5月，对2000亿美元中国输美商品的关税从10%上调至25%；

……

1.特朗普的关税政策对全球资源配置有什么影响？

2.美国对我国大规模加征关税的真实意图是什么？

三、调研报告

通过上网搜集资料，写一篇我国如何通过“一带一路”提高全球资源配置能力的调研报告。

主题十四

高质量发展的关键

——人力资本与经济增长

如何通过人力资源管理提升人力资源价值？如何有效将人力资源管理提升到人力资本经营？人力资本作为重要的生产要素，有利于提高全要素生产率，促进经济高质量发展。

案例导入

“新一线”城市的抢人大战

2017年以南京、武汉、西安、长沙等为代表的“新一线城市”纷纷向毕业生抛出了“送户口”“送房补”“免费租赁办公区”等史无前例的新政，推出了各种计划招揽人才。

成都的“蓉漂”计划，提出毕业生“先落户后就业”；武汉喊出“支持百万大学生留汉创业就业”，大学生落户几乎“零门槛”；长沙提出五年吸引100万人才；西安也提出“五年投入38亿，引才育才100万”的目标……智联招聘最新发布的调研报告显示，2017年应届毕业生签约“新一线城市”的比例与北京、上海、广州、深圳基本持平，而希望在“新一线城市”就业的比例达到37.5%，高于一线城市的29.9%。有分析认为，近年来，一部分大学毕业生逃离“北上广深”，越来越多的人将“新一线城市”作为安家就业首选。

资料来源：“‘新一线’城市抢人大战哪家强”，人民网，2017年07月06日。

第一节　潜力无穷的战略资源——人力资源与人力资本

人力资源将人力作为财富的源泉，人力资本把人力作为投资对象，将其作为财富的一部分。人力资源关注价值，反映存量；人力资本关注收益，反映流量和存量。

一、人力资源——待开发的人力资本

1. 人力资源是第一资源

“科技是第一生产力”，作为科学技术的创造者和拥有者，人也必定成为这些资源中最重要的因素，所以人（人力资源）也被称为“第一资源”。人力资源是社会中从事和完成各种社会实践活动，可以直接或间接加以动员、开发、利用的具有现实劳动能力和正在生成劳动能力的人口的总和。广义的人力资源是扣除不能生成劳动能力和已丧失劳动能力的人口的全部人口。

从时间序列上，人力资源包括现有劳动力和未来的劳动力；从结构上看，既包括劳动力的数量，还包括劳动力的质量。我国经济依靠人口红利取得了迅猛的发展，现今也渐渐进入到了瓶颈期，劳动力的质的发展就显得尤其重要。

2. 人力资源是企业战略资源

随着经济的发展，知识经济地位逐渐提升，人才对企业越来越重要，很多企业的竞争已经演变为人才的竞争。管理的核心是人，掌握了人才就掌握了制胜的关键因素，企业的战略规划及发展都必须以人力资源为核心展开，人力资源对企业产生和维持竞争优势尤为重要。

二、人力资本——知识经济的利润杠杆

1. 人力资本的积累

人力资本指的是人的知识、技能和才能，是通过投资于教育、培训、健康等方面而形成的，体现于人身上的“非物质资本”的资本，它能促进生产力的提高。

集中表现为科学技术和经营管理，能够创造新的价值。现在知识已经是土地、资本（严格地说是货币资本）和劳动力以外的第四要素。人力资本有一个最大的特性——积累性，通过使用和磨炼，能实现人力资本的“保值增值”。

现象思考

第二次世界大战以来，一些战败国如西德、日本及一些自然资源贫乏的国家如瑞士、丹麦其经济都高速增长，而一些资源丰裕的发展中国家，经济发展却不尽如人意。其根本原因在于被人们乃至众多经济学家所忽视了的重要因素——人力资本的不同。日本和其他亚洲经济体的经济高速发展明显说明人力资本对经济增长的重要性。它们缺乏自然资源，所有的能源资源几乎全部进口，并且面对西方的歧视，这些所谓的“亚洲四小龙”依靠训练有素，教育良好、工作努力并且认真尽责的劳动者迅速发展。这肯定不是偶然。

2. 人力资本价值

人力资本有物质资本和非物质资本。两者在资本结构中处于动态变化的过程之中。一方面，在总资本存在量中，人力资本存在量所占比重逐渐上升而非人力资本存在量所占比重相应下降，由人力资本、物力资本和土地资本组成的世界国民财富中，人力资本已占到60%以上。另一方面，在经济增长和社会财富的创造过程中，伴随着科技的进步和人力资本存量的上升，人力资本所发挥的作用越来越突出，其他物质资本的重要性则有下降，人力资本已成为比其他物质资本更重要的资本，是首要的生产要素。

知识窗

美国在20世纪60年代以后，专业和技术人员的增长率是劳动力平均增长率的两倍，而科学家和工程师的增长率是劳动力平均增长率的3倍。这使美国白领阶层在劳动力总量中所占的比率，在1956年第一次超过蓝领阶层后继续上升。这一切，促进了人力资本存量在美国社会总资本存量中所占比率的增加。在20世纪70年代，美国总资本存量为15.6万亿美元，其中人力资本存量为8万亿美元，占总资本存量的52%，人均人力资本存量达3万美元。

三、全要素生产率——经济增长核心动力

改革开放以来，我国GDP的年均增长率超过了9%，但从2012年开始，经济增长势头开始出现回落，2018年更是降到了6.6%，创出了近年新低。在告别了高速增长阶段后，经济能否进入稳定增长的“新常态”，取决于我国是否能实现全要素生产率的持续提升。

全要素生产率（Total Factor Productivity，TFP），是一种反映要素使用效率的指标，是所有投入要素对产出增长贡献的一种能力。测算公式为：全要素生产率=（产出总量）÷（全部资源投入量）。上式可以看出经济总量要想增加只有两种途径：一是增加总的生产要素投入；二是增加全要素生产率。但是随着“刘易斯拐点”的到来和资源、能源、环境压力的增大，这种增长模式已变得难以为继。因此，要在未来继续保持持续增长，就必须努力提高“全要素生产率”，实际上就是要加大技术、制度、企业家才能、人力资本、规模、产业结构、对外开放度等因素的投入，通过技术进步、人力资本提升、结构性改革、扩大开放等，不断优化资源配置，鼓励企业研发、增加研发转化率，为经济增长注入持久的动力，技术进步的核心和源泉就在于人力资本。

拓展园

我国人力资本积累对TFP增长影响

在粗放型经济阶段，对经济增长贡献比较大的生产要素是劳动和资本，但随着经济的发展，技术进步在经济增长过程中的作用将越来越明显，尤其是在集约型经济阶段，劳动和资本投入对于经济增长的贡献已接近极限，这时候增加资本和劳动的投入对经济增长的作用并不明显，反而是技术进步对经济增长起着决定性的作用。

改革开放初期，我国科学技术水平较低，和世界技术前沿差距较大，通过直接引进的方式确实提高了全要素增长率，但是这种方法也不过是接近或者追上西方发达国家的TFP，谈不上超越，要想真正的从TFP上做到超越，必须加大科技自主创新研发。据统计，我国的企业中只有1.39%在进行自主研发，其比例远低于国际平均水平，并且，目前我国研发转化率较低，大量科研成果都没有被转化为现实的生产力，这些都严重阻碍了我国TFP的提升。

拓展园

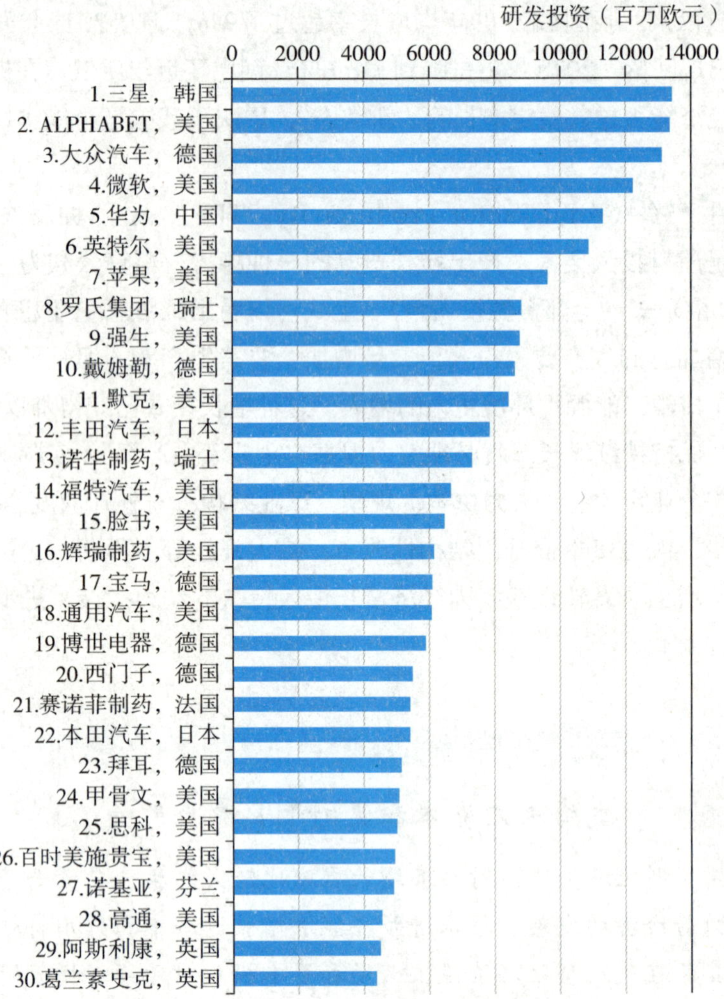

2018年全球研发投资总额排名前50的公司

在欧盟委员会（EU）发布的《2018年欧盟工业研发投资记分牌》报告中，对全球46个国家和地区的2500家公司在2017—2018年度的研发投资情况进行了汇总。在上榜的公司中，中国有438家公司，美国为778家，欧盟为577家，日本则是339家。中国的华为（113.34亿欧元）排在三星、宇母表公司、大众汽车集团以及微软之后，位列第5。华为的竞争对手苹果和高通，则分别排在第7位和第28位。

在中国公司中，华为的研发投入第一，超过了百度、阿里巴巴和腾讯在研发方面投资的总和。其中，阿里巴巴229.122亿元人民币排名第2（全球排名51），腾讯175.7亿元人民币排第3（全球排名61），百度130.3652亿元人民币排第5（全球排名81）。

第二节　构建人才引力场——人力资本经营

人力资本经营的核心在于把人力资源作为资本进行投资，并通过产权、职位和企业文化激励以实现其最大价值。

案例导入

要不要生二胎

从20世纪70年代以来，我国实施了严格的计划生育政策，生育率快速下降，成为世界上生育率最低的国家之一。而人口红利是中国经济30年来保持高速增长的重要支撑条件之一，虽然目前人口红利还在持续，但不得不面对即将到来的"未富先老"的局面，全面放开二胎是重要解决办法之一，可以缓解人口红利加速消失、老龄化加速、养老金空账危机以及青壮年劳动力短缺等问题。

一、人力资本增值

1. 人力资本投资

人力资本的形成也可以看作是一种生产性的活动，是必须要花费一定的成本的，也必定会取得一定的收益，所以这些为形成人力资本而投入的成本要素就是人力资本投资，主要有以下四种方式：

（1）教育投资。教育投资是人力资本投资最重要的途径，教育投资是提高人力资本知识存量和技能存量，使隐藏在人体内的能力得以增长的一种生产性投资。据联合国教科文组织提供的研究结果，劳动者人力资本增值文化程度对劳动生产率的增加起到了极其重要的作用。

知识窗

OECD国家对教育的投入

根据OECD统计数据，经合组织国家平均将其国内生产总值（GDP）的5%用于从初级到高级的教育机构，经合组织和伙伴国家（包括中国）的差异很大。对比各国GDP，教育事业投入占比最高的前五个国家为挪威、新西兰、英国、哥伦比亚以及智利，全部超过6%的GDP占比。我国财政性教育经费占国内生产总值比例持续保持在4%以上，中央财政教育支出安排超过1万亿元。

资料来源：《中国人口与劳动问题报告No.19》，社会科学文献出版社2016年版。

OECD国家教育支出GDP占比
包括国家财政，私人以及国际来源

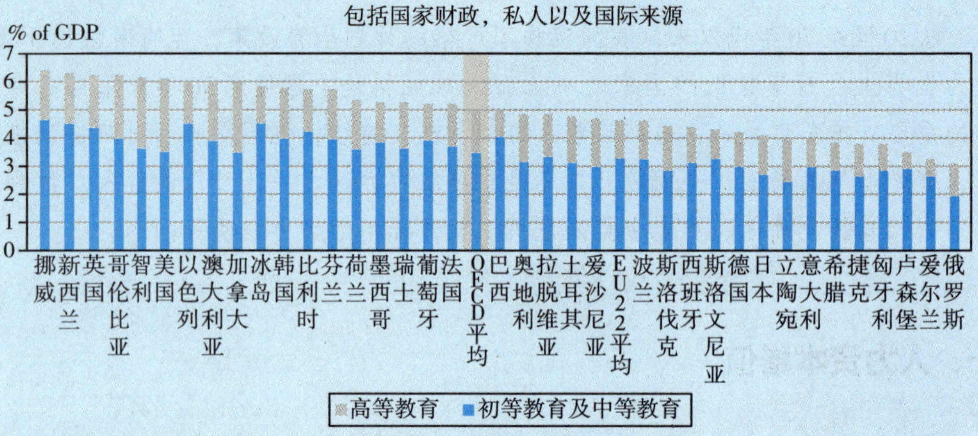

（2）职业培训投资。职业培训是除了教育之外的人力资本投资的第二重要手段。在职培训具有很强的专业性、鲜明的层次性、显著的实践性和明确的经济性。学生在学校里注重的不是学习具体的知识，重要的是要学习如何“学习”，并且要在自己的职业生涯中不断参加充电和技能培训。

（3）卫生保健投资。增进身心健康是人力资本投资的另一种方法。收入与知识的关系和收入与体力的关系几乎是同等重要，知识是财富，身体也是财富。

（4）迁移与职业选择投资。通过人口迁移或职业的选择和变动，可使人力资本流动并得到最佳配置，提高其效应，从而增加人力资本的收益。

2. 人力资本增值

人力资本投资可以增加人的体力、智力、知识和技能，开发人力资本的内在质量，并通过一定的劳动服务，把这些资本与物质资本相结合，投入到劳动对象的整体运营之中，并物化为一定的产品，人力资本才会起到资本的作用。人力资本使用的时间越长，运用的次数越多，积累的知识和经验就越丰富，技能熟练程度就越高，人力资本增值就会越大。人力资本增值就是通过对人力资本的积累、投资和扩充，促使人力资本的价值得以提升——可以通过广义动量定理来解释。

知识窗

广义动量定理

广义动量定理，看起来它只是一个物理公式，实际上它还可以对很多学科内容进行解释，包括经济学、管理学等，还适用于战争……广义动量定理（General Theorem of Momentum）的公式为：Fαt=MV。

其中的F表示力量，包括智力，体力，想象力等各种力量，而不局限于物理学上定义的力量；α表示方向，t表示时间。M表示广义的质量，V表示广义的速度。将MV称作成果。成果与4个因素有关，力量的大小，方向的正确与否，作用点以及在目标上所花费的时间。成果MV即是力量F在正确的方向α上作用于合适的作用点，经过时间t的积累效应。

根据公式，人力资本（成果MV）增加，可以选择加大F（提高人的智力，体力），也可以加大t（延长时间），当然还要选择好α（起点和工作的方向）。

一个孩子从孕育开始就开始接受胎教，然后是学前教育，10多年的在校教育，工作后的在职培训以及自学，几乎每个人的一生都可以学习。学习本身可以通过广义动量定理Fαt=MV来解释，学习而获得的某种能力也是一种成果MV，而为了获得这一成果MV，需要将学习能力F用在增加这项能力的方向α上，将力量的作用点用在这项知识上，并经过一段时间t的积累。

二、人力资本激励

人力资本增值是可以通过激励来促进的，因为活生生的人是人力资本的天然载体，而每个人的行为受到精神的支配。据统计，人在一般的情况下只发挥了自己人力资本的20%左右，而在充分激励条件下可发挥其80%—90%的人力资本。在激励不足的情况下，人力资本载体就会把人力资本“关闭”起来，致使人力资本不能很好地被利用，甚至使其价值一落千丈。常见的人力资本激励方法如下：

1. 经济（产权）激励

经济激励包括工资、奖金、产权等几个方面的激励，其中产权激励是对人力资本的首要激励，是最具激励效应的途径与方法。产权激励就是通过产权合约的形式将企业所有权卖给员工，是长期激励的一种有效形式。一般来说，产权合约最重要的激励对象是企业投资者，即权益层。这种激励是通过产权持有人对企业剩余的索取和控制来实现的。

小案例

华为对于员工的物质激励在全国已经非常出名了，说白了就是愿意给钱，敢于给钱，敢于提供优于行业的薪酬待遇，并且还执行每年平均超过10%的工资薪酬提升。特别值得一提的就是华为的大胆实施股权激励，任正非仅仅持有公司1.4%的股权，其余股权由8.4万名华为员工持有。员工持股是对员工长期激励的有效办法，华为公司的效益与每一位员工的薪酬都密切相关。据报道，2015年华为公司用于支付员工工资和奖金的数额高达148.5亿美金，占华为当年收入额的23.6%，而同行业的平均水平仅为12%。

与此同时，华为采用同贡献、同报酬的薪酬分配体系，最大限度地激发员工潜能。该体系的核心在于按照员工对华为的贡献度大小，而不是职位等级划分薪酬。同时这一体系，还打破了工龄工资的限制，鼓励新员工多努力，多做贡献，这有利于保持员工在工作上的积极性。

2. 职位激励

对人力资本激励的第二个办法就是权力与地位的激励。改变了以往谁出资（物质资本）谁掌权的一面倒格局，人力资本在企业中的话语权越来越重要，所以在现代企业中就出现了一个新的群体，叫CEO，即首席执行官。首席执行官不是企业的出资人，是人力资本，首席执行官的权力非常大，重大决策由CEO决定（当然还有一个由其中成员大多不是这个企业，而是由社会上在法学界、经济学界、管理界或者行业的知名人士组成的战略决策委员会监督）。

3. 企业文化激励

企业文化是指企业在市场经济的实践中，逐步形成的为全体员工所认同、遵守、带有本企业特色的价值观念、经营准则、经营作风、企业精神、道德规范、发展目标等。企业文化的形成过程就是对员工的教育过程，员工能更清楚地认识到自身工作的意义，从而激发员工发挥自身的最大潜能、最高工作热情来实现人力资本的增值。

小案例

作为一家民族企业，华为公司很好地吸收了中国传统文化的精华，同时积极借鉴外国著名企业的现代管理经验，在结合华为企业家创业思维的基础上产生华为自身的管理理念、管理思想和管理文化。华为公司的核心文化有两种，一种是作为华为企业文化之魂的“狼”文化，其核心是互助，团结协作、集体奋斗，这是华为文化之魂；另一种是“家”的氛围，华为一直强调企业就是家的理念，让员工感觉在为家服务。华为公司成立了各种俱乐部，旨在丰富员工的生活，提升员工生活的品质，俱乐部为员工提供了互相交流的机会，有利于和谐同事关系的形成，满足了员工社会需要和归属需要。

第三节 与经济融合发展——人力资本与经济增长

我国的人口现状制约全要素生产率提高，通过对人力资源的投资能提高人力资源的质量，有效地推动经济的增长。人力资本在支撑经济转型、提升产出贡献、展示国家软实力和保障跨越中等收入陷阱等方面作用明显。

一、人口现状——制约全要素生产率提高

1. 人口红利消失——刘易斯拐点

最近几年，我国尤其是南方地区，“民工荒”“招工难”问题愈发突出。归根到底，是我国的人口红利期结束，“刘易斯拐点”已经到来了。

对于很多发展中国家而言，廉价劳动力是发展的一个重要因素，这一点，在我

国的经济增长中也表现得较为明显。1983—2000年间，随着城镇化的政策实施，广大农民从土地上解放出来，为经济发展提供了充足的劳动力，同时老人抚养负担比也较低，人口红利带来的收益非常可观。按年龄段分2003年和2017年中国人口抽样调查对比如图14–1所示。

现今，由于计划生育政策的实施和人口生育意愿的下降，近年来我国劳动适龄人口开始出现迅速下降以及社会总抚养比上升的情况，我国享受了多年的人口红利正在逐渐消失，“刘易斯拐点”已经到来，我国不能再靠大量廉价劳动力拉升经济增长，急需把经济增长的途径转到提高劳动生产率上来，以缓解人口结构变化对经济发展带来的不利影响。

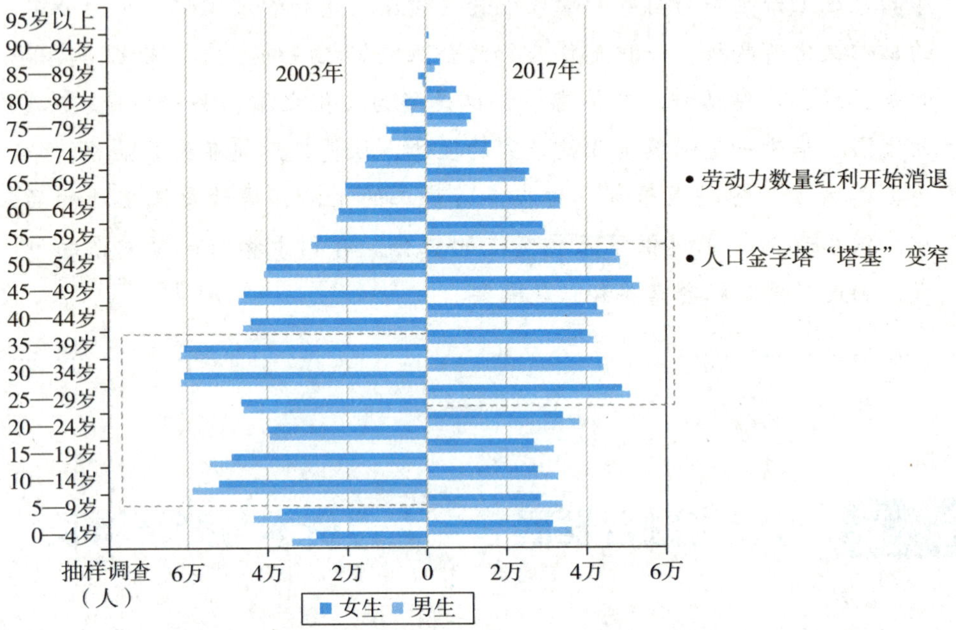

图14–1　按年龄段分2003年和2017年中国人口抽样调查对比

知识窗

诺贝尔经济学奖获得者、发展经济学的领军人物、经济学家威廉·阿瑟·刘易斯在《劳动无限供给条件下的经济发展》的论文中，提出了“二元经济”发展模式，其可以分为两个阶段：一是劳动力无限供给阶段，此时劳动力过剩，工资取决于维持生活所需的生活资料的价值；二是劳动力短缺阶段，此时传统农业部门中的剩余劳动力被现代工业部门吸收完毕，工资取决于劳动的边际生产力。由第一阶段转变到第二阶段，劳动力由剩余变为短缺，相应的劳动力供给曲线开始向上倾斜，劳动力工资水平也开始不断提高。经济学把连接第一阶段与第二阶段的交点称为“刘易斯转折点”。

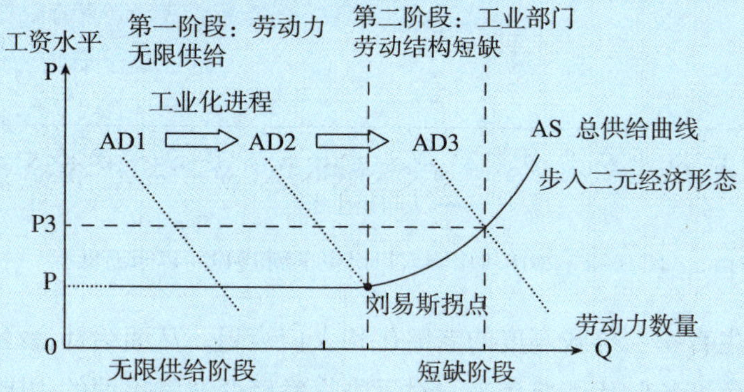

“刘易斯拐点”示意图

资料来源：吴浩宇：“中国刘易斯拐点判断及实证分析”，《复旦大学》，2014年。

2. 未富先老

据国家统计局发布数据：截至2017年底，中国60岁以上老龄人口数量达2.41亿，占总人口比例的17.3%；65岁以上老龄人口数量为1.58亿，占总人口比例11.4%。老龄化速度急速加快。目前中国平均每年约增加600万老年人口，年均增长速度超过3%。到2050年，中国老年人口总量将超过4亿，老龄化水平达到30%以上，达到深度老龄化水平。尽管2013年以来中国开始逐渐放松计划生育人口管制，但可以预见的是人口结构老年化必将继续扩大。

人口出生率降低，人口老龄化加深，社会保障体系仍不完善，养老负担迅速加重。根据世界银行的数据，2018年中国人均GDP约为1万美元，相当于美国20世纪三四十年代的水平，仍然不是富裕国家，脆弱的社会生态系统迅速开始老化，这将面临一系列严峻问题，包括劳动力短缺、人力成本的迅速上升、社会分隔加剧、收入不平等的扩大以及社会矛盾冲突的扩大。未富先老，是当前我国社会发展面临的巨大挑战。

3. 低生育力预警

中国自20世纪70年代全面实施计划生育以来，人口生育率迅速从高转低，并一直处于低生育水平。尽管从2016年中国开始实施了二胎政策，但从2017年和2018年的情况看来，生育水平仍呈现出持续下滑的趋势（见图14–2）。

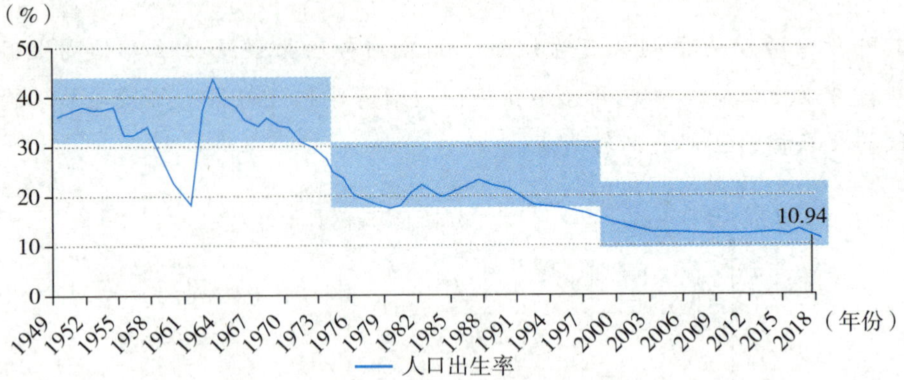

图14-2　2018年中国人口出生率创1949年以来新低

长期的低生育率会导致高度的老龄化和人口衰退，从而给社会经济带来多重挑战，中国人口负增长时代即将到来。对于生育率转变非常迅速的中国而言，如果低生育率的状况不能很快得到扭转，将会面临比其他国家更为严峻的局面。

4. 城乡人力资本积累差异大

我国已经成为世界上少数几个收入差距最大的国家之一，造成这种情况的最主要原因就是我国城乡收入差距过大，畸高的城乡收入差距会严重阻碍我国社会的可持续发展和和谐社会的构建。人力资本是推进经济增长的重要动力，在经济增长过程中产生的收入差距问题也必然有着人力资本的影响。人的知识、健康、技能等是决定个人收入的重要因素。现今，虽然劳动力的文化素质、身心健康较之前都有了极大的提高，但是城乡的人力资本水平仍然存在较大的差距，造成这种现象的最主要原因就是地区经济发展不平衡，城乡在居民教育、健康等方面的投资差异较大。

5. 教育质量与市场需求的结构性矛盾

目前我国劳动力市场人才需求卖方市场特征明显，结构性矛盾突出，高技术、技能劳动力缺口严重。劳动力市场总体进入供不应求阶段，东部地区在求人倍率上仍占优势，中部、西部紧随其后。中部、西部地区由于“一带一路”、固定资产和基础设施投资加速对劳动力需求加速，增速超过70%。新一线城市和二三线城市成为求职新沃土，一线城市用人需求降低趋势显现。

从市场需求结构来看，依托于技术实现的产品与服务创新越来越成为企业发展的关键，企业对技术技能型人才的需求是主导。作为世界制造业中心之一和产品加工最具活力的中国，在快速发展的同时面临着技术技能型人力资本存量不足的现实问题。技术技能型人才“产能不足”和理论学术型人才培养“产能过剩”，是大学生就业市场人才供给类型结构性矛盾的突出表现，造成这种结构性矛盾的原因在于高等教育供给结构失衡，学术型人才培养供给的高校多而技术技能型人才培养供给的高校较少，更深层次的原因则在于高等教育供给盲目追求办学层次，高等教育布局同质化现象严重。

二、人力资本——经济高质量增长的源泉

1. 人力资本对产出贡献

人力资本是物质资本、劳动力之外影响经济产出的第三要素，无论是新古典经济学理论还是内生增长理论都特别重视人力资本作用。所以将人力资本从劳动力中分离出来，构造包括人力资本的柯布—道格拉斯生产函数：$Y=AK^{\alpha}H^{\beta}L^{\gamma}$。其中Y表示产出，A为全要素生产率，K为物质资本，H为人均人力资本，L为简单劳动力；αβγ分别是各要素的产出相关系数。

目前，物质资本（K）投入已经达到极限，全要素生产率（A）增长缓慢，同时，根据国家统计局的数据，中国15—64岁的劳动年龄人口在2013年达到峰值10.06亿人后，又已经开始下降，所幸我国在提升人力资本（通过教育、培训、医疗保健和迁徙等人力资本投资）的渠道方面在相当长的时间内还有一定的空间，未来中国人力资本存量仍可能继续保持较高速增长。在升学率继续提升、教育质量继续提高和城镇化持续推进的情况下，未来10多年里，整体人力资本存量仍有望保持6%以上的增速，与过去10年基本持平，这将是我国的经济增长应能保持在一个合理的增速的重要保障。

2. 人力资本支撑经济转型升级

经济增长方式既是动态的，又是综合的，纵观历史，一个国家的经济增长方式不可能是单一的，通常都是要同时经历不同方面的经济增长方式的转变。这是由各国的人口、资源、经济特征、社会文化等多方面决定的，是一种不可逆转的趋势和必然。目前我国基本国情是“人口众多、资源匮乏、资金短缺、生态脆弱”，在改革开放以来的经济增长中，人口与资源的矛盾已日益白热化，环境、生态污染问题也已十分严重，靠投资推动的经济增长问题突出。

“转型升级”是当前中国出现频率最高的词汇。我国经济处于结构调整和转型升级的关键时期。当前我国人力资本在数量和质量上都具有相当优势，为经济转型升级提供了强有力的支撑。但是，与转型升级的需求相比，我国人力资本开发仍然存在一些结构性问题。在这一时期，无论技术含量不断提高的传统产业，还是知识密集型、技术密集型的新兴产业，对员工知识技能的要求都越来越高。而在我国工业化进程中从农村转移到城镇的劳动者，约83%只受过初中及以下教育，受过正规

职业培训的仅占15%左右。劳动者缺乏技能，导致很多企业难以招到合格的技术工人。如果这个问题解决不好，那么，就业人口虽然数量庞大，但难以适应经济结构调整和转型升级的要求。

从区域结构上看，中西部地区和农村地区人口出生率分别高于东部地区和城镇地区，欠发达地区人力资源开发水平低。

从层次结构看，初级水平劳动力过剩，适应制造业转型升级的技术工人和高层次人才仍然十分匮乏，原始创新型人才总量短缺。普通型人才充足，技能型、应用型、创新型人才不足，制造业高级技工缺口大。

从培养结构看，在基础教育阶段以知识教育为主，在中高等教育和职业教育中，人才培养的数量和规格不能及时随着新产业、新技能的发展及时调整适应，创新能力不足。

3. 人力资本开启制造业强国之路

从制造大国向制造强国转变，是我国发展的必由之路。成为制造强国，人才是根本。2017年，教育部、人力资源和社会保障部、工业与信息化部3部门联合印发《制造业人才发展规划指南》，意味着《中国制造2025》规划体系全部发布并全面转入实施阶段，开启了制造业强国之路。

中国的制造业强国之路面临问题不少，诸如创新、制度环境、法制建设等，以及深层次的资金“脱实入虚”现象，而最为关键的则是人才问题。当前，全球正进行新一轮产业变革，各国纷纷将发展制造业作为抢占未来竞争制高点的重要战略，把人才作为实施制造业发展战略的重要支撑，加大人力资本投入。从发达国家与地区的经验来看，人才乃制造业兴衰的重中之重。传统制造业一直走在世界最前列的德国，透视其工业化“弯道超车”的成功，其中一个重要原因就是人才结构合理，即从顶端出思想的科学家到底端操作层面的技术工人，呈完整的正金字塔结构。

我国制造业人才方面存在问题严重，一方面，制造业人才培养素质与社会经济发展对制造业人才需求之间的矛盾突出，人才结构性过剩与短缺并存，结构不甚合理，领军人才匮乏；另一方面，对制造业人才的认识仍有偏差，重学历文凭、轻职业技能的观念未从根本上得到扭转，制造业人才仍然面临发展渠道窄、待遇偏低等问题，人才成长发展的社会环境有待进一步改善。训练有素的工人与研究机构和供应商在地域上的聚集，是制造业竞争的核心要素，我国的短板是技工和技师队伍的短缺。

从上述可以看出，我国的职业教育发展要在培养规模、规格和质量上与制造业发展相协调，才能培养出实现制造业强国的真正人才。

4. 人力资本保障跨越"中等收入陷阱"

"中等收入陷阱"，简单地说就是一个国家或地区经过快速经济增长进入中等收入国家行列之后，由于种种原因，出现经济增长速度回落甚至长期停滞，因而没有进入高收入国家行列——就被认为掉入了"中等收入陷阱"。

从2008年开始，中国人均GDP超过3000美元，正式入围中等收入国家之列（按2008年标准），2015年，人均GDP约为8016美元，为中高收入水平，2018年接近1万美元，虽然距离人均GDP11000美元的高收入国家"门槛"已经很接近，但面临的挑战也很艰巨。具体来看，中国在全球价值链中整体上处于中低端：加工贸易比重高（2015年中国加工贸易占比仍然高达31.5%，远高于多数发达国家）；出口以劳动密集型和资源密集型产品为主；在技术密集型产品的生产过程中，劳动密集型和资源密集型的生产环节比重高；具有高附加值的高新企业发展不足。

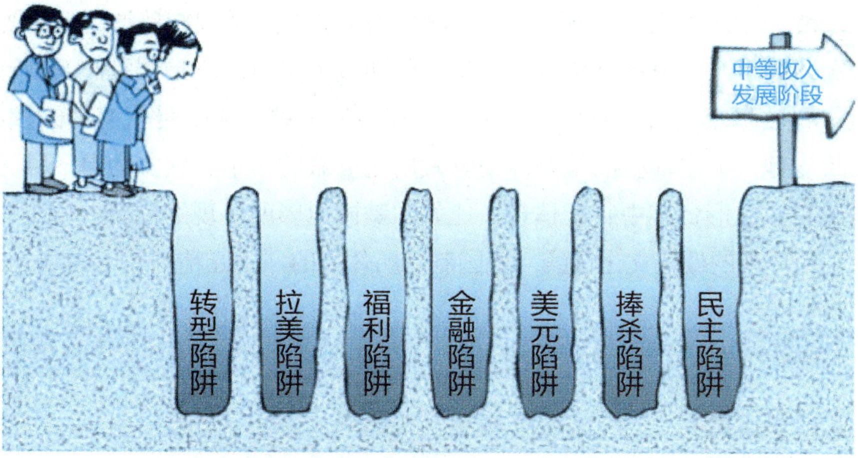

图14-2　中等收入陷阱的真正危险在哪

从成功跨越国家的经验看，实现跨越"中等收入陷阱"是众多因素共同起作用的结果，其中均表明社会公平是成功跨越"中等收入陷阱"的必要条件，而人力资本投资在减少贫富差距问题上起到关键性作用，所以我国要跨越"中等收入陷阱"，人力资本的作用不容忽视。当一个经济体从低收入迈向中等收入的过程中，可以依赖低廉的劳动力和较高的物质资本积累来实现增长。然而，廉价劳动力的供给是有限的，而物质资本积累终究要受到资本报酬递减的约束。因此，单纯依靠劳动和物质资本投入的经济是难以维系长期增长的。一国若要实现从中等收入向高收入的跨越，只能依靠技术创新和人力资本开发。

创新是科技知识的增进，是灵感的迸发，它来源于科学研究基础之上的人类思维活动。因此，创新离不开人力资本开发。人力资本开发不仅包括正规的学校教育，而且还包括家庭教育和在职培训，有时还包括卫生与健康方面的投资。伊成格林（Eichengreen）等（2013年）提供的经验证据表明，日本、韩国等东亚经济体之所以能够成功实现从中等收入到高收入国家的历史性转变，最为关键的因素便是重视人力资本开发。可见，人力资本是摆脱中等收入陷阱的关键因素和原动力。

5. 人力资本塑造国家软实力

国家软实力（Soft Power of The Nation），实际上是一个国家的文化实力，它是一国综合国力的重要体现。20世纪90年代初，美国人约瑟夫·奈提出了软实力的概念，认为软实力即国家的文化力量，包括三种力量：一是对他国产生的文化吸引力；二是本国的政治价值观；三是具有合法性和道德威信的外交政策。

中国人民大学程天权教授认为软实力可以有两个方面含义，即外部软实力和内部软实力。外部软实力包括国家的创造力、思想影响力、观念文化的亲和力及文化产品传播能力和辐射能力等；内部软实力，包括凝聚本国民族的民族精神和传统文化等。

软实力是一个国家的文化诉求，是一种通过吸引力而不是强制力获得理想结果的能力。科教是软实力的基础，人才是软实力的关键，文化是软实力的核心要素。它可以改变他人或者他国的偏好，使其做所想要做的事情。软实力是一种无形的资产，但通常在有形资产中有所体现。比如，美国电影所体现的创新、冒险精神，中国影视剧所体现的儒家文化传统，德国制造所体现的“工匠精神”。

【体验与思考】

一、小组讨论

1. 如何提升国家软实力？

2. 为什么我国应该加大职业教育的发展？

3. 中国真的会像拉美国家那样陷入“中等收入陷阱”吗？

二、技能实训

请通过访问OECD官方网站，浏览相关报告，找到OECD国家及我国教育中的财政与人力资源投入情况。

三、调研报告

根据所掌握知识，制作大学生人力资本投资问题的调查问卷，试分析大学生人力资本投资情况与市场实际需求方面的信息，并为准备就业的大学生提供合理化的意见和建议。

主题十五

比高度看温度

——财富与个体价值

财富在人类的历史变革发展中扮演着重要的角色。什么是财富？财富观又是如何形成和演进的？画好人生的财富曲线，需要创造、需要管理、需要规划；致富不忘回馈社会，个体财富的价值在于贡献，这样的财富才是有温度的财富、快乐的财富。

案例导入

送三分之二地皮给政府的精明商人

美国某城30英里以外的山坡上有一块不毛之地，地皮的主人见地皮搁在那里没用，就把它以极低的价格出售。新主人灵机一动，跑到当地政府部门说：我有一块地皮，我愿意无偿捐献给政府，但我是一个教育救国论者，因此这块地皮只能建一所大学。政府如获至宝，当即就同意了。于是，他把地皮的三分之二捐给了政府。不久，一所颇具规模的大学就矗立在了这块不毛之地上。聪明的地皮主人就在剩下的1/3的土地上修建了学生公寓、餐厅、商场、酒吧、影剧院等，形成了大学门前的商业一条街。没多久，地皮的损失就从商业街的赢利中赚了回来。

资料来源：https://www.kanzhun.com/news/zc_1667058.html。

第一节　慧眼看财富——财富是什么？

财富有丰富的内涵，有历史沿袭下来的财富边界，财富的认知有很强的时代特色，作为财富的重要类型，精神财富是最宝贵的财富资源。

一、财富的来源

财富是什么？你会拥有多少财富呢？每个人对财富的看法都不一样。有的人觉得财富就是指金钱和财物，比如银行存款、房产、动产等；有的人觉得财富是权力，是欲望，是自由，是时间，是健康；有的人却认为财富是人本身，是精神境界的提升，自我的成长。从经济学的意义上来看，财富是一定时点上个人或组织拥有的资产存量，这些资产包括货币、债券或者其他金融工具、艺术品或者其他有价值的商品、财产和劳动技能的总和。

二、财富的边界

财富是有范围和外延的。当今社会，财富已扩展至包括人类财富、社会财富和自然以及环境财富。财富由最初人们赖以为生的工具、温饱后的饰品，扩展至广袤的土地、尊贵的王权，直至今天，财富已经扩展到市场信息、人品道德、核心技术、人脉关系等，这些都是财富的代言人。

1. 财富最初的范围

早期财富是人们拥有赖以为生的较为丰富的工具，以及吃穿温饱后的服饰与饰品。人类社会发展到一定阶段，财富的边界扩展至广袤的土地、尊贵的王权、众多的奴隶等，以致后来农业社会的地主对土地、矿产的贪婪占有，到资本主义社会的资本家对工人及劳动剩余价值的疯狂剥削。

2. 财富的现代范畴

进入21世纪，财富早已跳出传统的形式，个人想要拥有财富，离不开智力能力、人品道德、人脉关系等资源，企业创造财富必须掌握核心技术、市场信息，顺应时代潮流。

拓展园

《中国大众富裕人群财富管理白皮书》的调查数据

汇丰中国发布的数据显示，随着社会经济的发展以及人们生活观念的变化，中国人对财富的看法也逐步演变。身体健康、追逐梦想、家庭幸福和知足常乐等非物质因素正构成财富定义的新内涵，与传统的财富“货币化”定义相比有了明显的边界延展，财富范围拓展了，更加强调精神财富（见下图）。

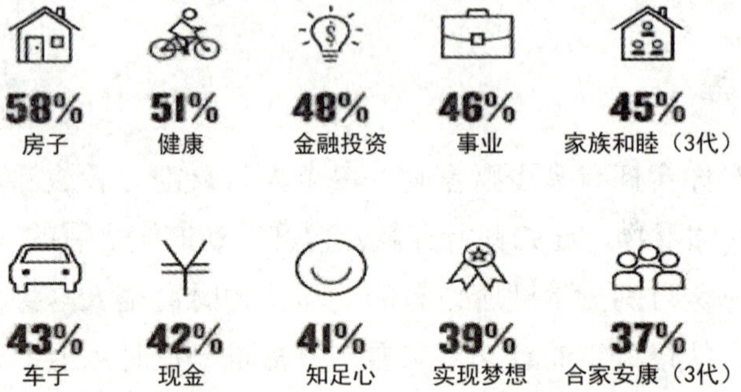

对于大众富裕人群而言，“财富”是什么？（前十大关键词）

三、财富的分类

1. 按财富载体划分

按财富载体划分财富包括物质财富和精神财富。物质财富，是物质财产的货币拥有量，能满足各种生产生活需要的物品。精神财富，是人们精神的康乐、希望、幸福、游玩的乐趣以及人际关系的紧密程度等无形的东西。

2. 按财富隶属划分

按财富隶属划分财富包括个人财富和社会财富。个体财富，财富拥有主体是个人，金钱、物质等归个人所有。社会财富，财富拥有主体是国家和社会，比如土地、矿产、森林、海洋等自然资源，以及劳动产品和知识技术产品等资源。

四、财富的特征

财富原本作为一种物质和精神存在，由于人类的认知、理解、拥有和追求，使得财富在人类历史发展中扮演着举足轻重的角色，从而赋予了财富时代、民族、区域、性别、年龄等特征。

1. 财富的时代特征

（1）中国财富的时代特征。中华民族5000年的发展历史，不同时代人们对财富的认知理解差异明显。

知识窗

中国财富的时代特征

古代中国——古代君王对财富的认知是成群的牛羊，异族的臣服和藩属的进贡，是江山、是美人，是享用不尽的金银财宝。

20世纪50年代——“财富”是激情，中华儿女们豪情澎湃、高歌猛进，金钱是多余的羁绊！

20世纪80年代——“财富”是变革，实践是检验真理的标准，金钱挤进了发展的硬道理！

20世纪90年代——“财富”是组合，忙碌发展的中国在创造、在变革、在试验、在组合各种被解放的元素们，金钱是组合品的标志！

21世纪——“财富”是信息、媒介与技术，中国发展已经进入到一个崭新时期，人们似乎已经进入全新的财富拥有状态！

（2）西方财富的时代特征。西方文明对财富的认知是城堡、是贵族的头衔，是对权力无上的追逐，是对军队绝对的控制，是对他国资源与国土无偿侵占。不同时代西方人对财富的理解也不尽相同，前古典经济学时期人们认为拥有物质就是拥有财富，古希腊人则认为拥有的东西才是拥有财富，重商主义者认为金钱就是财富，古典经济学时期人们普遍认为劳动可以创造财富，新古典经济学时期人们认为个人主观努力创造财富，现代市场经济发展，经济学家认为财富的创造是多元化的。

知识窗

不同民族对财富的追求

中华民族对财富的追求表现在对家族传承、光宗耀祖、丰衣足食、安居乐业、主权完整、民族发展等方面。

犹太民族的财富观则表现为努力赚钱，积累财富，做金钱的主人。

日本作为高度均质化的中流社会，尊崇平均主义，并能从中获得安全感。招摇的“炫富”令人难以容忍，很难被周围人接纳，他们认为财富是国家的良性运转。

第二节 画好你的人生财富曲线——财富与创造

我国正进入技术造富时代，创造财富，造福社会，实现财务自由，是每个人的梦想和追求，劳动、资源、知识、贸易、创业、投资等均可创造财富，但君子爱财，取之有道。

案例导入

儒商之鼻祖范蠡

一身布衣，范蠡第三次迁徙至陶（今山东定陶西北），在这个居于“天下之中”的最佳经商之地，操计然之术（根据时节、气候、民情、风俗等，人弃我取、人取我与，顺其自然、待机而动）以治产，没出几年，经商积资又成巨富，遂自号陶朱公，当地民众皆尊陶朱公为财神，乃中国道德经商——华商之鼻祖。史学家司马迁称：“范蠡三迁皆有荣名。”世人誉之：“忠以为国，智以保身；商以致富，成名天下”。

想一想：财富如何获得？合法的途径有哪些？

一、我国造富时代

1. 体制造富

国家政策支持是财富创造的机遇和条件。改革开放40年来，国家经济政策法令颁布和调整背后是几次大的宏观经济形势格局变化，这些新常态背后都紧跟时代的弄潮儿，因为体制内、体制外差异很大，有些体制内的人胆子大，冲到体制外，获得了财富。20世纪80年代的万元户，就是体制造富的代表群体。

2. 产业造富

进入21世纪，市场经济发展环境巨变。新世纪人们消费方式发生了前所未有的变化，从而推动房地产、信息和物流业蓬勃发展。如物流业的发展在后起之秀的强大冲击下呈现竞争白热化，中国传统的物流运输遇到了劲敌。后起之秀如国内的顺风、圆通等与国外物流巨头敦豪、联邦快运等竞争激烈，规模不断膨胀，从业人口不断攀升，中国的物流运输企业的发展势如破竹。

3. 技术造富

中国过去有“体制造富”和“产业造富”两个大的致富阶段机会。目前，国家日益重视技术知识产权，法律保障个人可以拥有知识产权的收益，这将产生“第三次造富”运动，即“技术造富”。未来重要的政策导向是推动科学体系的形成，为企业提供现代化的实验室体系，完成技术创新。同时调动技术创新的积极性，完善知识产权制度，使得拥有知识产权和技术产权的人将成为财富拥有者。

拓展园

技术造富

经济学家清华教授魏杰近日提出，三五年内就会爆发一批因为技术产生的富翁。

中国经济发展多年成绩显著，技术进步很快，但从中美贸易冲突等事件中能看出，技术创新是中国最大的短板。全社会对技术空前重视，愿意为技术付出更高代价，人才对技术的决定性战略作用也得到了更深的认识。技术人才的贡献被更明确地承认，价值得到更好体现，技术造富确实会是新的风口。过去资本更为稀缺，现在许多社会资本包括政府投资基金都在找方向，觉得“赚钱机会少”。这其实就是技术有短板，资本等其他要素都不稀缺，只要技术突破就有不错的产业机会。

从国际上看，美国的技术造富体制与实际运行成果压倒性地强于其他国家。美国有十分活跃的风险投资，许多大公司积极收购技术初创公司，知识产权保护力度强，技术成果评估机制既成熟又灵活。美国技术人才研发成功一举暴富的例子极多，这些人富裕以后也积极投资丰富整个生态。世界上许多人才都到美国搞技术创新，致富后成为“美国梦”的正面代表。

知识窗

情商简称EQ，主要是指人在情绪、情感、意志、耐受挫折等方面的品质。情商越来越多地被应用在企业管理学上。对于组织管理者而言，情商是领导力的重要构成部分。

智商是智力商数的简称，简称IQ，是人们认识客观事物并运用知识解决实际问题的能力。智力影响多个方面，如观察力、记忆力、想象力、分析判断能力、思维能力、应变能力等。所以，智力越高的人，他拥有某些过人的能力。

财商是一个人驾驭金钱的能力，是指一个人在财务方面的智力，是理财的智慧。财商是一个人最需要的能力，也是最容易被人们忽略的能力。财商包括两方面的能力，一是正确认识金钱及金钱规律的能力；二是正确运用金钱及金钱规律的能力。财商不是孤立的，而是与人的其他智慧和能力密切相关的。

二、财富与创造

1. 劳动与财富——付出才有回报

马克思说，劳动是创造价值的唯一源泉，劳动就是财富的密码。唯有劳动，唯有勤勉踏实的劳动才能托起一个又一个财富的梦想，劳动创造财富是社会、历史和国家发展的常态。美国的管理大师德鲁克提出一个词，知识工人，就是说在生产过程里体力劳动是很少的，主要是靠知识和脑力劳动。通过知识提高劳动者的素质，提高脑力劳动的效率，而逐渐减少体力劳动。

现象思考

老农夫的遗言

从前一个身体虚弱、即将死亡的老农夫，跟他的三个懒惰的孩子说：“孩子们，在葡萄园里，我埋着一批财宝，以后生活困难时就挖出来补贴家用吧。”说完，他就咽了气。三个好吃懒做的儿子一听到有财宝，就纷纷找来锄犁，挖的挖，耕的耕，翻土三尺，始终没找到财宝，可整座葡萄园等于来了一次精耕细作。这年，葡萄获得了空前未有的丰收，他们赚了一大笔钱。

---

2. 资源与财富——共享中实现共赢

资源的有效利用会创造财富，但资源是稀缺的，如何利用有限的资源创造更多的社会财富。在信息化时代，资源共享，优势互补，共同发展，共同致富，共创繁荣，已成社会共识。以资源共享为载体的分享经济在全球范围快速发展，深刻改变了人们的生产生活方式、消费理念和就业模式，已成为不可阻挡的时代发展趋势。

3. 创业与财富——撬动财富未来

创业的最直接产物，就是财富。创业，就是要通过打造产品或提供服务，实现销售收入，并获得净利润，最终实现财富增长的活动。因此，创业与财富息息相关，实现财富最大化是创业目标的集中体现。创业可以积累财富，是撬动财富未来的杠杆。

4. 投资与财富——躺着赚钱没那么容易

投资有风险，选择需谨慎。不是所有的投资都有可观的回报，方向选择、策略制定、信息筛选、时机把握等都是投资不可避免的门槛。投资理念、投资流程、投资方法都需要通过大量的学习和积累才有效果和收获。投资致富不是简单的事情。躺着赚钱没那么容易。

5. 贸易与财富——交换带来更大地共同利益

贸易创造财富，通过交换获得价值更大的东西。世界上没有绝对优势的国家，根据“两利相权取其重，两弊相权取其轻”的原则，集中生产并出口其具有“相对优势”的产品，进口其具有“相对劣势”的产品，这样才能最大限度地发挥劳动生产的效率和效益。因此，商业和交换最终促进财富和福利总量的增加。我国加入世界贸易组织以后，国民财富迅速增加，成为世界第二大经济体，国际贸易功不可没。

6. 知识与财富——停下休息时要记得别人还在奔跑

财富是许多人毕生追求的目标。但凡想要拥有财富，知识和能力便成了必不可少的重要条件，没有知识将无法获得财富。知识与财富的紧密关系已经渗透到各行各业，知识创造财富的观念正被越来越被多的人接受。青少年是中华民族的未来，在青少年时期努力学习知识、技能，只有掌握服务于社会的本领，才有可能获得社会认可，创造个人财富。

7. 思维与财富——模式决定财富值

思维决定视野，如果你并不拥有财富，那么就应该逆向思维：反思现在的行为，现在的观念，现在的习惯，把思维转到一个新的方向。想要改变你的经济状况，需要首先改变你的思维方式。有时候，愚公移山适合方向正确的决策，而曲径通幽则会化腐朽为神奇。

8. 道德与财富——财富不只是金钱

道德水平是一个人主观心理的反映，财富是一个人在现实生活中拥有购买力的客观现实。道德是永恒的，财富是暂时的。君子爱财，取之有道；企业经营离不开追逐利润，更离不开对道德的坚守和社会责任的履行。

小案例

三鹿奶粉事件

三鹿奶粉事件是一起非常严重的食品安全事件。事件起因是很多食用三鹿集团生产的奶粉的婴儿被发现患有肾结石，随后在其奶粉中被发现化工原料三聚氰胺。根据公布数字，截至2008年9月21日，因使用婴幼儿奶粉而接受门诊治疗咨询且已康复的婴幼儿累计39965人，住院的有12892人，此前已治愈出院1579人，死亡4人。中国国家质检总局公布对国内的乳制品厂家生产的婴幼儿奶粉的三聚氰胺检验报告后，事件迅速恶化，包括伊利、蒙牛、光明、圣元及雅士利在内的多个厂家的奶粉都检出三聚氰胺。

2009年1月22日，河北省石家庄市中级人民法院一审宣判，三鹿前董事长田文华被判处无期徒刑，三鹿破产倒闭。

企业为了营利罔顾消费者切身利益，甚至生命，最终只会遭到社会的无情抛弃。

第三节 文化是关键——财富管理与传承

打破“富不过三代”的魔咒，让财富不再“裸奔”，实现财富的保值增值，需要利用金融工具来进行合理的资源配置和理财，配置的方向有股票、基金、保险、外汇、房地产、收藏品等。财富传承，文化是关键，遗嘱、信托、保险是主要形式。

一、我国进入全民理财时代

得益于我国经济的快速发展和“富民”国策，财富人均和总规模都在快速发展。根据招商银行和贝恩资本中国财富市场需求调研结果显示，2017年民间可投资财富总规模188万亿人民币，是我国GDP的两倍还要多，年化增长的速度超过20%。我国过去10多年的中产阶层所占有财富的总规模是全球各主要经济体增长速度最快的，2000年以来增速超过330%。根据测算，到2020年，我国人均财富在1万到10万美元之间的成年人口将达到整个中国成年人口的一半。毫无疑问，我国已经开始进入到全民理财时代！

1. 财富管理——陪伴一生的长跑

财富管理是根据个人、家庭、企业的财富状况，设计全面的财务规划，利用储蓄、借贷、保险、投资组合等金融方式，对资产、负债等进行管理，满足不同阶段的财务需求，达到降低风险、实现财富保值、增值和传承等目标。

财富管理不是富豪的专属，与我们每一个家庭和个人都息息相关。根据2016年中国居民家庭收入来看，中等收入家庭一年有8万多元的收入。普通的中等收入家庭所拥有的财富的平均规模是12.7万美金，折合人民币是80万元左右。如果对这80万元进行有效的财富管理，即使每年的年化收益率增加2%，一年收入就会增多1.6万元，相当于多出了两个月的收入，这里面蕴含着很大的利益空间。所以，普通家庭也需要财富管理。

财富管理包括：现金储蓄及管理、债务管理、个人风险管理、保险计划、投资组合管理、退休计划及遗产安排等。财富管理伴随人的一生而不是几年，所以一定要稳健且可持续。

2. 家庭理财——理财就是理生活

（1）理财工具。常见的家庭理财工具或者理财手段主要有储蓄（存款）、股票、基金、债券、外汇、P2P、保险、贷款等。

（2）家庭资产配置。当我们熟悉和掌握了这些工具后，我们如何配置家庭资产，用多少份额去投资呢？

图15-1是全球最具影响力的信用评级机构——标准普尔，调研了全球10万个资产稳健增长的家庭后，分析出的家庭理财方式，是世界上公认的最科学、稳健的资产分配方式。

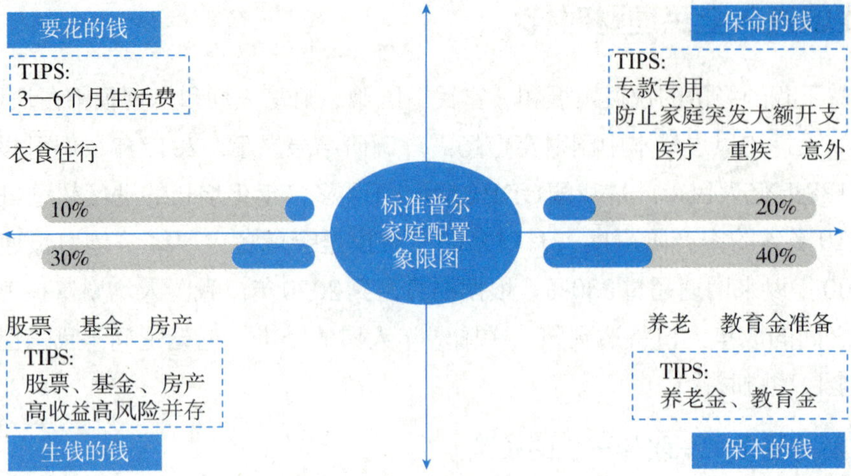

图15-1　标准普尔家庭配置象限图

它把家庭资产按比例划分为四个账户：要花的钱、保命的钱、生钱的钱、保本的钱，并按一定比例进行分配，通过合理的资产配置来分散风险，达到资产配置的平衡。这四个账户就好比是桌子的四条腿，长久来看，少了任何一个就有随时倒下的风险。

要花的钱：这个账户每人都有，保障的是家庭的短期生活开销，每月基本固定的。额度最好控制在家庭资产的10%左右，如果占比过高，就没有足够钱投进其他账户了。

保命的钱：人有旦夕祸福，一旦遇上意外、重疾等不幸，家庭资产可能在一夜之间灰飞烟灭。提前存好保命钱无疑是明智之举，平时看着没什么用，但到关键时刻，它能保障你不用为了钱去卖房卖车、股票低价套现、四处求人。

生钱的钱：这是投资收益账户，目的就是以钱生钱，为家庭创造高收益，方式包括股票、基金、房产等。投资向来高风险高收益，所以不要把鸡蛋放在一个篮子里，应当多渠道投资分散风险，但也不能过于分散，过于分散可能导致不赚反亏。这个账户关键在于合理的占比，一般占家庭资产的30%，既要赚得起也要亏得起，无论盈亏对家庭不能有致命性的打击。

保本的钱：这是一个长期收益账户，特点是本金安全、收益稳定、持续增长。它让我们不会走投无路，持有它的关键是要保本升值，一定要保证本金无损，其次最好能抵御通货膨胀，不要随意取出使用，不然在被消费欲望冲昏头脑时，很可能随手就花掉了。

理财和资产配置关乎着生活的方方面面，当我们做好它时我们也就理好自己的生活。

知识窗

理财顾问

个人理财兴起于美国20世纪90年代初，成熟于90年代末，经过10余年的发展，独立理财顾问已经成为一个新兴的职业。专业的理财顾问就像律师、分析师、会计师、心理咨询师一样，他们利用自己的专业理财知识提供理财规划方面的服务。

理财顾问的工作主要包括：与客户会谈和沟通，掌握客户的信息，分析客户的基本状况，掌握客户的理财目标和需求，为客户提供理财建议；指导客户记录财务收支和资产负债账目，对客户财务收支状况进行分析，判断客户财务现状；针对客户的需求独立设计可行性方案，给予具体的操作指导；及时搜集客户的反馈意见，对方案的实施结果进行分析，并撰写报告。

二、财富传承

1. 财富传承——打破“富不过三代”的魔咒

财富的传承是一门学问，古有谚语“富不过三代”，美国布鲁克林家族企业研究学院的研究数据也证明了这一观点，约有70%的家族企业未能传到第二代，88%未能传到第三代，仅有3%在第四代及以后还在经营。财富的管理和传承不是富豪的专属，而是每一个普通家庭都需关心的问题，如何使家庭的财富在管理和传承中保值、增值，需要科学的管理和规划。国际调查表明，几乎百分之百的人，如果没有专业的财经知识，一生中损失个人财产从20%到100%不等。要打破“富不过三代”的魔咒，就必须掌握科学的财富传承工具。

2. 财富传承的有效工具——让财富不再“裸奔”

律师和专家都普遍认为遗嘱、信托和人寿保险是财富传承的主要工具。

（1）遗嘱继承。遗嘱人生前在法律允许的范围内，按照法律规定的方式对其遗产或其他事务所作的个人处分，并于遗嘱人死亡时发生效力的法律行为。有效的遗嘱有以下作用：列明家庭财产清单，便于继承人查询；家人根据遗嘱处置遗产，可定纷止争；定向传承，防止遗产旁落，或弱者受欺。但无法规避高额遗产税，遗产税一般是先付税款然后继承，继承人可能无法及时凑足高额税款。

（2）家族信托。家族信托是一种信托机构受个人或家族的委托，代为管理、处置家庭财产的财产管理方式。信托方式多样灵活，按信托财产的不同可分为：资金信托、动产信托、不动产信托、其他财产信托等。家族信托有着期限长（可以是永续信托）、流动性好、独立性强（信托财产的所有权与受益权分离）、委托人的控制力强（可以根据委托人的意愿分配财富，以及决定资金的投资方向）、较小的税务支出以及财产的多样性（可以把有形和无形的资产都装进信托进行打理）等其他财富传承工具无法比拟的优势。

（3）保险。保险也是一种特殊的传承方式，通过生前购买人寿保险，指定受益人的方式进行财富传承，因保险金免税，可以避开高额遗产税，同时受法律保护，不能用于偿还债务，所以有着避债优势。投保人生前把资金交给了保险公司，自己从法律上不再拥有这笔资金的所有权，这样就隔离了各种风险。但同时，投保人仍然可以通过被保险人、受益人的结构保留自己对资金的控制和受益。作为标准合约，难以实现投保人个性化的财富传承需求。

3. 财富传承规划——宜早不宜迟

没有良好的财富传承规划——这一问题在中国企业中尤为突出，2017年《武汉企业蓝皮书》调查显示，武汉20万受访企业中仅有5%的企业对财富传承“有系统思考、有明确方案”的规划（见图15–2）。财富传承如果没有做好事前规划，往往会出现事与愿违结果。

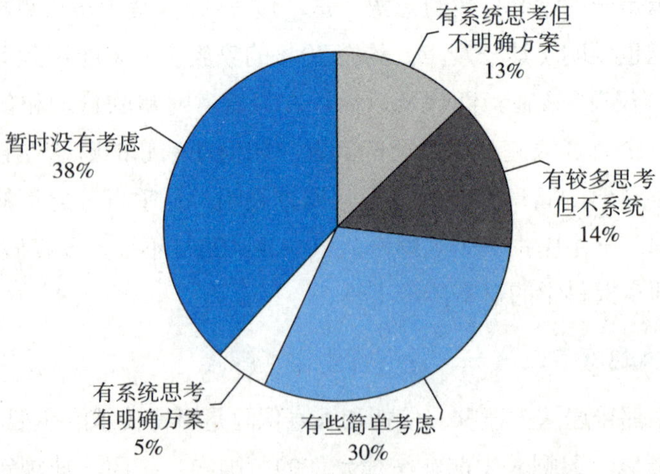

图15–2　武汉20万受访企业传承规划明晰程度

数据来源：《武汉企业蓝皮书》，2017年。

小案例

柏联集团200亿争产案

2013年12月20日，云南柏联集团总裁郝琳和12岁儿子在法国坠机身亡。郝琳遇难后，为继承股权和股东资格，90多岁的郝琳之父与儿媳（柏联集团法定代表人）就遗产分割问题发生纠纷，双方对演公堂。儿媳提供了多份遗产的分割方案，同时打算用几千万元来置换郝琳之父继承的部分股权，但都被自己的公公所拒绝，这场200亿元的争产官司因无定论，被称为世纪争产案。

这个小案例中存在的问题归根到底是什么呢？其实就是没有提前做好财富的传承规划，将财产分配得当，才造成了当意外来临时的家人相争的局面。所以，财富的传承应尽早规划，分析自身的风险和需求，针对个人和家庭的不同，制订出最适合自己的传承方案，才能完善地解决好财富传承中的问题。

知识窗

高净值家庭:即家庭可投资资产在600万元人民币及以上，总资产达千万元以上，包括亿元级别的超高资产家庭。

高净值人群：一般指可投资资产净值在600万人民币（100万美元）以上的个人。

第四节　我如何成为我们——财富与社会责任

财富是生存保障，也是造福社会之需，财富是收获，也是责任；光明磊落赚取财富，同舟共济共同富裕，当财富变得有温度，有爱心，你就是我，我就成为我们！

案例导入

从全球首富，到慈善之王

比尔·盖茨，在21岁时创立微软公司，39岁时就以129亿美元的个人财富荣登《福布斯》全球亿万富翁排行榜榜首，此后连续13年保持《福布斯》全球富翁榜首纪录，成为当之无愧的全球首富。

1994年，他着手创立了威廉·盖茨基金会；1999年，盖茨将基金会更名为以他和妻子的名字命名的“比尔和梅琳达·盖茨基金会”，7年后，它就发展成为了全球第一大慈善基金会。2008年盖茨正式退休时宣布，他把98%的个人资产总计市值为580亿美元悉数捐给基金会，这笔钱用于研究艾滋病和疟疾的疫苗，并为世界贫穷国家提供援助。

对于盖茨而言，慈善不是“有钱任性”，也不仅仅是“乐善好施”，而是一项新的事业。所以，他总是以“投资回报率”的方式分析慈善成果——“在挽救儿童生命的过程中，投资回报率最高的是疫苗……自1990年至今，我们已经挽救了1.22亿儿童的生命……一旦拥有好的疫苗，我们将能够每年拯救数以百万计的生命。所以我们在全球健康上的投入意义巨大。这比投资微软或是谷歌的‘回报’更为可观，因为能够提升人类的生存条件。”

舍天下之财，成天下之善。千金散去，财富归于社会，而又臻于文明，正是财富累积的正道。

一、正确的财富观——追求正当利益，实现自身价值

中华5000年文明，孕育出自身的财富观与价值观，君子追求财富，应该符合道义原则，取财必须要靠自己的辛勤劳动和汗水，财富积聚必须要遵守国家法律和市场经济的规则，体现公平公正的道德秩序。追求物质财富，希望生活富裕，是人之常情。但利欲熏心，见钱眼开，进而做出不顾国家大义、有悖人性、自私愚蠢的行为，就是错误了。

能够做到使用正当的手段获取财富，对不义之财不动心，是正确财富观的基础；发挥出自己的创造性潜质，最终实现自身的价值，才是正确财富观的关键。人的一生所应追求的财富，不应仅是物质财富，它虽能成为自由的保障，也会变成自由的牢笼，富有的人生应是物质与精神财富皆有，达到外在与内在统一。

现象思考

对财富持有的心态

人们在追求财富、创造财富时，通常存在以下5种需求和心态：

1. 为了生存需求——没有主动性、迫于无奈劳动、工作，成为金钱的奴隶，永远都不可能成为自己生活真正意义上的主宰者。

2. 寻求“铁饭碗”——不会因为经济的不景气而朝不保夕，也不会为下岗失业而惶惶不可终日。贪图安逸的心理太过消极，难以在工作中提升与成长。

3. 随大流——往往不缺金钱，他们的想法是：既然大家都工作，那我也找一份工作吧！循规蹈矩，不出错即可。

4. 希望获得认可——希望通过自己的努力，使别人充分认识到自己的价值，得到社会的认可和尊重。但另一方面往往自尊心太强，对金钱的态度要么不屑一顾，要么过于执着，在事业上一旦受挫便很容易气馁，常常与成功失之交臂。

5. 努力实现自身价值——希望在工作中通过不断的挑战自我，发挥出自己的创造性潜质，最终实现自身的价值。享受创造财富的过程，而非最终的结果。

二、个体价值——价值在于贡献

人的存在具有双重性：每个人都生活在一定的社会中，必须以自己所具有的属性去满足社会和他人的需要；另一方面，每个人都有自身的不同个性、利益和需要，要求得到社会和他人的尊重和满足。人的个体价值就从这种关系中产生出来：

社会价值——个人对社会的责任和贡献。

自我价值——社会对个人的尊重和满足。

评价一个人的一生，看他有没有价值，有多大价值，不能以他在社会中取得多少财富来衡量，而应以个人对社会的贡献大小来衡量。因此，个体的真正价值在于对社会的贡献。

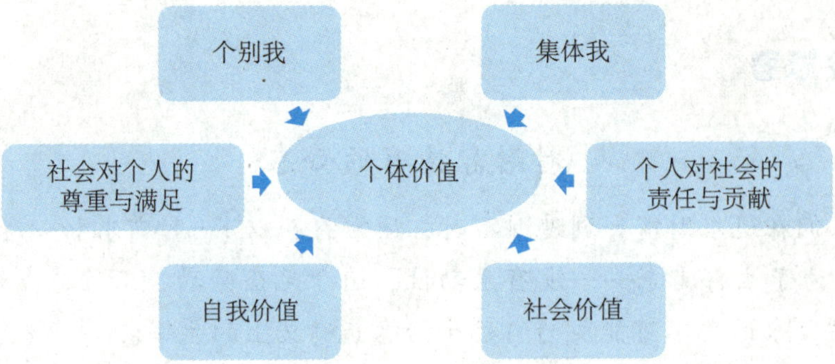

图15-3　个体价值

三、财富的社会责任——有温度的财富

财富的创造与积聚源起于财富主体的辛勤劳动，但本质上来源于社会，因为社会创造了条件才有可能积聚财富。所以财富从社会中来，最终也必然会回归于社会中去，这是财富积聚的价值归宿。

财富源于社会，归于社会。那么拥有财富也就必然要负担起财富的社会责任。当财富越多时，责任也就越大。责任的担当让财富变得温暖，懂得回馈让财富变得有更温度，社会发展、秩序良好，也必然为获得财富创造出更好的环境。

小案例

汶川震后，有社会责任感的企业走得更远[①]

2008年“5·12”大地震后，我国的企业纷纷捐赠财物，甚至派出专业队伍支援灾区。同时，这些企业的行为也得到了公众、媒体的极大关注和好评，使捐赠企业的声誉普遍得到提升。震后《企业捐赠大众评价调查》（钟宏武，2008）中显示，有79%的消费者会优先选择捐赠慷慨企业的产品，同时对于投资者来说，95.9%的股民认为捐赠对企业是利好，70%的受访者考虑购买捐赠慷慨企业的股票。

① 张同龙：“企业捐赠动机考察：自利，还是利他？——来自中国12个城市1268家企业调查数据的实证研究”，《制度经济学研究》，2011年第2期。

四、慈善公益——快乐的财富

有句话说：“赠人玫瑰，手留余香”。人生最快乐的事情就是伸出双手，尽自己所能去帮助身边的人。我们在给他人带来快乐的同时，也会不经意间得到了快乐。荀子说：助人者人必助之，爱人者人必爱之。

比尔·盖茨，为慈善公益捐献自身几乎所有的财产，成为慈善之王；古天乐，10年不懈，持之以恒，建起了百所希望小学，成为互联网时代全民赞扬与敬佩的偶像；而2014年感动中国十大人物刘盛兰，通过捡破烂资助困难学生，17年几乎未尝肉味，没添一件新衣，甚至连一个馒头都舍不得买，捐资助学总计7万多元，资助了100多个学生。

可能在有些人眼中，他们的标签分别是富豪、明星和拾荒者。但从他们的内心来讲，他们每一个都是拥有着巨大的财富——快乐的财富！这是属于心灵的重要财富。

在我们身边，有着许许多多的普通人也在从事着慈善公益事业，根据中国志愿者服务网2019年7月数据统计，全国实名志愿者总数超过1.2亿人，志愿者团体总数超62万人。加入他们，开启你的财富人生吧！

【体验与思考】

一、小组讨论

你认为财富是什么？怎样才能在获取财富中实现人生的价值？

二、技能实训

选择10家优质上市公司，阅读他们的年报，分析他们财富增长情况。

三、调研报告

请了解你周围朋友亲戚创造财富的情况，自行设计调查问卷，分析他们的理财方式及效果。

参考文献

[1] 林崇德.面向21世纪的学生核心素养研究[M]. 北京:北京师范大学出版社, 2016.

[2] 宋涛.政治经济学教程[M].北京:中国人民大学出版社, 2018.

[3] 王小鲁著.国民收入分配战略[M].北京:学习出版社, 2013.

[4] 曼昆.经济学原理（第7版）[M].梁小民, 梁砾译.北京: 北京大学出版社, 2015.

[5] 中国银行业协会银行业专业人员职业资格考试办公室.个人理财[M].北京:中国金融出版社, 2019.

[6] 中国银行业协会银行业专业人员职业资格考试办公室.个人贷款[M].北京:中国金融出版社, 2018.

[7] 张男星, 王春春, 张运红等.中国财经素养教育的目标建构及阐释——基于"学生为本, 国家为重"的教育本然[J].大学周刊（B版）.2019, 3.

[8] 黄达, 张杰.金融学（第4版）[M].北京: 中国人民大学出版社, 2017.

[9] 英国DK出版社.经济学百科[M].谭英, 何小敏译.北京: 电子工业出版社, 2014.

[10] 陈鹏飞著.关于经济学的100个故事[M].南京: 南京大学出版社, 2011.

[11] 韦春北, 刘红宇.马来西亚财经素养教育[M].北京: 中国财政经济出版社, 2019.

[12] 陈共编.财政学[M].北京: 中国人民大学出版社, 2015.

[13] 寇铁军.财政学教程[M].大连: 东北财经大学出版社, 2013.

[14] 杜敏.国际贸易概论[M].北京: 对外经济贸易大学出版社, 2001.

[15] 国家统计局国民经济综合统计司.新中国六十年统计资料汇编 [Z].北京:中国统计出版社, 2010.

[16] 王媛.保险原理与实务（第2版）[M].北京:北京交通大学出版社, 2019.

[17] 唐志刚, 刘建东.个人理财[M].西安: 西北大学出版社, 2018.

[18] 魏华林, 林宝清.保险学（第4版）[M].北京: 高等教育出版社, 2017.

［19］证券考试命题研究组.金融市场基础知识[M].成都：西南财经大学出版社，2018.

［20］黄洁洵.中级经济法（下册）[M].北京：科学技术出版社，2019.

［21］薛荣久.世界贸易组织（WTO）教程（第3版）[M].北京：对外经贸大学出版社，2018.

［22］克鲁格曼，奥伯斯法尔德.国际经济学：理论与政策（第10版）[M].丁凯等译.北京：中国人民大学出版社，2016.

［23］凯伯，国际经济学（第15版）[M].北京：中国人民大学出版社，2017.

［24］由建勋.创新创业实务[M].北京：高等教育出版社，2016.

［25］孔德兰.创新创业财务知识读本[M].北京：高等教育出版社，2017.

［26］萨缪尔森.微观经济学（第16版）[M].北京：华夏出版社，1999.

［27］舒尔茨.论人力资本投资[M].北京：北京经济学院出版社，1990.

［28］王振中，胡家勇.政治经济学研究[M].北京：社会科学文献出版社，2013.

［29］贝克尔.人力资本[M].陈耿宣等译.北京：机械工业出版社，2016.

［30］张文贤.人力资本[M].成都：四川人民出版社，2008.

［31］李正强，李正玉.财富与时空[M].北京：经济科学出版社，2008.

［32］齐特尔曼.富人的逻辑：如何创造财富，如何保有财富[M].李凤芹译.北京：社会科学文献出版社，2016.

［33］李笑来.财富自由之路[M].北京：电子工业出版社，2017.

［34］罗宾斯.钱:7步创造终身收入[M].刘建位译.北京：中信出版社，2018.